研究阐释党的十九届六中全会精神国家社会科学基金重大项目（22ZDA049）阶段性成果

国家自然科学基金面上项目（71773071）最终成果

应用经济学
高峰建设项目文库

Population Aging and China's Economic Growth

人口老龄化与中国经济增长

汪　伟◎著

上海财经大学出版社

图书在版编目(CIP)数据

人口老龄化与中国经济增长/汪伟著. —上海:上海财经大学出版社,2023.8

(应用经济学·高峰建设项目文库)

ISBN 978-7-5642-4194-0/F·4194

Ⅰ.①人… Ⅱ.①汪… Ⅲ.①人口老龄化-影响-中国经济-经济增长-研究 Ⅳ.①F124.1

中国国家版本馆 CIP 数据核字(2023)第 100814 号

本书由"上海财经大学中央高校双一流引导专项资金"和"中央高校基本科研业务费"资助出版

□ 责任编辑 陈 明
□ 封面设计 桃之夭夭

人口老龄化与中国经济增长

汪 伟 著

上海财经大学出版社出版发行
(上海市中山北一路 369 号 邮编 200083)
网 址:http://www.sufep.com
电子邮箱:webmaster@sufep.com
全国新华书店经销
苏州市越洋印刷有限公司印刷装订
2023 年 8 月第 1 版 2023 年 8 月第 1 次印刷

710mm×1000mm 1/16 18.25 印张(插页:2) 286 千字
定价:92.00 元

总　序

一流学科是建设一流大学的基础，一流大学都具有鲜明的一流学科印记。

根据党中央、国务院关于建设世界一流大学和一流学科的重大战略决策部署，上海市持续推进高峰高原学科建设，对接国家一流大学和一流学科建设。

为此，2018 年，由上海财经大学牵头、复旦大学和上海交通大学协同共建的“上海国际金融与经济研究院”，承接了高峰建设学科“应用经济学”学科项目。

作为“应用经济学”高峰建设学科的牵头单位，上海财经大学成立于 1917 年；1996 年，成为国家“211 工程”重点建设高校；2006 年，成为国家“优势学科创新平台”建设高校；2017 年，入选国家“双一流”建设高校，在财经专业学科建设方面，积淀深厚。其中，“应用经济学”在教育部第五轮学科评估中，上海财经大学位列前茅。

“应用经济学”是上海市启动建设的相关高峰学科中唯一的人文社会学科。“上海国际金融与经济研究院”自 2018 年实体化运营以来，深耕学术科研，通过同城协同，汇聚优质资源，服务区域经济发展，努力打造国际一流、国内顶尖的高水平学术机构和高端智库，形成易于为国际社会所理解和接受的新概念、新范畴、新表述，强化中国话语的国际传播，贡献中国智慧；同时，在国际学科前沿形成重大原创性成果，推动上海“应用经济学”整体学科水平进入世界一流行列。

“归来灞陵上，犹见最高峰。”

经过不懈的努力，自 2021 年“应用经济学”高峰学科建设的第二轮建设周期启动以来，陆续产生一批阶段性的成果：

首先，创新驱动，服务国家重大战略部署、聚焦地方重大需求。“应用经济学”高峰学科建设以国家自然科学基金重大和重点项目、国家社科重大和重点项目、教育部哲学社科研究重大攻关项目为抓手，以高水平研究型智库建设为平台，产出一批支撑国家和区域经济发展的高质量课题成果。

其次，聚焦前沿，打造原创性学术成果，把握国际学术话语权。“应用经济学”高峰学科建设结合中国经济发展的优势领域，以多学科协同为纽带，产出一批高水平的学术论文，在国际上不断提升中国“应用经济学”的影响力和话语权，持续高频次在《经济研究》《中国社会科学》《管理世界》等国内外高质量期刊发表学术论文，获得孙冶方经济科学奖、吴玉章奖、教育部高等学校科学研究优秀成果奖等。

再次，融合发展，突破学界与业界藩篱。在学科建设的同时，初步形成了应用经济学系列数据库（已经有 2 万家企业 10 年数据，将持续更新）、长三角金融数据库等。这些数据库不仅有助于支撑本学科的研究，还可在不断完善的基础上实现校企融合；与上海财经大学新近成立的“滴水湖”高级金融学院、数字经济系，以及“中国式现代化研究院”等形成多维互动，进而为应用经济学的进一步研究提供强大支撑，为学科可持续发展奠定重要基础条件。

最后，以德统智，构建课程思政育人大格局。“应用经济学”高峰学科建设强调全面推进应用经济学类课程思政高质量建设与改革，实现课程思政建设在应用经济学所有专业、所有课程和所有学历层次的全面覆盖。

习近平总书记在党的二十大报告中提出“加快构建中国特色哲学社会科学学科体系、学术体系、话语体系”的重大论断和战略任务。

在二十大报告精神指引下，本次推出的“应用经济学・高峰建设项目文库”即是对相关学术研究进一步学理化、体系化的成果，涉及金融学、宏观经济学、区域经济学、国际贸易、社会保障、财政投资等诸多方面，既是“应用经济学”高峰学科建设的阶段性成果展示与总结，也旨在为进一步推动学科建设、促进学科高质量发展打下坚实基础。

当前，世界百年未有之大变局加速演进，我国经济已由高速增长阶段进入高质量发展阶段；同时，我国发展进入战略机遇与风险挑战并存、不确定因素增多的时期；而上海也正值加快推进“五个中心”和具有全球影响力的科技创新中心建设的关键时期，需要有与上海地位相匹配的“应用经济学”学科作为支撑，需要“应用经济学”学科为国家经济建设提供富有洞察力的学术新知和政策建议。

为此，上海财经大学和“上海国际金融与经济研究院”将与各方携手，在“应用经济学”前沿，继续注重内涵建设、关注特色发展、突出学科带动、聚焦服务战略，全力构建具有世界一流水平的“应用经济学”学科体系，突出围绕“四个面向”，为我国努力成为世界主要科学中心和创新高地做出更大贡献！

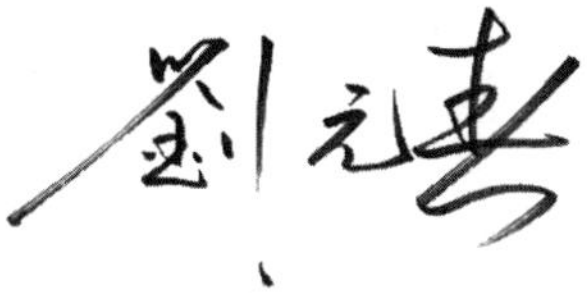

上海财经大学 校长

序

人口老龄化通常被定义为老龄人口占总人口比例的增加，或老龄人口的增长速度快于总人口的增长速度。近几十年来，中国的人口出生率迅速下降，人口结构也随之发生巨大变化。经济的高速增长，生活水平的提高，医疗技术的改善，使得中国人的平均预期寿命迅速上升，从而使我国在21世纪初就快速进入老龄化社会。

中国的人口老龄化具有进程快、时间短、老年人口数量多、区域发展不平衡、超前于经济发展水平等特征。当前，中国的出生率和人口增长率已经下降到了非常低的水平，而随着预期寿命的不断延长和老年人口数量的日益庞大，中国正处于深度老龄化向超级老龄化快速发展的阶段。

人口老龄化可能导致中国经济增长率大幅下降，原因如下：（1）人口老龄化会使家庭和社会养老负担不断加重，并导致中国的国民储蓄率、教育投资率和劳动力供给均趋于下降，以及“人口红利”趋于消失；（2）人口老龄化会大大提高劳动力成本，从而降低中国产品的国际市场竞争力；（3）人口老龄化可能降低企业家精神，减弱社会的创新能力；（4）人口老龄化可能导致“刘易斯转折点”较早到来，从而减缓中国的城市化进程和弱化城市化的经济增长效应。

虽然中国现在已经全面实施生育“三孩”政策，从而在一定程度上减缓了老龄化的速度，但是我国的人口老龄化仍是一个不可逆转的过程。未来几十年间，我国人口老龄化的进程将加速推进，从而使中国经济增长面临巨大的挑战。按照世界银行的标准，中国在2006年进入了中等收入国家的行列，2022年中国的GDP超过121万亿元人民币，人均国内生产总值85 698元人民币（按年均汇率折算为

12 741 美元)，中国即将跨越“中等收入”阶段，进入高收入国家行列。在这种情况下，人口老龄化对中国未来经济、社会政策的制定提出了新的要求。面对咄咄逼人的人口老龄化态势，“十四五”时期和今后一段时间，中国应把人口问题摆到重要位置，在经济社会发展政策方面做好顶层设计，从而做好应对人口老龄化的准备。

有鉴于此，本书深入探讨了人口老龄化的经济增长效应，从储蓄、消费结构升级、产业结构升级、劳动人口年龄结构与劳动生产率、技术进步、养老保障、生育政策调整与人力资本投资等方面系统研究人口老龄化影响经济增长的机制，并提出开拓未来人口红利、保持中国经济增长的对策建议。

本书的框架结构如下:

第一章介绍了本书的研究背景与研究意义，评述了国内外关于人口老龄化对经济增长影响的相关研究的进展，并提出了本书的研究目标。

第二章通过历史数据分析了中国人口老龄化在时间和空间上的现状、发展趋势、基本特征及形成原因。

第三章研究了人口老龄化的储蓄效应，通过构建一个同时考虑人口老龄化的寿命与负担效应的三期世代交替模型，对我国储蓄率在进入老龄化社会后不降反升、区域间人口老龄化与储蓄率的梯度差异高度一致现象进行了理论分析，并运用通过我国四次人口普查数据构建的分省份面板数据进行了实证研究，在此基础上还对我国 2010—2050 年区域储蓄率的走势进行了分析与预测。

第四章考查了人口老龄化与消费结构转变之间的关系，探讨了人口老龄化影响消费结构升级的原因与机制，并运用中国家庭追踪调查数据进行了实证检验。

第五章从五个方面总结了人口老龄化引起产业结构转变的理论机制，并通过构建多维产业升级指标并运用中国分省份面板数据进行了实证研究。

第六章利用我国四次人口普查数据对我国整体劳动人口年龄结构和各地区劳动人口年龄结构的差异进行了细致的分析，并利用嵌套了劳动人口年龄结构 CES 函数的柯布—道格拉斯生产函数，估计了中国的“年龄—劳动生产率”曲线，分析了该曲线在不同时段与不同区域间的变化趋势。

第七章从个人、企业及国家与地区层面梳理了人口老龄化影响技术进步的途径，并首次借助动态因子分析方法，从创新投入、创新产出、创新绩效、协同创新能力、创新环境五个方面入手，利用多重数据指标，构建了中国 29 个省份的技术创新综合能力指数，以此来衡量各个地区技术创新能力的大小。

第八章讨论了我国养老保障制度转轨的人口老龄化背景，并通过构建一个考虑双向代际转移的三期世代交替模型来讨论具有个人账户挪用特征的混合养老保障体制对物质资本和人力资本形成的作用机制及其对中国经济增长的影响。

第九章通过构建一个考虑双向代际转移的三期世代交替模型讨论了人口老龄化如何影响中国家庭的决策与经济增长，并对当前的生育政策调整的经济影响进行了模拟与政策评价。

第十章从挑战、机遇等角度提出了中国应对人口老龄化、保持经济增长的模式策略。

第十一章对全书的内容进行了总结，并提出了未来的研究方向。

本书虽然对人口老龄化的经济增长效应进行了详细的研究，但肯定会存在不足和疏漏之处，敬请各位读者批评指正。

本书适合广大读者，包括从事宏观经济学、人口经济学、劳动经济学等学科领域的高校教师、科研机构研究人员和研究生，也可以作为高年级本科生的参考读物。

汪 伟

2023 年 3 月

目　录

第一章 导 论

第一节 研究背景与研究意义

人口老龄化是指因年轻人口数量减少、年长人口数量增加而导致的总人口中老年人口比例相应增长的动态。现在通行的联合国老龄化国家标准为年龄60岁及以上的人口占总人口的比例大于10%，或65岁及以上的人口占总人口的比例大于7%。人口学理论认为，工业化、现代化的发展必然导致人口转变，而人口转变的结果就是人口老龄化。人口老龄化是一种全球趋势，20世纪50年代以来，西方发达国家普遍受到“银色”浪潮的冲击；与此同时，发展中国家由于生育率和死亡率的持续下降，人口老龄化的进程也在加快。根据联合国2019年的预测，老龄人口的比例在2050年左右将是2019年的两倍。发达国家老年人口的比重最高，而欠发达国家的老龄人口比例则增长得更快。

中国是世界上最大的发展中国家。计划生育政策的严格推行，不仅使中国的人口出生率迅速下降，也使中国的人口结构发生巨大变化；与此同时，经济的高速增长，生活水平的提高，医疗技术的改善，使得中国人的平均预期寿命也迅速上升。以上种种原因使中国在迈入21世纪之后就快速进入老龄化社会。统计数据显示，中国的总和生育率呈现出持续下降趋势，从20世纪70年代初的5.81降到了20世纪90年代中后期的1.8左右。尽管中国政府近年来加快了生育政策调整的步伐，在2013年底和2015年底分别放开了单独家庭生育“二孩”和非独家庭生育“二孩”的限制，但中国生育率下降的趋势仍然没有逆转。到

2020 年,中国总和生育率进一步降至 1.3,远不及 2.1 的生育更替率水平。2021 年,中国全面放开了生育“三孩”的限制,但收效甚微,2022 年的总和生育率继续下跌至 1.07。从新生婴儿的出生数量来看,只在 2016 年(2015 年政策放开后的第一年)略有上升,后续年份继续呈现下降的趋势,2022 年的新生婴儿只有 956 万,创下了自 1961 年以来的历史最低水平(国家统计局,2023)。以上数据表明,中国已经进入一个严重少子化阶段,生育率长期维持在低位将大大减少未来工作年龄人口的数量。与低生育率相连的是,老年人口的数量与比重迅速上升。第六次人口普查统计数据显示,中国(不含中国香港、中国澳门、中国台湾)人口中 60 岁及以上人口达到 1.78 亿,占总人口的 13.26%,比第五次人口普查的数据上升了 3.36 个百分点。而至 2022 年底,中国 60 岁及以上人口超过 2.8 亿,占总人口的比重进一步上升到 19.8%。中国的老年人口数量和比重都高于此前的预测结果,这表明中国人口老龄化正在加速发展。根据联合国的预测(UN, 2019),到 2050 年中国老年人口的比重将达到 35%～40%,与世界上发达国家水平相同,中国将成为世界上老年人口最多、人口老龄化速度最快的国家之一。一般情况下,经济发展、出生率下降和人口老龄化三者大致是同步的。发达国家在进入老龄化社会时,人均 GDP 一般在 1 万美元以上,而中国在 2000 年进入老龄化社会时,人均 GDP 仅 1 000 美元。这说明中国在经济发展水平较低的情况下,老龄化程度就已进入了发达国家的行列,呈现出“未富先老”的特征。因此,经济发展滞后于老龄化进程将是困扰中国社会的一个突出问题。按照世界银行的标准,2006 年,中国开始进入中等收入国家的行列,2022 年中国 GDP 超过 121 万亿元,人均国内生产总值 85 698 元人民币,按年均汇率折算为 12 741 美元,中国即将跨越“中等收入”阶段,进入高收入国家行列。人口老龄化对中国未来经济、社会政策的制定提出了新的要求。面对咄咄逼人的人口老龄化态势,中国应把人口问题摆到重要位置,在经济社会发展政策上做好顶层设计和应对人口老龄化的准备。因此,深入、细致地研究人口老龄化影响中国经济增长的机制,从理论与实证层面探讨我国未来经济增长的模式和策略,将为我国应对日益严峻的老龄化问题和促进经济持续、快速及平稳增长提供有益的借鉴与参考。

第二节 人口老龄化对经济增长的影响研究进展

联合国1956年出版的研究报告《人口老化及其社会经济后果》，第一次系统总结了关于人口老龄化问题的研究成果，并指出人口老龄化对世界经济增长的挑战。此后，国内外大量研究主要围绕人口老龄化如何通过储蓄、人力投资、劳动力供给与劳动生产率、养老保障与公共支出等方面影响经济增长而展开（汪伟等，2018）。大量研究提出了人口老龄化不利于经济增长的观点或证据，主要包括：

第一，人口老龄化使社会的养老负担加重，不利于储蓄与物质资本积累，这正是生命周期理论的核心观点（Modigliani & Brumberg，1954）。在实证研究方面，Leff（1969）、Loayza et al.（2000）、Bosworth & Chodorow-Reich（2006）在其跨国样本研究中证实了生命周期理论的论断；Kuijs（2006）通过中国1978—2005年的面板数据发现了人口老龄化对储蓄率有负面影响的证据；王德文等（2004）对中国1982—2002年的面板数据进行经验分析，同样发现老年抚养比的提高会降低国民储蓄率；陈彦斌等（2012）的实证研究与预测发现，人口老龄化将是导致未来20年中国储蓄率下降的主要因素。但也有一些研究对生命周期理论的论断提出了疑问（Goldberger，1973；Ram，1982）。

第二，人口老龄化会使资源过多地向老年一代转移，从而形成对年轻一代教育资源的挤占效应，进而对人力资本投资与经济增长不利（Pecchenino & Pollard，2002）。汪伟（2012）对中国家庭人力资本投资的理论分析与数值模拟也证实了上述结论。Peng（2005）基于可计算一般均衡模型（CGE）的研究也发现，中国的人力资本投资在2030年以后将遭到人口老龄化的巨大冲击。

第三，随着老龄化的加深，劳动年龄人口也将趋于老化，劳动力的投入水平与质量会下降，劳动参与率也会下降（Banister et al.，2012；周祝平和刘海斌，2016）。根据彭秀健（2006）的测算，如果保持其他条件不变，人口老龄化将导致中国的劳动参与率下降5个百分点以上；陈友华（2005）的研究发现，当人口老龄化发展到一定阶段后，人口红利将转向“人口负债”；陈彦斌等（2012）的研究发现，随着中国劳动力短缺和老龄化的快速发展，中国的供给与需求面均会受到抑制，经济发展的潜力将会受到很大影响。

第四，人口老龄化引起劳动生产率与创新能力下降（汪伟和姜振茂，2016）。人到中年后生理机能开始衰退，体力和精力也开始下降，劳动生产率下降。Hamermesh（1994）通过对经济学家年龄和研究成果的关系进行考察发现，随着经济学家年龄的上升，他们的生产率和研究成果会明显下降。Feyrer（2007）通过索洛剩余分析发现，当劳动力年龄在40岁以上、49岁以下时，劳动力仍然与生产率成正比，而当劳动力年龄进入50岁之后，劳动力与生产率呈负向关系。Skirbekk（2004）则运用年龄与生产率的数据研究发现，劳动力的年龄与生产率呈倒U型曲线关系，而50岁左右为该曲线的拐点。章铮（2011）通过对我国农民工的调查研究发现，在劳动密集型的制造业中，劳动者35岁之后生产率会随着年龄的增大而快速下降。这些研究验证了人口老龄化会使劳动生产率下降，而且老龄劳动者通常被认为接受新知识和新技术的能力较低，创新能力下降（Lam，1989）。

第五，社会负担加重，劳动力成本随之上升，从而降低产品的市场竞争力，也很可能降低经济发展的速度。Bloom et al.（2008，2010b）对全球和亚洲国家的研究及王德文（2007）、蔡昉（2010）、胡鞍钢等（2012）对中国的研究均证实老龄负担和劳动成本上升对经济增长的拖累。

第六，人口老龄化会导致赡养负担加重，过高的养老负担率会减少税基，导致政府税收收入降低，对养老保障体系形成冲击。此外，庞大的老年人群会对社会医疗保险和政府医疗卫生支出形成巨大的财政压力（Cutler & Sheiner，1998；Bryant et al.，2004），从而对生产性支出与经济增长不利。袁志刚（2001）、彭希哲和胡湛（2011）关于人口老龄化对中国养老保障体系转轨和公共支出影响的研究也证实了上述观点。

当然，学界也有人认为老龄化不一定拖累经济增长。Mason & Tomoko（2005）、Mason & Lee（2006）认为，人们在咄咄逼人的老龄化面前并不是被动的，当人们体察到人口结构的变化时，其在工作阶段的储蓄和消费行为会随之改变，有可能增加储蓄率，理性行为人这种“未雨绸缪”的储蓄动机实际上就是诱发“第二人口红利”的源泉，有利于经济增长。一些理论与跨国的经验研究，如Zhang et al.（2001）、Bloom et al.（2003）、Li et al.（2007）得到了与Mason等人相类似的结论。在对中国的研究方面，Chamon & Prasad（2010）利用中国城镇住户调查（UHS）进行的研究，胡翠和许召元（2014）利用中国家庭收入项目调查（CHIP）等微观数据进行的研究，Kraay（2000）、Horioka & Wan（2007）、汪伟（2009）、汪伟和艾春荣（2015）等通过中国宏观数据进行的研究，均发现人口老龄化并不必然导致储蓄率下降，而刘生龙等（2012）还认为，由预期寿命延长带来的老龄化能够很好地解释过去30多年中国家庭储蓄率的上升。也有一些学者认为，人口老龄化将诱发人力资本投资对物质资本投资的替代，从而有利于经济增长（蔡昉，2004、2012）。Fougère & Mérette（1999）建立纳入物质资本和人力资本积累的内生增长模型并运用经济合作与发展组织（OECD）国家1954—2050年的数据研究发现，物质资本的收益下降使未来工资收入的现值得到提高，促使人们对人力资本的投资。Lorentzen et al.（2006）也发现，低成人死亡率（或高预期寿命）会增加投资并促进人力资本的积累。刘永平和陆铭（2008a）的理论研究也有类似发现。这些文献认为，人口老龄化会提高人力资本的投资水平。此外，还有一些研究认为，人口老龄化对推动经济发展有积极作用。例如，蔡昉（2012、2013）发现，健康老年人口的经验、技能等人力资本如果能够得到充分利用，整个社会的人力资源供给水平会上升，从而有利于提高生产率；汪伟和艾春荣（2015）发现，人口老龄化带来的资金供给面的紧张有利于未来有限的储蓄进入优势产业和淘汰落后产能；陈彦斌等（2012）发现，随着低劳动力成本的丧失，人口老龄化会促使企业通过更多的研发投入来提升竞争力，从而有利于产业升级和经济转型；汪伟等（2015）也发现，人口老龄化会通过增加消费需求、加快人力资本积累和“倒逼”企业用资本和技术替代劳动来应对劳动力成本上升，从而促进产业结构升级。

一些研究则揭示了人口老龄化对经济增长的非线性影响。如Futagami & Nakajima（2001）在内生增长模型中引入生命周期决策，发现人口老龄化对经济增长的影响是非线性的。An & Jeon（2006）运用1960—2000年25个OECD国家的数据也发现了人口老龄化与经济增长之间呈倒U型曲线关系，即在老龄化的初期，经济增长率呈上升趋势，而到了老龄化的后期，老龄负担加重阻碍了经济增长。针对中国的研究也发现，当前人口老龄化对经济增长的影响并不确定（汪伟，2010），人口老龄化对经济增长的影响取决于老龄化程度（李军，2006）、物质资本和人力资本的产出弹性、养老保险制度、财政支出结构、退休政策、企业家精神与收入差距等因素（刘永平和陆铭，2008a；郭凯明和龚六堂，2012；汪伟，2012；刘穷志和何奇，2012；严成樑，2016；郭凯明等，2016）。

以上国内外研究对于理解人口老龄化如何影响经济增长提供了有益的借鉴与参考。然而，目前关于人口老龄化对中国经济增长影响的研究还是初步的和零散的，尚缺乏对人口老龄化影响经济增长的一般机制的系统梳理，人口老龄化对中国经济增长的影响尚需要在理论与实证层面从多角度进行检验，并对许多问题进行深入研究。

第三节　主要研究目标与结构安排

基于中国人口老龄化的现实背景，鉴于以往研究的不足，本书期望从以下几个方面进行深入系统的研究。

其一，中国经济高速增长的一个重要源泉是高储蓄率，统计数据显示，中国的储蓄率自2000年进入老龄化社会以后不降反升，而且区域储蓄率与人口老龄化呈现出高度一致的梯度差异，以往的研究较多地从人口年龄结构变化去研究其储蓄率的影响，却常常忽视了寿命延长带来的中国人的储蓄行为的变化。此外，中国人口老龄化对储蓄率的影响在时间和空间上到底会呈现出什么样的阶段性特征？未来的储蓄率会随着人口老龄化进程的加快如何演化？其对区域经济发展会产生什么影响？这些问题都没有得到很好的讨论，这构成了本书期望研究的第一个主题。

其二，在中国经济高质量发展阶段，传统的投资和出口经济增长方式难以为继，扩大内需、推动消费结构升级成为转变经济发展方式、维持经济可持续增长的重要引擎之一。虽然学界对人口老龄化与消费总量之间的关系进行了诸多探讨,但是对于人口老龄化与消费结构内部变动之间的关系却鲜有涉及或研究不足。这构成了本书期望研究的第二个主题。

其三,改革开放 40 多年来,中国充分利用劳动力的数量与结构优势,取得了劳动密集型产业的国际竞争力,在全球产业分工中占据了世界制造业工厂的地位,成就了经济增长的奇迹。进入 21 世纪以来,中国的人口年龄结构迅速老化,"人口红利"逐渐消退,劳动力成本开始上升,劳动密集型产业的发展空间被压缩,传统的增长模式难以为继。为了延续经济的全球竞争力与持续增长,中国必须实现产业结构的优化升级。在中国经济转型和人口老龄化迅速发展的现实背景下,深入研究人口老龄化通过产业升级影响中国经济增长的机制是当前政府与学界面临的重要任务。由于中国的人口老龄化存在区域的梯度差异,而人口的跨区域转移使得东部地区吸收了中西部地区的人口红利,这对产业结构升级会产生影响,但目前还没有文献很好地研究人口老龄化通过产业结构升级影响经济增长的传导机制,这构成了本书期望研究的第三个主题。

其四,在人口老龄化的同时,劳动人口年龄结构的老化也日益显著,事实上,劳动年龄人口老化是人口老龄化的一个侧面,它往往先于或伴随着人口老龄化出现。随着劳动年龄人口的老化,劳动生产率势必受到影响,关于中国劳动人口老化与劳动生产率关系的研究较少,尚未形成某项公认的理论和模型,也没有弄清楚人口老龄化背景下中国劳动年龄人口的劳动生产率水平在不同时段与不同区域间的动态演化路径。就中国的现实而言,劳动者的劳动生产率与其受教育程度、地区的经济发展程度、生育政策、人口的跨区域转移等各种宏观和微观因素相关,诸多现实特征增加了中国劳动生产率演化不同于西方国家的复杂性,特别是缺乏定量与区域层面的研究,这构成了本书期望研究的第四个主题。

其五,在涉及人口老龄化对经济增长影响的研究中,大部分文献提到了老龄化会对经济增长的源泉——技术进步产生影响,但现有的研究并没有系统梳理人口老龄化对技术进步的作用机制,也没有进行深入的实证研究。以往文献多用专利数量来代表技术创新,但地区层面的技术创新是一个动态的复杂过程。研究与开发机构、高等院校及工业企业利用政府、金融机构提供的资金等创新资源，充分利用当地的高素质劳动力、基础设施和通信条件，研发出专利、生产出新产品并投放市场，而新产品投放市场后得到一系列反馈，催生出新的需求，从而可能反过来进一步促进一个地区的技术创新。一个地区的技术创新过程具有复杂性，专利数量等单一指标难以衡量一个地区技术创新的动态过程及各个因素的综合影响，因此，需要更细致和全面地度量技术进步，这构成了本书期望研究的第五个主题。

其六，中国养老制度的安排与人口老龄化息息相关，如何通过合理的制度设计，既能解决政府的偿付困境又能促进经济增长，是一个需要深入思考的问题。“统账”结合的养老保险模式是一种具有中国特色的制度安排，在人口老龄化大潮及混合养老保障体系转轨的过程中，为了应对养老金统筹账户的财政困境，个人账户常常成为名义账户，如何在理论上刻画中国混合养老体系的这一现实目前也无文献进行尝试。此外，养老保险体制的改革逻辑、未来演化及其对经济增长的意义这一重要议题也无人探讨，这构成了本书期望研究的第六个主题。

其七，2021 年 8 月 20 日起正式立法施行“一对夫妻可以生育三个子女”。随着生育条件限制的不断放松，“三孩”政策及其相关配套政策将进入实质性的操作阶段。计划生育政策的进一步放松，会使生育率有所回升。面对人口政策的这一重要变化，家庭面临的预算约束与经济激励必然会发生改变，进而对家庭的储蓄、子女培养与养老决策产生影响，而家庭这个微观经济单元的决策会影响人均收入增长的路径，由此衍生出以下问题：当前政府放松计划生育政策会产生什么样的经济影响？如果要将计划生育政策进一步放松又不至于损害经济增长，需要什么样的前提条件？由于中国的人口老龄化与过去 30 多年的独生子女政策的严格执行有着很大的关系，因此，要回答前面提出的问题，预测未来日益严重的老龄化如何影响中国的储蓄、人力资本投资与增长并评估生育政策调整的政策效果，显然需要通过建立适合中国国情的理论框架来进行分析与探讨，这构成了本书期望研究的第七个主题。

其八，与上述问题相关联的是，如何正确认识人口红利削减对我国经济转型的影响及如何在“后人口红利时代”开拓未来经济增长的源泉？随着生育率的下降与人口老龄化的加深，由劳动力资源丰富和高储蓄率所代表的“第一人口红利”将逐渐消失。但蔡昉(2010)认为,目前“第一人口红利”尚未挖掘殆尽,我国的城市化滞后于工业化,未来我国城市化进程的加快会带来新的消费需求与城市基础设施建设需求。此外,由于我国大国经济特征,通过劳动密集型产业从东部地区向中西部地区的转移,可以更加充分地利用现有劳动力来延长“第一人口红利”(蔡昉等,2009)。Mason & Lee(2006)指出,当“第一人口红利”削减时,个人和家庭的未雨绸缪的储蓄动机会形成新的储蓄来源,通过参与国内、国际金融市场上的资源配置可以获取投资收益。此外,健康长寿老年人的工作经验也是宝贵的人力资本,这些都会形成“第二人口红利”。人口老龄化虽然不可避免地带来劳动力的短缺,但劳动供给短缺将激励企业改进要素利用的技术,从而加速技术进步。人口老龄化会“倒逼”经济转型,激励人力资本投资,从而潜在地促进生产率提高。但促使上述转变需要相应的经济政策的引导与制度变革。因此,如何制定适当的政策,充分利用现有的“人口红利”,挖掘未来的“人口红利”,推动产业的升级和转移,调整经济结构、转变经济增长方式,需要从理论与现实层面深入思考。这些构成本书期望探讨的中国应对人口老龄化的模式与策略问题。

本书结构安排如下:第一章介绍课题的研究背景与研究意义,评述了国内外关于人口老龄化如何影响经济增长的相关研究进展,并提出本书的研究目标。第二章从老年人口增长的规模与速度、人口老龄化在空间与时间上的不平衡性、老年人口内部的结构变化趋势、人口老龄化与经济发展阶段的关系等方面描述中国人口老龄化进程特点;从生育率下降与寿命延长等方面研究中国人口老龄化的原因。第三章讨论人口老龄化对我国储蓄率的动态影响与阶段性特征。第四章从理论上探讨人口老龄化引起消费结构变化的原因与机制,以中国家庭追踪调查数据(CFPS2012)为研究样本进行实证检验。第五章从理论上系统探讨人口老龄化影响产业结构升级的机制,并运用中国分省份面板数据,构建多种产业结构升级指标,从不同侧面分析人口老龄化的产业升级效应并进行区域差异比较。第六章研究劳动者年龄老化与劳动生产率之间的关系,利用历次人口普查数据对比各地区劳动人口年龄结构的差异,分析各地区劳动人口年龄结构差异的形成原因,将劳动人口的年龄结构引入生产函数,利用嵌套了劳动人口CES

函数的柯布—道格拉斯生产函数(Cobb-Douglas production function),估计符合我国国情的"年龄—劳动生产率"曲线。第七章梳理人口老龄化影响技术进步的理论机制,借助动态因子分析方法,从多个角度挑选数据指标,测算中国分省的技术创新综合能力指数,并对人口老龄化影响技术创新的机制进行实证检验。第八章分析人口老龄化、养老保障制度与经济增长的关系,从经济增长的视角讨论我国养老保险体制的转轨逻辑与改革方向。第九章通过理论模型与数值模拟分析当前政府放松计划生育政策对家庭储蓄、养老与人力资本投资决策及其宏观经济的影响,对不同生育政策调整策略的政策效果进行评估,从人力资本投资的视角给出进一步放松计划生育政策的前提条件。第十章从挑战、机遇等角度提出中国应对老龄化、开拓未来人口红利、保持未来经济持续增长的模式与策略。第十一章对全书进行总结,并提出未来进一步的研究方向。

第四节　研究方法、特色与创新

本书运用人口学、统计学、宏观经济学和计量经济学的理论与方法,并将上述理论方法相结合展开分析。人口学与统计学方法主要是通过人口总和生育率、出生率、死亡率、人口自然增长率、寿命、负担系数及一些其他指标来揭示我国人口生产过程中的数量、结构变化及其呈现出的阶段性特征;通过研究我国的储蓄率、人力资本投资、产业比重、政府支出、城市化率、城乡收入比及经济增长率等经济与统计指标与上面的人口学指标的相关关系,并结合人口政策与经济政策的变化进行理论与经验分析。经济学的分析方法包括宏观经济学中的代际模型的建模方法,计量经济学中参数校准与数值模拟、面板数据模型、时间序列分析等方法。本书的研究工具与研究方法具有前沿性。

本书首次系统研究中国人口老龄化在时间和空间上的现状、发展趋势及基本特征,从而揭示中国人口老龄化进程的特点,全面分析人口老龄化通过国民储蓄率、劳动人口年龄结构老化与劳动生产率的变化、技术进步、养老保险制度、人力资本投资等方面影响经济增长的机制,评估了计划生育政策调整的可能政策效果以及进一步放松生育政策的前提条件与可行性，并在上述研究的基础上提出开拓中国未来人口红利、保持经济增长的对策建议。由于本书的结论与政策建议均是建立在人口与经济学理论、翔实的数据分析和科学严谨的实证分析基础上的，因而具有非常好的科学价值与应用价值。

本书立足我国人口老龄化的现实背景，从储蓄、消费结构升级、产业结构升级、劳动人口年龄结构与劳动生产率、技术进步、养老保障制度、生育政策调整与人力资本投资等方面系统研究人口老龄化影响经济增长的机制，并从储蓄动机、储蓄源泉与社会保障制度，劳动力供给与劳动生产率，城市化进程，区域经济发展，产业结构升级与转移，人力资本投资与技术进步等方面分析如何延长现有的人口红利、开拓未来的人口红利和挖掘未来经济增长的源泉。由于本书既有对现有研究的总结，又有理论与实证上对中国现实的深入分析，目前在国内尚未有类似深入系统的研究，因此本书的结论具有广泛的实用性和较强的政策启示性，是人口理论与经济理论在跨学科上的创新。

第二章　中国人口老龄化的发展趋势、特征与形成原因

第一节　人口老龄化的概念与界定

人口老龄化出现在人口再生产的过程中。在这个过程中，如果由高出生率、高死亡率和低自然增长率转变为高出生率、低死亡率和高自然增长率，这时表现出的是年轻化的趋势；而如果是由高出生率、低死亡率和高自然增长率转变为低出生率、低死亡率和低自然增长率，这时人口的年龄结构就趋向老龄化。联合国在《人口趋势的决定因素和后果》一书中对人口老龄化做出了科学的定义：人口老龄化是指人口中被定义为"老年"的人的比重的增加。这表明人口老龄化并非是一个静态概念，而是一个老年人口比重不断增长的动态过程。联合国对人口老龄化的定义涉及"老年"起点的问题，即以什么年龄为"老年"的开始。瑞典学者 Sundbärg 在 20 世纪初按照年龄构成、人口增长率等因素，将人口年龄构成分为四种类型：标准型、发展型、静止型、退化型。在他的人口年龄构成理论中，他将 50 岁及以上年龄人口视为老年组。受其影响，当时社会普遍以 50 岁作为"老年"的起点。波兰学者 Rosset 在 1964 年将 60 岁视为"老年"的起点，通过 60 岁及以上年龄人口占总人口的比重的大小来确定人口老龄化的程度及其发展过程的阶段。为了便于研究和统计，联合国将"老年"的起点规定为 60 岁或者 65 岁，并同时将 0～14 岁定义为少年人口，15～59 岁或者 15～64 岁定义为工作年龄人口。人口学根据此定义将总体人口划分为三个基本类型：年轻型、成年型、老年型（如表 2—1 所示）。

表 2—1　　人口年龄结构三种类型的划分

类型	年轻型	成年型	老年型
0～14 岁人口占总人口的比例	40%以上	30%～40%	30%以下
65 岁及以上人口占总人口的比例	4%以下	4%～7%	7%以上
60 岁及以上人口或 65 岁及以上人口与 0～14 岁人口的比例	15%以下	15%～30%	30%以上
年龄中位数	20 岁以下	20～30 岁	30 岁以上

资料来源：田雪原. 中国老年人口(人口篇)[M]. 北京：社会科学文献出版社，2007.

根据表 2—1 所示的各个相关比例就可以确定某社会的总人口处于哪种类型。衡量人口老龄化的程度有着不同的指标。第一个指标是老年人口占总人口的比重。它的计算方式是用 60 岁及以上或 65 岁及以上年龄的人口除以总人口。国际上将 60 岁及以上人口占总人口的比例大于等于 10%或者 65 岁及以上人口占总人口的比例超过 7%称为人口老龄化。这一指标可以直接反映老年人口在总人口中的比例，直观明了。第二个指标是年龄的中位数。这个指标在表 2—1 中也有所体现。它并非将老年人口、成年人口、少年人口三者区分开，而是将三者集合起来，分为较高和较低两个年龄组别，然后取两个年龄组别的一半人口的年龄，连续起来观察。它的计算公式为：人口年龄中位数＝年龄中位数之下年龄组的下限＋(人口总数的一半－年龄中位数所在年龄组前各年龄组人口合计数)×划分年龄组的组距÷年龄中位数所在年龄组的人口数。第三个指标是"老少比"，即表 2—1 中 60 岁及以上人口或 65 岁及以上人口与 0～14 岁人口的比例。该指标略去了成年人口，可以用于动态地观察老少人口数量变化。第四个指标是"抚养比"。抚养比又称为负担比。联合国在《人口趋势的决定因素和后果》中将负担比计算方法确定为：(15 岁以下人口数＋65 岁及以上人口数)÷15～64 岁的人口数。此后，又有少年抚养比和老年抚养比的计算方式。我国的《中国统计年鉴》将 0～14 岁和 65 岁以上人口确定为被抚养对象，因此我国的老年抚养比为 65 岁以上人口与 15～64 岁劳动年龄人口的比例。

第二节　我国人口老龄化的发展状况

一、我国人口老龄化的历史与现状

（一）第一阶段：20 世纪 50—60 年代

中华人民共和国成立之初，我国正处于经济恢复时期，人们的物质生活水平和医疗卫生水平大幅提升，出生率上升、死亡率下降，老年人口及少儿人口数量猛增。图 2—1 反映了我国自第一次全国人口普查以来（至 2022 年）老年人口系数及少儿人口系数的历年变化情况。[①] 由图 2—1 可知，1953 年，我国 0～14 岁人口在总人口中所占比例为 36.3%，约为 65 岁及以上人口比重的 9 倍。1959 年，老年人口系数上升至 4.9%。在整个 20 世纪 50 年代，虽然老年人口系数和少年儿童系数都处于上升趋势，但老年人口比例始终低于 5%。

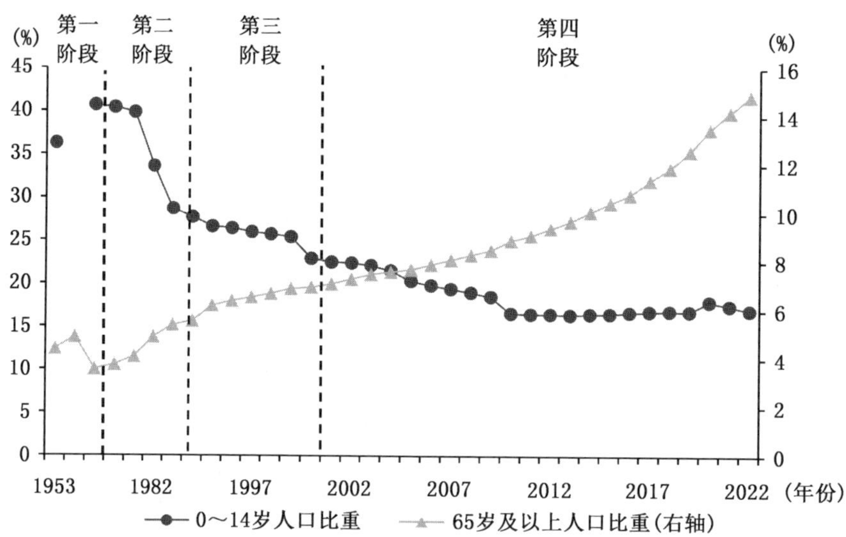

数据来源：根据我国国家统计局发布的年度数据和联合国人口统计数据计算所得。

图 2—1　我国历年 0～14 岁少儿人口比重和 65 岁及以上老年人口比重

① 本书所指的老年人口系数是指 65 岁及以上老年人口在总人口中所占的比重，少儿人口系数是指 0～14 岁儿童在总人口中所占的比重。

然而，到了20世纪60年代初，三年自然灾害使我国经济陡然受挫，人口出现了与之前截然相反的发展态势。而由于老年人口在面临外界环境突变的情况下适应能力低于中青年人口，因此老年人口在总人口中的占比下降得更多。1964年第二次全国人口普查结果显示，0～14岁人口在总人口中所占的比例为40.7%，65岁及以上人口所占的比例为3.6%，比1959年下降了1.3%。

不难发现，截至1964年，中国的人口年龄结构尚属年轻型。20世纪60年代后期，经济形势开始好转，出现了一次新的出生高峰期。虽然死亡率有所下降，但死亡人数的下降远不及低年龄群体的人口膨胀，因此老年人口系数仍处于5%以下水平。

（二）第二阶段：20世纪70—80年代

进入20世纪70年代以后，我国的人口发展出现了根本性转折。中华人民共和国成立后人口数量激增，由此给国家经济、社会、环境、资源等带来的负面影响使得人们愈发认识到控制人口数量的重要性，于是计划生育政策出台。从此，我国人口由无节制地高速增长转向有计划地减速增长，同时人口平均预期寿命延长，从而共同导致少儿人口系数的下降和老年人口系数的上升。1982年第三次全国人口普查结果显示，0～14岁人口占总人口的33.6%，65岁及以上人口占总人口的4.9%。截至1987年，上述两个比例分别为28.7%、5.4%。这表明，进入20世纪70年代后，我国的人口年龄结构开始向成年型迈进。

（三）第三阶段：20世纪90年代

1990年我国进行了第四次全国人口普查，65岁及以上老年人口比重上升至5.6%，人口年龄结构变成典型的成年型。此后，人口老龄化现象逐渐严重，国家朝老年型社会大幅迈进。这种改变源于两大方面原因：其一，我国计划生育政策深入贯彻实施，人们的生育观也在发生改变，少生、优生观念悄然深入人心，出生率由1990年的2.1%降至2000年的1.4%，0～14岁少年儿童在总人口中的比重相应地由27.69%降至22.89%；其二，我国经济、医疗卫生事业迅速发展，生活环境不断改善，导致人口死亡率下降，同时，人们愈加注重保健，平均预期寿命不断延长。在上述多种因素的共同作用下，我国老年人口比重持续上升。1999

年，我国 65 岁及以上人口约有 8 679 万，占全国总人口的 6.9%，距离人口老龄化国家的标准(7%)仅有一步之遥。而在 2000 年第五次全国人口普查时，我国 65 岁及以上老年人口比重已达到 7%，0～14 岁少年儿童人口比重也降至 22.9%。这意味着，自踏入 21 世纪开始，我国已正式进入人口老龄化国家的行列。

(四)第四阶段：2000—2022 年

进入老龄化社会以后，中国的人口年龄结构进一步老化。2010 年底第六次全国人口普查数据显示，我国出生率进一步降至 1.2%，0～14 岁少年儿童在总人口中的比重降至 16.6%，65 岁及以上人口在总人口中所占的比重已高达 8.9%，比第五次人口普查的结果多出 1.9%(见表 2—2)。截至 2022 年，我国 65 岁及以上老年人口占比为 14.9%，比 2010 年上升了 6 个百分点，已然进入深度老龄化社会(65 岁老年人口比重超过 14%)。从增长率角度看，2010—2022 年间全国 65 岁及以上人口在总人口中所占的比重年均增长率为 4.37%，而 15～64 岁人口所占比重的年均增长率为－0.73%。按照这种发展趋势，我国将在几年内迎来老龄化高峰。

表 2—2　　中国人口年龄结构变化

年份	0～14 岁人口比重(%)	65 岁及以上人口比重(%)	老少比(%)	年龄中位数(岁)
1953	36.3	4.4	12.2	22.7
1964	40.7	3.6	8.8	20.2
1982	33.6	4.9	14.6	22.9
1990	27.7	5.6	20.1	25.3
2000	22.9	7.0	30.4	30.8
2010	16.6	8.9	53.6	40.6
2020	17.9	13.5	75.4	38.7
2022	16.9	14.9	88.2	—

资料来源：根据七次全国人口普查和人口抽样调查数据计算所得。

二、人口老龄化的区域差异

计划生育政策的实施有效遏制了我国人口的无计划增长，从而导致我国人口在生产类型上由传统型转为现代型，在年龄结构上由成年型转为老年型。但由于我国幅员辽阔、人口基数大、多民族共存，各地区计划生育政策的执行内容和执行力度并不统一，因此造成前期我国各地区人口年龄结构存在差异；加之后来各地区经济发展水平，尤其是公共卫生服务水平存在较大差距，由此进一步拉大了区域间人口老龄化程度的差异。

图 2－2 及图 2－3 共同展示了自 1990 年以来我国东部、中部、西部地区 65 岁及以上老年人口比重的变化。[①] 历次人口普查结果均表明，中国的人口老龄化发展具有明显的梯度差异特征，东部沿海地区快于西部地区。例如，东部地区的上海早在 1979 年便率先进入老龄化社会，而西部地区的新疆直到 2015 年才步入老龄化社会行列。

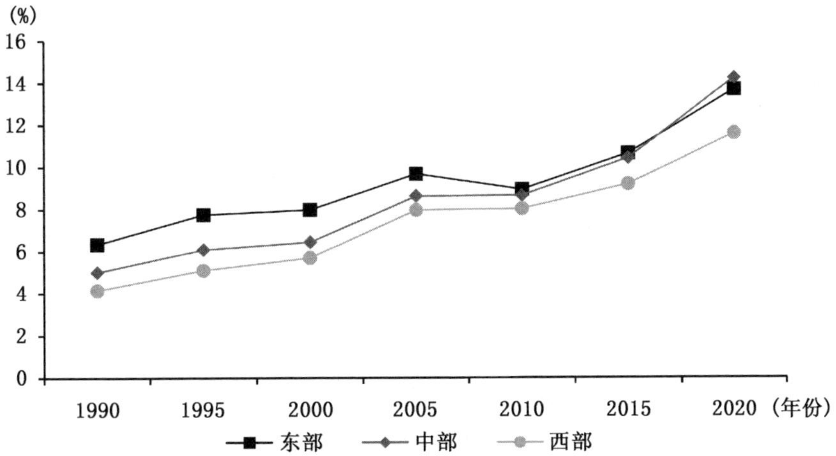

数据来源：笔者根据各省份第四次全国人口普查、第五次全国人口普查、第六次全国人口普查、第七次全国人口普查的主要数据公报，以及 1995 年、2005 年和 2015 年全国 1%人口抽样调查主要数据公报整理得出。

图 2－2　1990—2020 年我国东部、中部、西部地区老年人口占总人口的比重变动情况

① 本书对东部、中部、西部地区的划分遵循 2013 年国家统计局发布的标准。东部地区包括 11 个省份，分别为北京、天津、河北、辽宁、上海、江苏、浙江、福建、山东、广东、海南；中部地区包括 8 个省份，分别为山西、吉林、黑龙江、安徽、江西、河南、湖北、湖南；西部地区包括 12 个省份，分别为内蒙古、广西、重庆、四川、贵州、云南、西藏、陕西、甘肃、青海、宁夏、新疆。

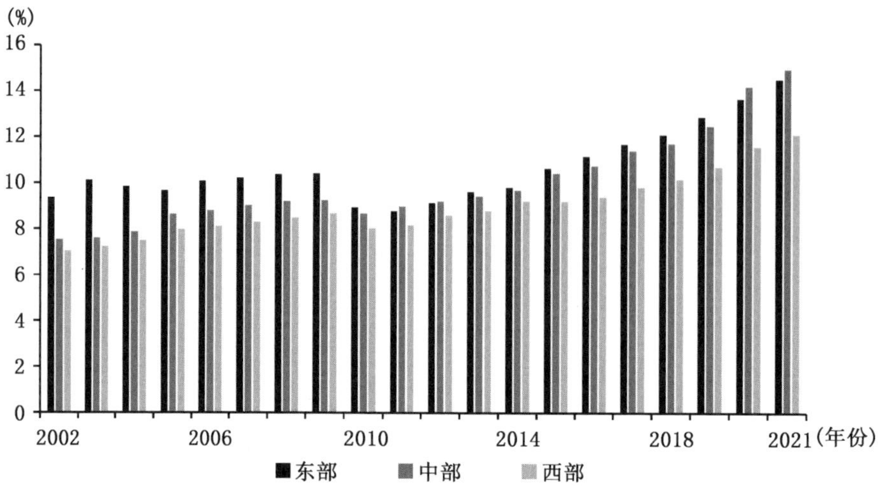

数据来源:笔者根据国家统计局公布的各省份年度数据整理得出(2002 年之前的数据缺失)。

图 2—3 2002—2021 年我国东部、中部、西部地区老年人口占总人口的比重变动情况

从绝对值上看,1990 年时,东部地区的 65 岁及以上老年人口占总人口的比重为 6.35%,比中部地区高出 1 个百分点,比西部地区高出 2 个百分点。到 1995 年,东部地区 65 岁及以上老年人口占总人口的比重达到 7.76%,率先进入老年型社会,而中西部地区则在 2002 年才超过 7%的标准线,可见,东部地区比中西部地区早十多年进入老龄化社会,这主要源于东部沿海地区较为发达的经济水平、医疗卫生条件以及较早实行的计划生育政策。至 2005 年,除去西藏、青海、宁夏、新疆,其余省份的 65 岁及以上老年人口占总人口的比重均超过 7%,全国 65 岁及以上老年人口占总人口的平均比重达到 7.7%,这意味着,整体而言,我国全面进入老龄化社会,而东部沿海地区则进入了深度老龄化阶段。虽然直到 2010 年之前,东部地区老龄化程度始终保持比中西部地区高出 1～2 个百分点,但 2000 年以后,地区间的老龄化差异开始出现逐步缩小的趋势。2010 年,东部地区的 65 岁及以上老年人口占总人口的比重出现首次下降,为 8.95%,仅比中部地区高出 0.3 个百分点。之后,东部、中部、西部地区老龄化程度迅速加深,2021 年中部地区老龄化程度已高达 14.99%,反超东部地区,西部地区 65 岁及以上老年人口占总人口的比重也达到12.14%。

从增长率角度看,2000年前,东部沿海地区的65岁及以上老年人口占总人口的比重年均增长率略高于中西部地区,至2000年左右,三大区域间的老龄化差异程度达到最大。之后则出现了逆转现象,西部地区老龄化速率高于中部地区、继而高于东部地区,即东部沿海地区的老龄化增长速度逐渐下降,而中西部地区的老龄化增长速度逐渐上升。可以预想,三大区域的老龄化程度最终将趋于平衡。截至2021年,东部、中部、西部地区三大区域的65岁及以上老年人口占总人口的比重分别为14.54%、14.99%、12.14%。这主要与各地区的人口总量及相关的户籍管理制度等密切相关。

省份之间的老龄化程度差异也十分显著。在上海1979年率先出现人口老龄化的同时,西藏截至2021年还没有进入老年型社会。[①] 湖南、四川、重庆是中西部地区率先进入老年型社会的地区,且老龄化程度超过当时(1995年)东部地区的福建、海南。综上所述,人口老龄化的发展在总体上呈现由东向西依次降低态势的同时,存在个别省份的例外。究其原因,主要是由于人口老龄化程度与地区经济发展水平和人口迁移相关,使得中西部某些地区的人口老龄化程度甚至高于东部地区某些省市。

三、人口老龄化的未来发展趋势

许多研究机构和学者都曾对中国未来的人口老龄化趋势做出过预测。例如,全国老龄工作委员会预测,2020年之前,中国将经历一个快速老龄化阶段,老年人口年均增长率达到3.28%,远超总人口年均增长率0.66%;2021—2050年是加速老龄化阶段,其间老年人口年均增加620万,比上一阶段年均多出24万;同时,考虑到总人口呈现出来的零增长甚至负增长趋势[②],人口老龄化程度进一步加深;其中,2030—2050年是中国人口老龄化最严峻的时期,老年人口抚养比

---

① 2021年西藏的人口老龄化率为5.81%。

② 2012年10月26日,中国发展研究基金会发布《中国人口形势的变化和人口政策调整》研究报告。报告认为,中国目前已经进入低出生率、低死亡率的阶段,人口的红利期已经结束。根据第六次人口普查数据直接推算,中国总和生育率为1.18,考虑到出生漏报,当前的综合出生率应在1.5以下。研究认为,目前中国人口的增长速度已经非常缓慢,如果低生育水平一直持续下去,2027年中国人口将转为负增长。

保持在40%～50%，人口总抚养比也将随之大幅攀升至60%～70%；2051—2100年将进入重度老龄化阶段，老年人口规模将稳定在3亿～4亿，老龄化水平将稳定在31%左右。[①] 联合国在2019年也做了类似研究，预测中国人口将在2030年达到顶峰，此后逐渐下降，到2050年中国人口将达到14亿，与现在相近，60岁及以上老年人口在总人口中所占比例高达34.6%[②]（见图2—4）。而彼时，世界老年人口在总人口中的占比仅为21.4%，可见我国人口老龄化的严重性。虽然各种预测结果稍有差异，但就人口变动的基本趋势而言较为统一。

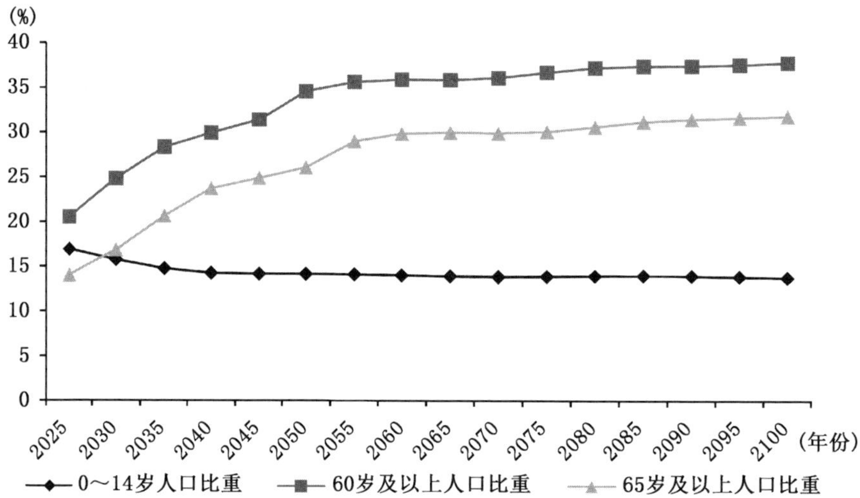

数据来源：联合国人口司，http://esa.un.org/wpp/Excel-Data/population.htm。

图2—4 2025—2100年中国人口老龄化程度预测

65岁及以上人口占比从7%翻一倍至14%，标志着一国或地区从老龄化社会迈入深度老龄化社会。大部分发达国家都用了超过45年的时间，例如法国用了130年、瑞典用了85年、澳大利亚和美国用了79年左右。全国老龄工作委员会认为，中国只需27年就可以走完这个过程，且在今后很长一段时间内依然保持较高的增长速度。虽然2021年中国政府进一步放宽了计划生育政策，允许所有家庭生育"三孩"，但生育率并没有明显回升，甚至进一步下降。人口老龄化是

① 全国老龄工作委员会.中国人口老龄化发展趋势预测研究报告[R].2006.

② 联合国.世界人口展望2019[R].2019.

一个无法逆转的长期趋势，由此可以推断，随着时间的推移，中国将在未来不久成为世界上老年人口最多、人口老龄化速度最快的国家之一。人口老龄化问题将给中国的经济、社会发展带来方方面面的严峻挑战。

第三节　我国人口老龄化的特征与形成原因

一、我国人口老龄化的特征

（一）人口老龄化进程较快，时间较短

按照国际通行的标准，65 岁及以上老年人口占总人口的比重达到 7%，就意味着一个国家进入浅度老龄化社会；达到 14%，意味着进入深度老龄化社会；达到 20%，意味着进入超级老龄化社会。人口老龄化是一种全球趋势。世界上的发达国家过渡到浅度老龄化社会一般需要 50～100 年的时间，从浅度老龄化过渡到深度老龄化一般需要几十年到一百年的时间（例如欧洲的瑞典用了 85 年、英国用了 45 年），从深度老龄化到超级老龄化一般需要十几年到几十年不等的时间，例如法国用了 28 年（1990—2018 年）、德国用了 36 年（1972—2008 年）、日本用了 11 年（1995—2006 年）。观察中国历年人口普查数据可知，在 1953 年第一次人口普查时，65 岁及以上年龄人口占总人口的比重只有 4.41%；1990 年第四次人口普查时，该比例上升为 5.57%；2000 年第五次人口普查时，该比例上升到约 7%，意味着中国进入浅度老龄化社会；到了 2010 年第六次全国人口普查时，该比例上升到了 8.87%；到 2020 年第七次人口普查时，进一步上升到 13.5%；截至 2022 年底，该比例已超过 14%的水平，高达 14.9%。中国大约只用了 21 年时间就进入深度老龄化社会，预计 10 年后进入超级老龄化社会，该速度甚至超越此前人口老龄化进度最快的日本。以中国现有的人口老龄化速度，在 2050 年左右将会成为世界上人口老龄化程度最高的国家之一。

（二）老年人口数量较大

人口老龄化问题不仅要看老年人口占总人口的比重，还要观察老年人口的

绝对数量。在1990年,中国60岁及以上人口达到了1亿;2000年达到1.28亿,占总人口的9.84%;2010年达到1.78亿,占总人口的13.26%;2022年达到2.8亿,占总人口的19.8%。根据联合国的预测,2050年中国60岁及以上老年人口在总人口中所占比重高达34.6%。与此同时,由于中国人口老龄化具有累积效应,因此中国的老年人口不仅数量巨大,而且表现出高龄化趋势。一般认为,60~69岁是低龄老人,70~79岁是中龄老人,而80岁以上则为高龄老人。目前中国80岁以上老人以年均5%的速度增长,这个速度超过了总的老年人口的增长速度,同时90岁以上的高龄老人以7%的速度增长。在1990年,80岁以上的老人总数为801万,在2000年达到1 201万,年均增长为3.6%,这个数字在2010年为2 099万,2021年则达到3 772万左右。1990—2021年,中国80岁及以上高龄老人数量的年平均增长速度达到5.1%,远高于世界平均3.3%的水平。

(三)人口老龄化在空间上不平衡

中国人口老龄化在空间上具有不平衡性,这种空间上的不平衡主要表现在两方面:一是农村和城市之间人口老龄化程度的差异;二是东中西部之间的差异。首先,中国的人口老龄化存在城乡二元特征。第七次人口普查资料显示,将城乡分开观察,乡村60岁及以上、65岁及以上老年人口占乡村总人口的比重分别为23.81%、17.72%,比城镇相对应的比重分别高出7.99个百分点和6.61个百分点。这一方面是由于城市的计划生育政策执行得更为严格;另一方面是由于城市医疗技术、生活水平更高,从而使得城市尤其是大城市表现出相对于农村超前的人口老龄化现象。但近年来由于农村的劳动生产率提高和大量农村的青年人离乡进城,因此在一定程度上缓和了城市的人口老龄化,却同时加剧了农村的人口老龄化。农村在未来会面临更为严重的人口老龄化问题。其次,中国人口老龄化在区域间的差异与中国经济差异表现相一致,从东部到西部呈阶梯状下降。东部大部分地区(如北京、上海、江苏、浙江等)在1995年之前就进入了老年型社会,属于中高度的老龄化地区,特别是上海,早在1979年就进入了老年型社会;中部地区(如山西、吉林、安徽等)现今处于老年型社会,属于中度和中低度的老龄化地区；西部地区（如新疆、宁夏、甘肃等）则处于刚刚进入老年型社会，属于初级老龄化地区。值得一提的是，西部的新疆于 2015 年才正式进入老年型社会，这与上海进入老年型社会的时间相差了 36 年。近年来，在人口老龄化空间上不平衡方面，中国总体呈现出城乡反转、东部经济发达地区高于西部经济落后地区的人口老龄化现状。

（四）人口老龄化超前于经济发展水平

人口老龄化是人口发展的必然趋势，是经济发展到一定水平的必然产物，是人类文明进步的体现。一般来说，人口老龄化与经济发展水平存在着正向的关系，随着人均国民收入的提高，老年人口的比重也会逐渐提高，人均国民收入达到一定水平之后，人口开始出现老龄化现象。一般情况下，经济发展、出生率下降和人口老龄化三者大致是同步的，如日本在 20 世纪 70 年代进入老龄化社会时，它的经济发展已经处于发达国家的水平。经济发展水平与老龄化程度相对应的很大一部分原因是建立和维护一定的老年保障体系需要足够的经济支持。然而，由于我国执行了计划生育政策，因此我国人口转变并不是一个自然发展的过程，而是与其他国家有着很大的不同。我国现今并不具备完全的实力去建立完善的社会保障体系，来面对与发达国家相同的人口老龄化问题。特别是，中国在 2000 年进入老龄化社会时，人均国民生产总值仅 1 000 美元。这说明中国经济发展尚处于世界中下水平时，老龄化程度却已进入了发达国家的行列，呈现出“未富先老”的特征。我国出现了所谓的“未富先老”的现象就是指这种在经济发展尚处于较低水平时，早就实现了人口的转型，过早地迎来了人口老龄化，出现了在其他国家不曾遇到的问题，它会对中国未来的经济发展产生十分深刻的影响。

二、我国人口老龄化的形成原因

（一）死亡率下降，寿命得到延长

随着经济的不断增长、医疗技术的不断进步、人们生活水平的不断提高和健康意识的日益增强，中国人口的死亡率不断下降。中国 1949 年人口的死亡率为

20‰,之后基本一直处于下降状态,2022 年下降到 7.37‰。与死亡率下降相对应的就是人均寿命的不断提高,中国人均预期寿命在 20 世纪 40 年代只有 35 岁,中华人民共和国成立初期为 44.59 岁,改革开放初期为 67.9 岁,2021 年已经上升到 78.2 岁。随着死亡率的下降和人均预期寿命的不断延长,中国老年人口的数量不断增长,从而导致了人口老龄化现象。

(二)生育率的下降

随着死亡率的变动逐渐稳定,人口老龄化的主要原因还是生育率的下降。中国在半个世纪以前,由于鼓励生育的政策等原因,人口生育率迅速上升,1949 年人口生育率为 36‰,1954 年增长到 37.97‰,到了 1963 年达到 43.6‰。在此期间,大量的劳动力处于失业或者待业的状态。为了缓减就业压力,使人口的再生产过程与物质资料的再生产过程相协调,中国于 20 世纪 70 年代开始实施"晚、稀、少"生育政策,接着于 20 世纪 80 年代初开始严格执行独生子女政策。由于计划生育政策的有效实施,中国迎来了第二次生育低潮,人口生育率直线下降。在 1976—1985 年期间,中国人口死亡率基本稳定在 7‰左右的水平,然而出生率却下降到 20‰,此后的三四十年时间内,中国的人口出生率持续下降,至 2022 年,人口出生率降至 6.77‰,是 1949 年以来的最低水平。由于生育率的低潮期持续时间较长,导致了中国人口老龄化现象的产生。此外,随着经济社会的发展和人们教育水平的提高,人们的生育观念发生了很大的变化,大部分中国人注重的不再是生育的数量,而是生育的质量。尤其是女性受教育程度的提高,使得她们更加注重事业的发展,这也导致生育意愿降低。尽管中国政府近年来加快了生育政策调整的步伐,在 2013 年年底和 2015 年年底分别放开了单独家庭生育"二孩"和非独家庭生育"二孩"的限制,但新生人口也只在 2016 年略有上升,后续年份继续呈现下降的趋势,2020 年中国的新生婴儿只有 1 200 万。2021 年,中国全面放开了生育"三孩"的限制,但 2022 年的新生婴儿数进一步下降到 956 万,自 1961 年以来首次出现人口负增长。可以预计,低生育率和人口老龄化快速发展的趋势短期内仍难以逆转。

(三)区域间的迁移

迁移包括两个方面:一个是国际迁移,另一个是国内迁移。相对于欧美等发达国家，中国国际迁移的人口数量相对于中国的人口基数而言，影响不是很大。随着经济的发展，国内的人口迁移主要体现在由农村转移到城市，由经济不发达地区转移到经济发达地区。2020 年，我国流动人口达到 3.76 亿，较多的农村家庭成为“空巢家庭”。这种人口的迁移主要体现在区域人口结构改变方面，但该因素不会改变全国的人口年龄构成。

第三章 人口老龄化与中国储蓄率的动态演化

第一节 引 言

近几十年来，随着计划生育政策的严格推行和人们生育意愿的降低，中国的人口出生率迅速下降，人口结构也随之发生巨大变化。经济的高速增长，生活水平的提高，医疗技术的改善，使得中国人的平均预期寿命迅速上升，从中华人民共和国成立初期的35.0岁上升至如今的超过78岁，在70多年间提高了一倍多。上述种种原因使中国在21世纪后就快速进入了老龄化社会。在1953年第一次人口普查时，我国65岁及以上老年人口比重仅为4.4%，而2022年已提高至14.9%。[①] 考虑到未来几年20世纪50年代第一次生育高峰时出生的人将陆续进入老年期，因此我国老年人口数量将不断膨胀而总人口则会趋于稳定，我国人口老龄化的进程将持续加速。至2050年，预计我国65岁及以上老年人口比重将超过26%，这意味着我国人口老龄化程度将达到发达国家水平。[②]

除了人口老龄化的整体推进速度不断加快以外，中国人口老龄化另一个更突出的问题是不同区域老龄化程度和推进速度的差异始终存在。由于前期人口年龄结构的差异影响当期人口老龄化进程的推进速度，而区域间社会发展水平（尤其是公共卫生服务水平）又存在着较大差距，因此区域间人口老龄化程度的

① 本书的数据如无特别说明均来自中国统计年鉴和历次人口普查数据，部分经过作者计算与整理。

② 中国老年人口的预测数据来自《世界人口展望2019》。根据联合国测算，2050年美国、英国65岁及以上老年人口比重将分别为22.35%、25.34%。

差异被进一步拉大了。根据国家统计局数据，2021 年辽宁 65 岁及以上老年人口比重为 18.80%，新疆的老年人口比重仅为 8.08%。但我国人口老龄化程度的分布格局并非无章可循，总的来说，我国人口老龄化程度呈现中部最高、东部次之、西部最低的分布。以 65 岁及以上老年人口比重来说，2010 年中部地区的平均值为 14.24%，其中黑龙江、吉林、安徽等地超过 15%以上；东部地区的平均值为 13.67%，比中部地区约低 0.6 个百分点，其中辽宁、上海、江苏老年人口比重均超过 16%；西部地区的老年人口比重为 11.60%，比中部地区和东部地区低了 2～3 个百分点，其中重庆和四川的老年人口比重已超过 16%。同时，不同区域的人均预期寿命呈现从东至西依次递减的梯度分布差异。2020 年第七次全国人口普查数据显示，东部地区的预期寿命均值为 79.85 岁，其中上海、北京等经济发达地区已经超过 82 岁，分别达到 82.55 岁和 82.49 岁；中部地区的平均预期寿命为 77.96 岁，中部地区寿命最高的省份是吉林，为 78.41 岁，尚未达到东部地区的平均水平；西部地区的平均预期寿命为 76.08 岁，寿命最高的重庆为 78.56 岁，已超过中部地区的水平。

中国的人口老龄化问题之所以受到广泛关注，很大程度上是由于人们担忧“未富先老”现象的发生会消耗过多的物质资源，阻碍再生产，进而影响经济增长。根据生命周期理论(Modigliani & Brumberg，1954)，由于人们在工作时期储蓄以支付老年时期的消费，因此老年人口的储蓄率低，而老年人口比重的相对提高会导致国民储蓄率的降低。在中国，生命周期理论所预示的“人口红利”已经为许多学者的经验分析所证实(蔡昉，2004)。[①] 如果像理论所预测的那样，那么中国的国民储蓄率就会随着人口老龄化进程加快而进入下降通道。更重要的是，由于目前中国不同区域间的国民储蓄率仍存在明显的梯度差异，老年人口比重高的区域其国民储蓄会受到较大的影响，因而人口老龄化进程还会影响到不同区域间国民储蓄率的差异，进而影响不同区域间经济增长速度和经济发展水平。

---

① 人口红利，通常指 Bloom(1998)提出的第一人口红利，是指由人口转变所导致的劳动年龄人口比重增加、国民储蓄率提高、经济增长加速。

然而，自 2000 年进入人口老龄化社会后，中国的国民储蓄率仍增势不减，从 2000 年的 36.1%增至 2010 年的 50.7%，到达峰值，其后缓慢下降并逐渐趋于稳定，2021 年储蓄率为 45.9%，21 年间共上升了 9.8 个百分点。而过去 30 多年东部、中部、西部地区储蓄率的变化与其人口老龄化进程呈现出高度一致的“东高西低”的梯度差异，即老龄化程度越高的地区，储蓄率反而更高，这与生命周期理论的预测不符。同时，不同区域国民储蓄率的变动也存在差异：2000 年至 2017 年间，人口老龄化程度最高的东部地区各省市，其国民储蓄率先缓慢增长，2010 年出现峰值（为 54.9%），尔后逐渐下降至 2017 年的 48.17%（甚至低于东部地区 2000 年的储蓄率水平）；国民储蓄率较低的中西部地区各省、市、自治区，其国民储蓄率则先快速增长，11 年间上升了约 13%，2011 年达到最高水平，然后呈下降态势，2017 年中西部地区储蓄率分别高于各自 2000 年水平约 8%和 4.4%。不同区域间国民储蓄率差异对应着其人口老龄化进程的差异，这种现象与生命周期理论的推论并不完全相符。考虑到不同区域间经济结构本身存在的差异，这似乎暗示着人口老龄化与国民储蓄率之间可能存在着更深层次的关联，而这正是本书所要研究的。

中国过去的经验文献已经证实，中国国民储蓄率的上升伴随着人口老龄化进程的推进，这在理论上尚未得到完整的回答（汪伟，2009；汪伟和钱文然，2011）。已有理论模型和跨国数据的经验分析表明，人口老龄化会对储蓄率产生负担效应和寿命效应两种方向相反的影响（Li et al.，2007），但鲜有文献对中国人口老龄化的这两种效应展开深入研究。根据联合国 2019 年的预测，中国人口老龄化进程将于 21 世纪上半叶开始持续加速，至 2050 年将达到发达国家水平。此外，不同区域人口老龄化进程的速度不同，不同区域间人口老龄化程度的差异将发生巨大变化。在中国人口老龄化进程加速、不同区域老龄化分布格局变化的背景下，研究人口老龄化对储蓄率动态变化的影响，显然是一个非常有意义的研究方向。

中国不同地区、不同省市间人口老龄化的程度差异很大，这为我们检验人口老龄化不同阶段的负担效应和寿命效应的变化及其影响提供了足够广的取值区间。由于计划生育政策的严格实行，中国在几十年间的人口结构变化比别的国家更快，变化区间也更大，这为检验理论模型的适用性提供了试验场。

第二节 人口老龄化的储蓄效应文献综述

一、人口老龄化的负担效应

Modigliani & Brumberg(1954)的生命周期假说蕴含着人口老龄化的负担效应。在标准的生命周期模型中，理性消费者根据其个人或家庭一生全部预期收入来安排其消费与储蓄，以实现整个生命周期内效用的最大化。理性的消费者在成年期将工作收入的一部分储蓄起来，以备老年期的消费。因此，对个体消费者来说，储蓄倾向随着年龄的增长呈现先上升后下降的趋势，在成年期储蓄倾向高，至老年期储蓄倾向下降；对一国来说，加总的国民储蓄率取决于人口年龄结构及其变化，随着老年人口比重的上升，加总的国民储蓄率会随之降低。人口老龄化使一国的人口年龄结构老化，负向影响其国民储蓄率，本书将人口老龄化的这一影响定义为"负担效应"。

关于人口老龄化的储蓄效应，在最早的一个实证研究中，Leff(1969)利用1964年跨国截面数据首次检验了生命周期理论提出的负担假说，验证了老年抚养负担的上升会对国民储蓄率产生显著的负向影响。尽管估计的结果存在差异，但后续的许多跨国截面或面板数据分析进一步证实了老年人口负担对国民、居民与私人储蓄的负效应(Modigliani，1970；Modigliani & Sterling，1983；Horioka，1989；Higgins & Williamson，1997；Loayza et al.，2000；Schultz，2005；Schrooten & Stephan，2005；Bosworth & Chodorow-Reich，2006)。如Loayza et al.(2000)在研究世界102个国家的大样本数据库时发现，如果老年人抚养比上升3.5%，国民储蓄率将会下降2%。Bosworth & Chodorow-Reich(2006)在其跨国数据的全部样本估计中发现，老人抚养比上升1个百分点将使国民储蓄率下降0.54个百分点，亚洲国家样本则显示更大的老年负储蓄效应，老人抚养比上升1个百分点会带来国民储蓄率下降1.2个百分点。Horioka(1989)对

OECD 国家的研究也得到了类似的结果。

在时间序列分析方面，许多研究也验证了老年人口负担的负储蓄效应的结论。如 Hayashi(1986、1989)、Horioka(1989)通过对日本“二战”后至 20 世纪 80 年代中期的数据进行分析后发现，人口抚养负担的减轻对储蓄率的上升有显著影响。而 Koga(2006)、Katayama(2006)和 Horioka(2010)的实证研究则将 20 世纪 90 年代末日本储蓄率持续下降的主要原因归于老龄抚养负担的上升。一些以中华人民共和国成立以后不同时段的时间序列数据为样本的研究也的确支持了“负担假说”(中国人民银行课题组，1999；Modigliani & Cao，2004；王德文等，2004；Kuijs，2006)。Campbell(2008)对美国的研究也得到了类似的结论。

在微观调查数据方面，一些研究也支持了人口老龄化的负担效应。如 Wakabayashi & Hewings(2007)分析日本的家户调查数据后发现，伴随着人口老龄化加快，家庭在养老、医疗消费方面的支出增加是储蓄倾向走低的重要原因。Hurd(1990)、Horioka(2006)通过分析日本的微观数据也得到了类似结论。例如，Horioka(2006)发现从 2002 年开始，日本退休老年人的负储蓄占他们收入的 15%～30%，而且这种负储蓄的趋势随着时间的推移而增强。

人口老龄化的负储蓄效应也受到了一些研究的质疑(Gupta，1971；Goldberger，1973；Ram，1982；Kelley & Schmidt，1995a；Andersson，2001；Andres，2001)。这些批评主要来自对人口负担效应的储蓄检验方程的数据处理、变量设定、样本构成和估计方法等方面。如 Kelley & Schmidt(1995a)将 Leff 研究的计量时段拓展到 1960—1990 年后发现，除了 20 世纪 80 年代之外，其他时段的数据没有表现出明显的负担效应。Andersson(2001)使用北欧四国 1950—1992 年这个时段的数据进行的一个研究中也得到了类似的结果，他发现老年抚养比对国民储蓄率负向影响在加入特定年代变量后就不再显著了。

针对具有高储蓄传统的亚洲国家中国和日本的研究同样也存在争议。Kraay(2000)利用中国 1978—1989 年城镇、农村面板数据分析后发现，人口抚养比对储蓄率的影响在统计上不显著。Horioka & Wan(2007)利用 1995—2004 年的省际面板数据分析后得到了一个混合结果：人口老龄化对整体样本和城镇样本的居民储蓄倾向的影响不显著，但在农村样本中的影响却是显著的。汪伟

(2009、2010)的计量结果显示，老龄抚养比的提高与国民储蓄率的上升同向变动。在解释老年人的储蓄行为时，一些文献发现他们常常出现反生命周期的行为，如 Ando et al.(1995)利用微观数据研究发现，日本的老年人仍然有很高的就业概率，并不像理论预测的那样负储蓄。Koga(2006)通过分析日本内务署的调查数据发现，各个年代出生的人群在进入老年期时其储蓄倾向都会突然升高。Chamon & Prasad(2010)也发现中国城镇人口的储蓄率出现了与生命周期相反的特点，即样本中户主年龄最老的家庭储蓄率最高，这些显然与生命周期理论的预测不吻合。

二、人口老龄化的寿命效应

标准的生命周期理论在很大程度上忽视了一个基本的事实，即储蓄率的变化除了是由人口年龄结构的变化带来的以外，还有寿命延长的因素。过高的人口负担的确会增加负储蓄者相对于储蓄者的数量，这会造成总储蓄和总储蓄率的下降，但它却忽略了理性行为人重新分配经济资源、协调生命周期行为的能力，这意味着生命周期理论隐含的外生储蓄倾向的假设可能是不合理的。事实上，具有理性预期的消费者意识到自己活得更长时，会主动调整其在工作阶段的储蓄和消费行为，“未雨绸缪”的动机可能带来储蓄率的上升，这便是人口老龄化的“寿命效应”。Yaari(1965)最早模型化了这一思想。

一些学者拓展了 Yaari 的研究，将寿命延长对储蓄率的影响引入世代交替模型或无穷期模型中。如 Zhang et al.(2001)的王朝效应函数世代交替模型认为预期寿命延长会带来一个更长的退休后的老年期生活阶段，人们会为了保持老年期的消费水平不下降而在工作期进行更多的储蓄，这会带来储蓄率的上升。Bloom et al.(2003)在其理论模型中分析了预期寿命上升带来的加总效应，预期寿命的上升会使每一个年龄阶段人群都提高储蓄率，从而会带来更高的总储蓄率。但 Bloom et al.(2003)同时认为这种效应对总储蓄率的影响是临时的，寿命延长意味着一个稳定的具有高比例老年人口的年龄结构，以至于在长期内，各年龄段的较高储蓄率会被处于负储蓄状态的老年人口数量的增加而抵消，他们预测这种平衡效应可能需要花 50 年或更长的时间。Li et al.(2007)则通过跨国面板数据证实了上述结论。

一些理论和实证研究更为细致地讨论了寿命延长对储蓄正向影响所需要的现实条件。如 Bloom & Canning(2005)认为,在没有社会保障和资本市场完美的情况下,人们对寿命延长的最优反应是延长工作期的长度,人口老龄化对储蓄率没有影响甚至是负影响。然而,在实际经济中,上述情形可能不会被观察到,特别是如果政策阻止或不鼓励延迟退休时,理性行为人为了更长的退休期而融资,从而更多地储蓄(Bloom et al. ,2007)。Zhang et al. (2003)、Miyazawa(2009)还进一步讨论了预期寿命延长通过遗赠机制对国民储蓄率的影响。一方面,寿命延长带来的未雨绸缪储蓄动机会使理性行为人在其成年期多储蓄,从而提高国民储蓄率;另一方面,由于活得更长的老年人需要更多消费,能够留给下一代的遗产会减少,而且下一代继承的时间也被延迟了,遗产的现值也会缩水,这两个原因导致社会总的遗赠储蓄减少,从而使寿命延长对储蓄率的影响变得模糊。这些研究对 Kelley & Schmidt(1995b)关于发展中国家的预期寿命延长对储蓄率具有显著的正效应,而发达国家预期寿命的延长对储蓄率的影响消失甚至出现负效应的经验发现提供了理论解释。

人口老龄化的寿命效应已经在许多跨国数据的经验分析中得到了证实。例如,Barro(1991)使用 1970—1985 年的跨国数据研究后发现,预期寿命较低的国家,随着其预期寿命的上升,储蓄率会快速增长,但老龄化超过一定程度后,寿命延长对储蓄率的正效应减弱。Hurd et al. (1998)利用美国家庭调查数据进行研究后也发现预期寿命的延长会导致储蓄率上升的证据。Lee et al. (2000)的研究发现,中国台湾地区人口平均寿命的上升对其经济高速增长的 40 年间的储蓄率的上升有很强的解释力。Kinugasa & Mason(2007)运用 1965—1999 年的跨国面板数据进行的研究也证实了寿命延长的正储蓄效应。他们还发现,东亚国家的人口转变放大了寿命延长的储蓄效应。Bloom et al. (2003)利用 1960—1997 年跨国面板数据证实了其理论模型的结论,寿命延长带来的正储蓄效应很大,但是这种效应会随着人口老龄化而最终消失。Pieroni & Aristei(2006)对意大利分地区的数据进行研究发现,预期寿命延长的变化是造成其南北地区储蓄率差距的主要原因。Bloom et al. (2007)构建考虑社会保障和退休激励的储蓄率模型，他们的实证研究表明，只有当缺乏普遍覆盖的养老保障和存在提前退休激励效应而且退休年龄又是固定的时候，更高的寿命才会导致更高的储蓄率。Graff et al.（2008）和 Li et al.（2007）则同时考虑了人口老龄化的负担效应与寿命效应，他们发现这两种效应对储蓄率的影响是相反的，寿命延长带来的储蓄率上升常常被老年人负担的负储蓄效应所抵消。

综观文献，国内外学者对中国老龄化储蓄效应的研究较多地集中在对经典生命周期理论的检验上（Kraay，2000；Modigliani & Cao，2004；王德文等，2004；Kuijs，2006；汪伟，2009），而预期寿命延长对居民储蓄行为的影响却常常被忽略了。最近的一些理论研究，如刘永平和陆铭（2008a）、汪伟（2012），通过数值模拟分析了人口老龄化的寿命效应，但缺少实证支持。值得一提的是，刘生龙等（2012）的实证研究讨论了寿命延长对中国家庭储蓄的影响，但囿于数据的限制，其面板回归中并没有分离出人口老龄化的寿命效应与负担效应。总的来看，国内经验分析集中于研究人口老龄化的负担效应却常常忽略了寿命效应，而寿命效应很可能是导致过去 30 多年中国储蓄率走高的重要原因，并且也会影响中国储蓄率的未来走势。此外，人口老龄化对区域间储蓄率的变化呈现什么样的影响，中国未来储蓄率会如何演化也鲜有文献讨论，因而有待进一步研究。

第三节 理论框架及其检验含义

本节通过建立一个简单的三期世代交叠模型，来分析人口老龄化作用于个人生命周期决策进而影响国民储蓄率的理论机制。本书的模型同时考虑人口老龄化的寿命效应与负担效应对家庭储蓄决策及其经济中总储蓄率的影响。假设代表性行为人经历少年期、成年期、老年期，假设 $1-p$ 为 t 期成年人的死亡率，则 t 期成年人以 p 的概率进入老年期，第 $t-1$ 期出生的行为人在少年期的消费通过借贷实现，在成年期工作并获得收入，偿还前期的债务本息，并做出储蓄决策以备支付老年期的消费。代表性行为人的生命周期约束为：

$$c_{0t-1}+s_{0t-1}=0 \tag{3-1}$$

$$c_{1t}+s_{1t}=w_t+R_t s_{0t-1} \tag{3-2}$$

$$c_{2t+1}=R_{t+1}s_{1t}/p \tag{3-3}$$

其中，c_{0t-1}、c_{1t}、c_{2t+1} 为行为人在少年期、成年期、老年期的消费，s_{0t-1} 为少年期的借贷，s_{1t} 为成年期的储蓄，$R_t(R_{t+1})$为 $t-1(t)$期的资产持有至 $t(t+1)$期的收益率；代表性行为人以成年期的收入 w_t 支付其一生的消费，为简化起见，本书假设其并不留给后代遗产，在生命终结时其储蓄为 0。[①] 代表性行为人的效用函数为：

$$U=\log c_{0t-1}+\beta\log c_{1t}+p_t\beta^2\log c_{2t+1} \tag{3-4}$$

在预算约束下[见式(3－1)至式(3－3)]，求解代表性行为人的效用最大化问题可得：

$$c_{0t-1}=\frac{w_t}{R_t(1+\beta+\beta^2 p)} \tag{3-5}$$

$$c_{1t}=\frac{\beta w_t}{1+\beta+\beta^2 p} \tag{3-6}$$

$$c_{2t+1}=\frac{\beta^2 R_{t+1}w_t}{1+\beta+\beta^2 p} \tag{3-7}$$

在生产技术的设定方面，为简化起见，假定技术进步是外生的，生产函数是一次齐次的柯布—道格拉斯生产函数：

$$Y_t=AK_t^{\alpha}L_t^{1-\alpha} \tag{3-8}$$

其中，$A>0$，$0<\alpha<1$，Y_t 为 t 期的总产出，K_t 为 t 期的资本存量，L_t 为 t 期的劳动人口，也就是 t 期的成年人口总数，人口出生率(增长率)$n_t=L_{t+1}/L_t$。

该生产函数关于 L_t 一次齐次，劳均资本存量 $k_t=K_t/L_t$，劳均产出 $y_t=Y_t/L_t$，并且有 $y_t=Ak_t^{\alpha}$；达到均衡状态时，劳均产出和劳均资本存量不变，有 $y_{t-1}=y_t=y_{t+1}$，$k_{t-1}=k_t=k_{t+1}$。

假定市场是完全竞争的，经济中不存在失业和闲置资本，各要素按照边际产品获得报酬，有：

---

① 我们这里假定老年人不刻意留有遗产，而是一种“意外的死亡遗赠”。本书的代际遗产处理方法类似于 Zhang et al.(2001)和 Li et al.(2007)等文献中的遗产处理方式。在这些文献中，假设经济中有一个完美的养老保险市场，活着的老年人均分意外死亡的老年人的养老保险金及投资收益。

$$w_t=(1-\alpha)Ak_t^{\alpha} \tag{3-9}$$

$$R_t=\alpha Ak_t^{\alpha-1} \tag{3-10}$$

在 t 时期，成年人的储蓄决策为：

$$s_{1t}=\frac{\beta^2 pw_t}{1+\beta+\beta^2 p} \tag{3-11}$$

可见，老年人存活率（寿命）p 的外生变化将影响到 t 期成年人的储蓄决策，当 p 提高，人均预期寿命提高，成年人的储蓄倾向也上升，这就是人口老龄化的寿命效应。

t 期经济中的总财富 W_t 就等于所有成年人的储蓄，即 $W_t=L_t s_{1t}=\frac{L_t\beta^2 pw_t}{1+\beta+\beta^2 p}$。如果经济处于封闭状态，资本市场的均衡条件为 $K_{t+1}=W_t$，即 $K_{t+1}=\frac{L_t\beta^2 pw_t}{1+\beta+\beta^2 p}$，那么，劳均资本的动态方程为：

$$k_{t+1}n_t=A(1-\alpha)\frac{\beta^2 p}{1+\beta+\beta^2 p}k_t^{\alpha} \tag{3-12}$$

因此，经济达到均衡时的劳均资本存量水平为：

$$\bar{k}=\left\{\frac{A(1-\alpha)\beta^2 p}{n_t(1+\beta+\beta^2 p)}\right\}^{\frac{1}{1-\alpha}} \tag{3-13}$$

在 t 时期，经济中的国民储蓄率根据下式计算：

$$tsr_t=\frac{Y_t-c_{0t}L_{t+1}-c_{1t}L_t-c_{2t}pL_{t-1}}{Y_t} \tag{3-14}$$

其中，pL_{t-1} 为 $t+1$ 期时经济中存活的老年人口数量。将式（3－1）至式（3－12）代入式（3－14），注意到在均衡增长路径上，$w_{t-1}=w_t=w_{t+1}$，$R_{t-1}=R_t=R_{t+1}$，可以得到下式：

$$tsr_t=1-\frac{[(\bar{k}^{1-\alpha}/A\alpha)(L_{t+1}/L_t)+\beta+(\beta^2 A\alpha\bar{k}^{\alpha-1})(pL_{t-1}/L_t)](1-\alpha)}{1+\beta+\beta^2 p} \tag{3-15}$$

在式（3－15）中，(L_{t+1}/L_t) 决定于 t 期人口出生率，$(L_{t-1}p/L_t)$ 为 t 期老年抚养比，由此可见，在控制了人口出生率的前提下，人口老龄化将对国民储蓄率产生负担效应和寿命效应两方面的影响，人口老龄化对储蓄率的影响是模糊的，取决于老龄化的阶段和两种效应的相对强弱。由于成年人的死亡率不可观测，在后文的实证中本书将人均预期寿命作为其代理变量，代表寿命效应的影响。

第四节 计量模型设定与数据描述

一、计量模型设定

在理论模型的基础上，综合考虑其他因素对国民储蓄率的影响，本书使用以下计量方程进行面板数据的实证检验：

$$tsr_{it}=\beta_0+\beta_1 life_{it}+\beta_2 old_{it}+\beta_3 birth_{it}+\theta' X_{it}+\mu_i+\varepsilon_{it} \qquad (3-16)$$

其中，下标 i 代表省份，下标 t 代表时间，μ_i 代表不可观测的地区效应，ε_{it} 是随机扰动项；被解释变量 tsr 代表国民储蓄率，$life$ 表示人口预期寿命，old 表示老年人抚养比（即老年人口占工作人口的比重），$birth$ 表示人口出生率，X 是一组潜在的影响国民储蓄率的控制变量。在兼顾了预测精度和遗漏变量的考虑下，笔者控制的其他变量包括经济增长率、财政支出比重、工业产值比重、城市化率、城乡收入比、通货膨胀率等，这些因素是传统文献中普遍关注的储蓄率的决定因素。本节分别采用固定效应模型及随机效应模型进行计量分析，并在随机效应模型中通过在计量方程中加入每个地区的哑变量来控制无法观测的地区效应，进而对被解释变量给出有效的估计。

二、数据来源与描述性统计

由于分省的人口预期寿命只在有限的几次人口普查数据中可得，因此本书主要根据我国第三次人口普查（1982 年）、第四次人口普查（1990 年）、第五次人口普查（2000 年）、第六次人口普查（2010 年）的数据和与之相对应的经济数据来构建面板数据集。在人口数据中，老年人口抚养比用 65 岁以上老年人口除以 15～64 岁人口计算得到。为了避免经济周期对估计结果的扰动，经济结构变量使用前后 5 年的统计数据加以平滑，数据均来自《中国统计年鉴》等统计资料。

本书对于经济结构变量采用了如下方法进行处理：用实际人均 GDP 增长率来衡量人均国民收入的增长速度，通过使用 1978 年不变价折算历年各省份人均 GDP 得到各年实际人均 GDP 并计算其增长率，得到各年的人均实际 GDP 增长率。为避免经济增长率在储蓄方程的内生性问题引起的偏误，笔者遵从 Bloom et al.(2003)、Li et al.(2007)的做法取前一个时期的五年人均 GDP 增长率平均值，如对应 1982 年的人口变量，我们取 1975—1979 年间人均实际 GDP 增长率的均值，而对于财政支出比重、工业产值比重、城市化率、城乡收入比和通货膨胀率我们取 1980—1984 年的均值。其他普查年份的数据处理，均照此方式进行。由于海南、重庆和西藏一些年份的数据在统计年鉴上不可得，所以笔者将这三个省份的数据剔除了，本书最终获得 28 个省份四期共计 112 个数据，如表 3－1 所示。

表 3－1　　面板数据各变量描述性统计

变量名	表示	全部	1982 年	1990 年	2000 年	2010 年	东部地区	中部地区	西部地区
国民储蓄率(%)	*tsr*	39.22	26.42	35.88	42.88	51.69	45.46	39.32	32.18
		(12.33)	(4.73)	(10.59)	(9.21)	(6.97)	(12.26)	(10.68)	(10.25)
预期寿命	*life*	70.54	67.37	68.30	71.41	75.07	73.46	70.36	67.47
		(4.34)	(3.59)	(3.30)	(3.07)	(2.57)	(3.12)	(3.36)	(4.26)
老年抚养比(%)	*old*	9.50	7.96	8.41	9.52	12.12	10.71	9.06	8.59
		(2.65)	(2.59)	(1.85)	(2.01)	(1.95)	(2.64)	(2.29)	(2.54)
出生率(‰)	*birth*	15.96	19.19	20.26	13.29	11.10	13.82	15.83	18.46
		(5.19)	(3.72)	(3.53)	(4.00)	(2.52)	(4.92)	(4.91)	(4.76)
前期人均 GDP 增长率(%)	*laggr*	9.51	8.42	9.68	7.78	12.15	9.52	10.13	8.87
		(3.58)	(2.97)	(4.46)	(3.00)	(1.81)	(3.87)	(3.66)	(3.11)
财政支出比重(%)	*fis*	16.18	16.07	13.37	13.83	21.46	11.67	14.57	22.81
		(7.51)	(6.98)	(4.68)	(5.52)	(9.36)	(3.46)	(4.25	(8.73)
工业产值比重(%)	*ind*	39.74	40.84	37.48	37.92	42.71	45.19	39.16	34.25
		(9.10)	(12.42)	(8.60)	(7.03)	(6.59)	(9.99)	(7.56)	(5.35)
城市化率(%)	*urban*	32.90	22.44	25.93	31.54	51.69	42.10	30.75	24.83
		(18.50)	(14.64)	(15.00)	(15.25)	(14.24)	(23.01)	(14.00)	(11.42)
城乡收入比	*urratio*	2.46	1.88	2.24	2.72	2.99	2.21	2.34	2.84
		(0.60)	(0.33)	(0.49)	(0.22)	(0.56)	(0.52)	(0.49)	(0.59)
通货膨胀率(%)	*infl*	4.28	2.92	10.93	−0.23	3.51	4.18	4.32	4.37
		(0.60)	(0.74)	(0.85)	(0.63)	(0.58)	(4.27)	(4.28)	(4.06)
样本数量	*N*	112.00	28.00	28.00	28.00	28.00	40.00	36.00	36.00

注：表格中上方的数字为变量的均值，下方括号中的数字为变量的标准差。

为了细致考察数据的变化趋势，表 3—1 给出了核心变量的分时段与分地区的描述性统计量①。从储蓄率与人口变量的时间维度来看，笔者关注变量中的储蓄率、人口预期寿命和老年抚养比均处于上升态势，人口出生率在经历 1990 年的峰值后呈快速下降趋势。从储蓄率与人口变量的地区差异来看，中国的老龄化程度呈现出东、中、西依次递减的梯度差异，这与人均预期寿命与老年抚养比的变化趋势是一致的，与人口出生率的变化方向则是相反的。储蓄率与各经济变量的关系则在时间维度与区域维度上表现出较大的差异。

为了更细致地分析老龄化的动态变化，本书通过第三次人口普查至第六次人口普查的数据描绘了东部、中部、西部地区人口老龄化程度的散点图（见图 3—1 至图 3—3）。从散点图可以看到，在共同的人口老龄化持续推进的大趋势下，东部地区在第三次人口普查（1982 年）时就最早出现了人口老龄化进程加速

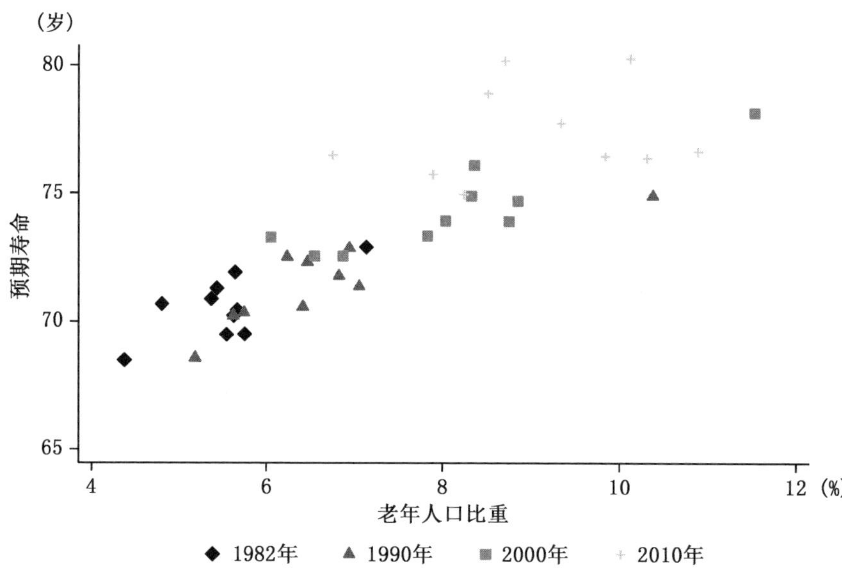

图 3—1　第三次人口普查至第六次人口普查东部地区人口老龄化程度分布散点图

---

① 东部地区包括北京、天津、河北、辽宁、上海、江苏、浙江、福建、山东、广东；中部地区包括山西、内蒙古、吉林、黑龙江、安徽、江西、河南、湖北、湖南；西部地区包括广西、四川、贵州、云南、陕西、甘肃、青海、宁夏、新疆。

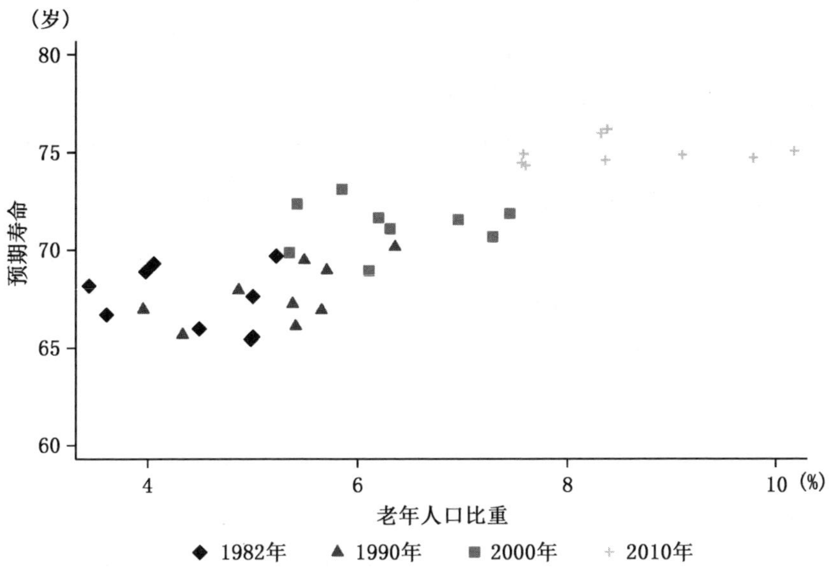

图 3—2　第三次人口普查至第六次人口普查中部地区人口老龄化程度分布散点图

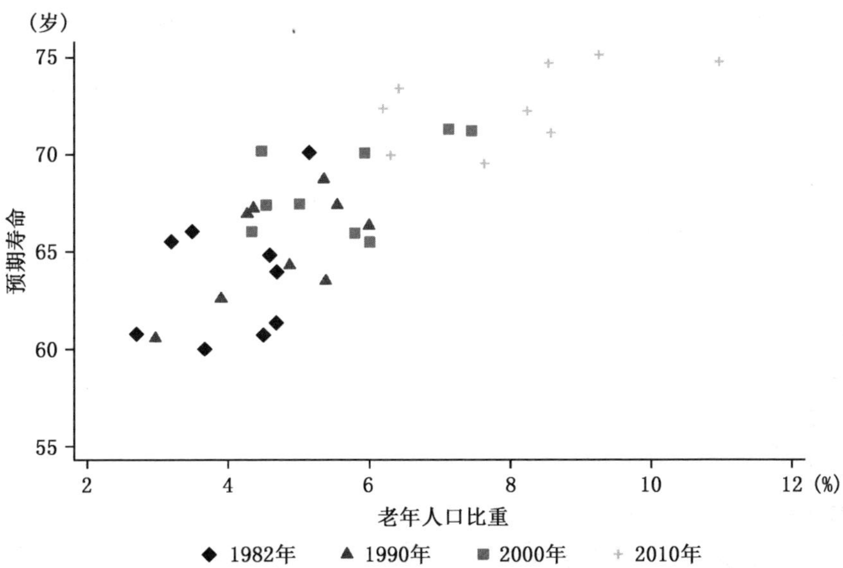

图 3—3　第三次人口普查至第六次人口普查西部地区人口老龄化程度分布散点图

趋势，但直到 2000 年，中部地区和西部地区人口老龄化的进程才开始加快，在这十几年间东部、中部、西部地区差异不断扩大，而且 2000 年及其后几年正是东部、中部、西部地区人口老龄化差异最大的一段时间。目前，东部地区人口老龄化程度仍远高于中部地区和西部地区，但由于中部地区人口老龄化的速度高于东部地区，东部地区和中部地区人口老龄化程度的差异正在逐渐缩小，而中部地区和西部地区人口老龄化的差异则在加大。从散点图中还可以观察东部、中部、西部地区各省份人口老龄化差异程度及其变化。总的来说，东部地区各省份人口老龄化程度的差异较小，西部地区各省份差异较大。

从东部、中部、西部地区国民储蓄率的变化来看（见图 3—4），1978—2017 年间东部、中部、西部地区国民储蓄率大致保持着一致的波动趋势，东部、中部、西部地区国民储蓄率的梯度差异非常明显。各地区人口老龄化的变化速度不同，引起了国民储蓄率区域变化的差异。20 世纪 80 年代，在经济起飞及人口因素的共同作用下，东部地区的国民储蓄率快速攀升，拉开了与中西部地区间国民储蓄率的差异。这种趋势一直持续。直至 20 世纪 90 年代后期，东部地区国民储蓄率的增速开始减缓，而中部地区国民储蓄率则突然发力并加速上扬，使得东部地区和中部地区国民储蓄率的差异减小，至 2010 年，二者已经非常接近。笔者发

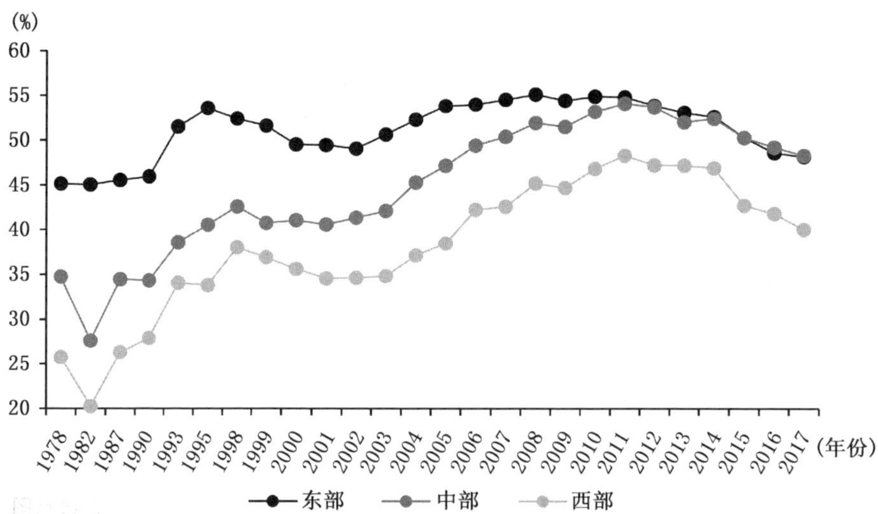

图 3—4　1978—2017 年东部、中部、西部地区国民储蓄率对比情况

现，东部地区和中部地区国民储蓄率先扩大后逐渐缩小的过程与其人口老龄化程度的差异相呼应，并且其国民储蓄率区域差异动态变化的时点也对应着人口老龄化区域差异的变化，由此推断，不同区域人口老龄化程度的变化可能会对其国民储蓄率的变化造成影响，而各区域人口老龄化的程度和速度的不同使得区域间国民储蓄率的差异也处于动态变化中。

三、估计结果与讨论

（一）全国样本估计结果

在表3—2的估计1中，笔者对理论模型揭示的影响储蓄率的核心人口变量，即人均预期寿命、老年抚养比、人口出生率进行固定效应估计，而人口老龄化的储蓄效应通过预期寿命和老年抚养比和两个变量的估计系数反映出来。估计1的结果表明，预期寿命延长对储蓄率的上升有显著的影响，这一结论印证了本书强调的人口老龄化的寿命效应，也与前文的数据观察相一致，但老年抚养比对储蓄率的影响并不显著，而且符号也与生命周期理论的预期相反，这说明过去30多年，中国老年人口比重的上升并没有导致国民储蓄率下降，这可能与样本期的中国尚处于老龄化的初期、储蓄率尚处于上升通道、人口老龄化的负担效应尚未真正显现有关，这也与一些文献发现的老年人常常出现反生命周期的储蓄行为相吻合（Chamon & Prasad，2010）。本书关注的另一个变量——人口出生率的符号为负，而且非常显著，这与本书的理论预期一致，说明人口政策导致的生育率的下降的确能够解释过去30多年中国储蓄率的上升，这与汪伟（2010）的研究相一致。估计2中笔者用随机效应模型对核心变量模型进行了重新估计，发现虽然核心解释变量的估计系数有所变化，但符号和显著性均没有明显变化。

一些文献认为经济增长可能是推动储蓄率变化的重要因素（Modigliani & Cao，2004；Kuijs，2006；Horioka & Wan，2007；汪伟，2009）。遵循他们的研究思路，本书将滞后一期的人均GDP的增长率作为一个重要的控制变量。为了避免遗漏变量导致的内生性问题，本书还进一步控制了影响国民储蓄率的其他变量：政府财政支出占国内生产总值的比重（用来反映政府财政支出对政府与居民储蓄的影响)、工业产值占国内生产总值的比重(用来反映产业结构的变迁对企业储蓄率的影响)、城市化率(用来反映中国城乡二元结构变化对城乡居民储蓄行为的影响)、城乡收入比(用来反映收入分配不平等状况对整体储蓄倾向的影响)、通货膨胀率(用来反映物价因素和宏观经济稳定性对储蓄率的影响)。估计3报告了固定效应的估计结果,在引入上述控制变量后,预期寿命对储蓄率的影响系数虽然有所下降,但仍然非常显著,出生率的估计系数则变得更大而且更加显著,老年抚养比的估计系数仍然不显著,说明本书的估计结果具有稳健性,引入控制变量后重新估计的方程的整体拟合优度有了进一步的改善,而且政府财政支出和通货膨胀均是影响国民储蓄率的重要因素。估计4给出了随机效应的估计结果,估计系数与固定效应的估计非常接近。在估计5和估计6中加入了年份的哑变量,估计结果仍然与估计3和估计4的结果非常相似,因此本书的估计结果具有高度的稳健性,说明人口老龄化的寿命效应对于过去30多年中国国民储蓄率的上升具有非常好的解释作用。可能的主要原因是,由于中国人的预期寿命不断增长,使得个人的退休期延长,对于理性的消费者,由于要保持老年时期的消费水平,势必要加大在成年时期的储蓄。为了更进一步弄清人口老龄化对储蓄率影响的地区间差异,估计7中添加了东部地区和中部地区的地区哑变量,运用随机效应模型进行了估计,发现东部地区和中部地区这两个地区哑变量的估计系数分别为6.39和4.83,且均在5%的显著性水平下显著,表明在充分考虑模型中所有核心解释变量和主要控制变量的影响后,东部地区和中部地区的储蓄率仍然要比西部地区分别高6.39个和4.83个百分点。根据Hausman检验的结果,本书将控制了所有解释变量的随机效应估计7中的估计系数作为参考值,这也是最保守的一个推断,人均预期寿命每提高1岁,将导致国民储蓄率上升约0.82个百分点。在1982—2010年样本期间,中国的国民储蓄率上升了18.3个百分点,预期寿命上升了8.7岁,根据估计7的偏回归系数和样本均值进行推算,国民储蓄率的7.13个百分点的变化可以由预期寿命的提高来解释,将近上升总量的39%。生育率的变化也是导致储蓄率上升的重要因素,根据估计7的结果,人口出生率每上升1个千分点,将使国民储蓄率下降1.012个百分点,1982—2010年间,中国的出生率下降了约10.38个千分点,这导致储蓄率上升了约 10.4 个百分点，约占储蓄率上升总量的 56.8%。

通过区域间的数据进行计算，本书发现东部地区和西部地区的国民储蓄率均值相差 13.29 个百分点，预期寿命均值相差约 6 岁，其中有 4.92 个百分点可以由人口老龄化的寿命效应所解释，中部地区和西部地区的国民储蓄率相差 7.14 个百分点，平均预期寿命相差约 2.9 岁，约有 2.38 个百分点可以由寿命效应解释。生育率的变化也是导致储蓄率上升的重要因素，根据估计 7 的结果，人口出生率每上升 1 个百分点，将使国民储蓄率下降 1.012 个百分点，在样本期，东部、中部、西部地区的平均出生率分别为 13.82%、15.83%和 18.46%，因此出生率的差异约能解释东西部和中西部储蓄率差异的 4.70 和 2.66。相关数据参见表 3—2。

表 3—2　　全国样本面板数据估计结果

解释变量	*FE*	*RE*	*FE*	*RE*	*FE*	*RE*	*RE*
life	1.756***	1.437***	1.271***	1.115***	1.269***	1.171***	0.818**
	(0.448)	(0.306)	(0.465)	(0.312)	(0.468)	(0.317)	(0.350)
old	0.617	0.318	0.468	−0.045 4	0.452	0.013 9	0.119
	(0.550)	(0.383)	(0.503)	(0.360)	(0.507)	(0.366)	(0.359)
birth	−0.653**	−0.797***	−1.278***	−1.015***	−1.269***	−1.011***	−1.012***
	(0.275)	(0.215)	(0.323)	(0.263)	(0.325)	(0.263)	(0.260)
laggr			−0.229	−0.035 0	−0.221	0.000 623	0.029 1
			(0.183)	(0.184)	(0.185)	(0.188)	(0.192)
fis			−0.435***	−0.199*	−0.375*	−0.114	0.037 1
			(0.152)	(0.114)	(0.209)	(0.143)	(0.153)
ind			0.0819	0.122	0.0907	0.130	0.108
			(0.091 1)	(0.081 6)	(0.093 9)	(0.081 9)	(0.082 4)
urban			0.088 8	0.030 6	0.103	0.024 0	0.009 99
			(0.099 0)	(0.067 1)	(0.105)	(0.067 4)	(0.066 0)
urratio			2.521	5.334***	2.145	4.709***	6.157***
			(1.986)	(1.414)	(2.185)	(1.556)	(1.683)
infl			0.842***	0.648***	0.614	0.199	0.056 6
			(0.184)	(0.180)	(0.569)	(0.498)	(0.502)
east							6.385**
							(2.895)
west							4.829**
							(2.202)

续表

解释变量	*FE*	*RE*	*FE*	*RE*	*FE*	*RE*	*RE*
_cons	−80.09**	−52.47**	−41.23	−40.98*	−41.65	−45.02**	−29.60
	(32.19)	(22.52)	(31.22)	(22.25)	(31.40)	(22.62)	(23.51)
时间哑变量	否	否	否	否	是	是	是
Hausman 检验	0.041		0.999		0.817		
N	112	112	112	112	112	112	112
R^2	0.720	0.717	0.820	0.805	0.821	0.805	0.790

注：计量分析使用 Stata12.0，*FE* 和 *RE* 分别表示固定效应与随机效应估计，括号中报告的是标准误，***、**、* 分别表示 1%、5%、10%的显著水平，Hausman 检验给出的是 p 值。

（二）分地区子样本计量结果

本节的实证分别对东部、中部、西部地区三个子样本进行面板数据分析，以对不同地区间、同一地区内部各省份间的国民储蓄率差异做出更细致的解释。表 3—3 给出了估计的结果。具体分析东部、中部、西部地区子样本的估计结果，Hausman 检验显示，东部地区和中部地区子样本支持随机效应，西部地区子样本支持固定效应模型。关于人口老龄化对区域内国民储蓄率差异的影响，三个子样本的结论基本一致：人均预期寿命在子样本的检验中均有预期的符号，并且对东部、中部、西部地区内部省份间的国民储蓄率差异有显著的影响，其中东部地区的偏回归系数最大、中部地区其次、西部地区最小，这与中国地区间人口预期寿命的梯度差异是一致的，因此人口老龄化的寿命效应实际上扩大了地区间国民储蓄率的差异。在各区域内部，老年抚养比出现了预期的负的符号，但在所有子样本的检验中仍然都不显著，证明人口老龄化的负担效应在各地区内部对储蓄率的影响也不明显。这些估计结果共同表明，人口老龄化的寿命效应与负担效应的估计结果是非常稳健的，不仅能解释区域间的储蓄率差异，也对同一区域内各省市间的储蓄率差异有非常好的解释作用。

表 3—3　　东部、中部、西部地区子样本面板数据估计结果

解释变量	东部地区		中部地区		西部地区	
	FE	*RE*	*FE*	*RE*	*FE*	*RE*
life	1.927	1.927*	1.677**	1.367**	1.524***	0.310
	(1.315)	(0.990)	(0.739)	(0.636)	(0.475)	(0.365)
old	0.636	−0.315	1.144	−0.323	−1.228	0.0114
	(0.704)	(0.563)	(0.841)	(0.879)	(0.984)	(0.514)
birth	−2.602***	−1.852***	−0.089 1	0.152	−0.172	−0.652*
	(0.604)	(0.431)	(0.469)	(0.594)	(0.409)	(0.354)
laggr	−0.893***	−0.515*	0.234	0.903	0.105	0.0135
	(0.289)	(0.287)	(0.246)	(0.662)	(0.240)	(0.296)
fis	0.547	0.140	−0.262	−0.037	−0.338*	−0.207
	(0.583)	(0.518)	(0.382)	(0.300)	(0.170)	(0.148)
ind	0.438*	0.327**	0.300*	0.259*	0.299	0.288
	(0.213)	(0.157)	(0.161)	(0.140)	(0.186)	(0.200)
urban	−0.288	−0.235*	−0.077 3	0.0570	0.574**	0.356***
	(0.216)	(0.141)	(0.270)	(0.201)	(0.226)	(0.125)
urratio	7.104*	12.11***	6.532*	8.022**	0.777	3.609
	(3.871)	(2.826)	(3.425)	(2.993)	(2.617)	(2.232)
infl	2.283***	1.988***	0.294	0.340	−0.112	−0.062 0
	(0.360)	(0.347)	(0.324)	(0.426)	(0.217)	(0.244)
_cons	−97.73	−103.8	−112.2**	−95.70**	−76.38**	−0.925
	(99.68)	(71.45)	(48.33)	(40.44)	(28.86)	(24.16)
Hausman 检验	0.576		0.482		0.037 8	
N	40	40	36	36	36	36
R^2	0.892	0.866	0.938	0.918	0.930	0.893

注：计量分析使用 Stata12.0，*FE* 和 *RE* 分别表示固定效应与随机效应估计，括号中报告的是标准误，***、**、* 分别表示 1%、5%、10%的显著水平，Hausman 检验给出的是 p 值。

从中国过去几十年的演变来看，中国储蓄率与老龄化的梯度差异是一致的，东中西依次递减，即人口年龄结构越老的地区，储蓄率反而越高，实证结果与数据观察是一致的。但老龄化作用储蓄率的机制却不同，东部地区人口负担系数的上升并没有导致储蓄率出现下降趋势，这可能与迁移人口在收入、购房支出、教育投入和医疗支出方面的预防性储蓄倾向较高有关（陈斌开等，2010；汪伟和郭新强，2011）。中西部地区尚处于人口老龄化的早期，人口年龄结构较轻，按照

人口红利理论，储蓄率本应处于快速上升并向东部地区收敛阶段，但现实情况是其储蓄率与东部地区的差距仍然较大，究其原因，主要是中西部地区的大量青壮年劳动力向东部发达地区转移，其传统意义上的人口红利实际上被东部地区吸收，人口转移的同时导致其人口红利流失，储蓄也发生区域转移，这势必会延缓中西部地区的储蓄率与经济增长率向东部发达地区收敛的速度。

人口出生率在全国样本中是显著的，但在三个子样本中仅有东部地区子样本是显著的，这说明人口出生率对中西部地区内部的国民储蓄率差异不具有明显的解释作用，但对不同地区间的国民储蓄率差异有很强的解释作用，这主要是在中西部地区内部生育率的差异较小，而中国区域间的生育率差异较大，这与储蓄率的区域内与区域间的差异是一致的。

对比子样本与上节中全国样本的估计结果后不难发现：一些控制变量只在某个子样本中是显著的，如工业产值比重只对东部地区和中部地区各省份的国民储蓄率有显著影响，但西部地区内部不显著，这与过去 30 多年东部地区和中部地区的工业化进程较快、企业储蓄率上升较快不无关系。东部地区与中部地区内部的收入差距变化能够解释其储蓄率的差异变化，这些事实与不同区域内特定的经济、社会发展的特征相对应。这些特定变量既能解释区域间国民储蓄率的差异，又能解释特定区域内国民储蓄率的差异。

第五节　中国各地区国民储蓄率的走势分析与预测：2010—2050 年

一、预测设定

上文已经证实地区间国民储蓄率受到人口老龄化梯度差异的影响，并通过面板数据的估计得到了各地区国民储蓄率与人均预期寿命、老年人口抚养比、人口出生率等人口结构变量以及滞后一期人均 GDP 增长率、工业产值比重、财政支出比重、城市化率、城乡收入差距和通货膨胀等经济结构变量间的线性方程。下文根据上一节的实证分析结果，对 2010—2050 年间各地区国民储蓄率的走势分别进行预测，预测方程中解释变量的系数根据第四节子样本的估计结果确定。

（一）关于人口结构变量的预测

虽然生育率下降是一个长期的趋势，但考虑到中国当前调整了计划生育政策，允许所有家庭生育三孩，未来生育政策可能会进一步放松，而且当前的人口出生率已经下降到非常低的水平，因此未来的人口出生率可能会有所回升，但很多文献认为生育率只会小幅回升，并且不会改变人口日益老化的长期趋势。本书对于东部、中部、西部地区人口变量的假定如下：假设预期寿命（*life*）、老年抚养比（*old*）、人口出生率（*birth*）随时间、地区变化，根据第六次人口普查的数据对陈卫（2006）、曾毅和王正联（2010）的研究结果进行适当调整，从而获得每 5 或 10 年的预测值。具体而言，考虑到第六次人口普查数据中关于人口预期寿命的实际值均高于曾毅和王正联（2010）估计值，本书相应调高了估计值，并假定东部、中部、西部地区的预期寿命以递减的速度在 2050 年分别上升到 82 岁、80.2 岁和 79 岁，且东部、中部、西部地区的预期寿命差距随时间不断缩小。关于年龄抚养比的预测，曾毅和王正联（2010）给出了老龄人口的比重，本书参照第六次人口普查数据和生育率的预测数据将其换算成老年抚养比，预计东部、中部、西部地区老龄抚养比分别达到 35%、32%和 30%，2020—2040 年是中国老龄抚养比快送上升期。人口出生率的数据本书没有找到分省份的预测，陈卫（2006）给出了基于 2005 年人口抽样数据的全国数据的估算，本书基于第六次人口普查数据和各区域历史出生率数据的走势并结合人口政策调整等因素对 2015—2050 年每隔 5～10 年的数据进行预测，到 2050 年，东部、中部、西部地区的生育率将分别从 2010 年的 9.8‰、10.6‰、13‰上升到 12‰、12‰和 14‰。

（二）关于经济因素变化的预测

本书对东部、中部、西部地区未来人均收入增长率、产业结构、财政支出、城市化、城乡收入差距和通货膨胀等经济变量的预测，在结合历史数据、客观经济规律及各省份五年规划的基础上做出如下基本假定：

1. 人均收入增长率

随着 2010 年以后中国经济结构的战略性调整及过去高经济增长体的一般

规律，中国经济将整体进入中高速增长阶段。本书假设东部、中部、西部地区人均收入增速自 2010 年左右逐步放缓。根据经济增长的收敛理论，初始人均收入较低的经济具有更高的增长速度，因此我们假设在未来三四十年的时间，虽然各地区经济增长均呈现总体趋缓的趋势，但西部地区经济增长速度最高，其次是中部地区，东部地区最低。我们假设东部地区的经济增长率从 2010 年的 9.8%下降到 2015 年的 7.5%，再到 2020 年的 7.0%，其后每十年下降 1 个或 0.5 个百分点，直至 2050 年的 5%；中部地区的经济增长率则从 2010 年的 10.5%下降到 2015 年的 9%，再到 2020 年的 8.0%，直至 2050 年下降到 6%；西部地区的经济增长率也呈类似的下降规律，从 2010 年的 11.5%下降到 2050 年的 7%。

2. 政府支出比重

由于未来几十年人口老龄化的速度将加快，因此这会大幅增加政府用于养老保障体系、医疗体系建设等方面的公共支出。东部地区处于服务业比重不断提升和城市化深度发展阶段，大型基础设施和工业化投资将趋缓，老龄化是提高财政支出的主要因素，我们假设在 2010—2040 年迎来财政支出快速上升期，每十年分别上升约 4 个、5 个、6 个百分点，到 2040 年达到 29%，其后上升速度趋缓，到 2050 年达到 32%。中部地区在未来一二十年正处于工业化和城市化快速发展阶段，需要政府扩大基础设施方面的投资支出，其老龄化也会加速，在综合考虑历年各地区财政支出比重上升的速度基础上，假设中部地区在 2010—2040 年，每十年上升约 5～6 个百分点，到 2050 年达到 38%。西部地区目前财政支出的比重就已经超过 30%，未来的人口老龄化、工业化和城市化，仍将推动政府支出走高，假设其财政支出在 2020—2040 年期间平均每十年提高 6 个百分点，其后上升速度趋缓，至 2050 年达到 46%。

3. 工业产值比重

2010—2050 年间，东部地区的工业产值比重将持续下降①，每十年大约下降 3～5 个百分点，至 2050 年下降到 26%；由于中部地区的工业发展落后于东部地

① 根据历年统计数据分析，东部地区的工业产值比重在 2005 年左右已经出现下降，本书假设在 2010—2050 年间东部地区的工业产值比重仍将持续下降。

区 10 年左右，中部地区的工业产值比重将在 2015 年达到 49%峰值并开始下降至 34%；西部地区的工业发展水平落后于中部地区 15 年以上，并且西部地区的比较优势在于发展资源型产业，假定西部地区的工业产值比重将持续上升到 2030 年的 48%，然后开始下降到 2050 年的 39%①。

4. 其他经济变量

随着中国城市化发展战略的实施，未来几十年将是中国城市化快速发展期。当前中国政府正在实施包括户籍制度改革等一系列配套改革措施。根据世界银行的估计，到 2050 年中国的城市化率将达到 80%。关于未来区域城市化率的设定，本书依然假定城市化率呈现较大的区域差异，东部地区当前城市化在 65%左右，预计到 2050 年将达到 90%，中部地区和西部地区的城市化由于起点较低，未来三四十年的发展速度会快于东部地区，并缩小与东部地区的差距。由于地理与经济条件更好，我们假设中部地区的城市化率会比西部地区更快一些，到 2050 年达到 85%左右，西部也将达到 72%。关于城乡收入差距，本书假定依然维持东部、中部、西部地区的梯度差异，但未来会收敛到 2.0 左右，东部收入差距依然最小。关于反映宏观经济稳定和物价因素的通货膨胀，本书假设一直稳定在 3.0%～3.5%，这里假定经济不会出现大的通货膨胀或通货紧缩情况，即物价和宏观经济环境基本稳定。

由于产业结构变化的速度、经济增长变化的速度具有不确定性，本书将根据产业结构变化、经济增长速度变化的快慢，分两种情形讨论东部、中部、西部地区人口老龄化的储蓄效应(见表 3—4)。其中，情形一表示产业结构升级较慢，财政支出水平和经济增长速度更高一些，情形二表示老龄化程度更高，产业结构升级较快、财政支出水平更高和经济增长速度更低一些。

---

① 对于东部、中部、西部地区产业结构的未来发展进程本书将参照钱纳里的标准经济结构进行预测与设定，后文的城市化的设定也参照钱纳里的标准。

表 3—4　　2010—2050 年东部、中部、西部地区人口与经济结构变量设定

	情形一						情形二					
年份	2010	2015	2020	2030	2040	2050	2010	2015	2020	2030	2040	2050
东部地区：												
life	77.4	78.5	79.5	80.5	81.5	82.0	77.4	78.5	79.5	80.5	81.5	82.0
old(%)	12.6	14.0	16.5	25.0	30.0	35.0	12.6	14.0	19.0	28.0	35.0	40.0
birth(‰)	9.8	10.5	10.5	11.0	12.0	12.0	9.8	10.5	11.0	11.5	12.0	12.5
gr(%)	9.8	7.5	7.0	6.5	5.5	5.0	9.8	7.0	6.5	6.0	5.0	4.5
fis(%)	14.3	16.0	18.0	23.0	29.0	32.0	14.3	16.0	20.0	25.0	32.0	34.0
ind(%)	43.2	40.5	38.0	35.0	30.0	26.0	43.2	39.0	36.0	33.0	28.0	25.0
urban(%)	64.9	69.5	73.5	79.5	85.5	90.0	64.9	71.0	74.0	81.0	87.0	90.0
urratio	2.57	2.48	2.40	2.30	2.20	2.10	2.57	2.48	2.4	2.2	2.0	1.8
infl(%)	3.09	3.05	3.10	3.00	3.00	3.00	3.09	3.05	3.1	3.0	3.0	3.0
中部地区：												
life	75.0	76.5	77.5	78.5	79.5	80.2	75.0	76.5	77.5	78.5	79.5	80.2
old(%)	12.0	13.0	16.1	21.6	28.8	32.0	12.0	14.0	18.0	26.0	33.0	38.0
birth(‰)	10.6	11.0	11.5	11.5	12.0	12.0	10.6	11.0	11.5	12.0	12.5	13.0
gr(%)	10.5	9.0	8.0	7.5	6.5	5.5	10.5	8.5	7.5	7.0	6.0	5.0
fis(%)	19.1	22.0	24.0	30.0	36.0	38.0	19.1	23.0	27.0	34.0	39.0	42.0
ind(%)	45.0	49.0	45.0	40.0	37.0	34.0	45.0	49.0	44.0	39.0	36.0	33.0
urban(%)	48.1	54.5	60.0	72.0	79.0	85.0	48.1	56.0	65.0	75.0	81.0	85.0
urratio	2.82	2.8	2.5	2.2	2.1	2.0	2.82	2.8	2.4	2.1	2.0	1.9
infl(%)	3.43	3.3	3.4	3.2	3.2	3.0	3.43	3.3	3.4	3.2	3.2	3.0
西部地区：												
life	72.6	74.0	75.6	77.0	78.0	79.0	72.6	74.0	75.6	77.0	78.0	79.0
old(%)	11.7	13.0	14.8	18.6	26.9	30	11.7	13.0	17.0	22.0	30.0	34.0
birth(‰)	13.0	13.0	13.2	13.5	14.0	14.0	13.0	13.0	13.2	13.5	14.0	14.5
gr(%)	11.5	9.5	9.0	8.5	7.5	7.0	11.5	9.0	8.5	8.0	7.0	6.5
fis(%)	31.8	32.0	33.0	38.0	44.0	46.0	31.8	32.0	35.0	39.0	46.0	48.0
ind(%)	39.8	43.0	45.0	48.0	44.0	39.0	39.8	43.0	46.0	49.0	45.0	40.0
urban(%)	40.6	45.0	52.0	62.0	68.0	72.0	40.6	45.0	54.0	64.0	70.0	75.0
urratio	3.62	3.42	3.2	3.0	2.7	2.3	3.62	3.42	3.1	2.9	2.5	2.1
infl(%)	4.06	3.8	3.6	3.5	3.5	3.5	4.06	3.8	3.6	3.5	3.5	3.5

二、预测结果及分析

根据分地区储蓄率方程的估计系数和每隔十年各地区解释变量的估计值，计算得到东部、中部、西部地区2015—2050年国民储蓄率的预测值(1980—2010年为实际值)，并作图描绘20世纪80年代至21世纪中叶中国各区域的储蓄率走势如下：

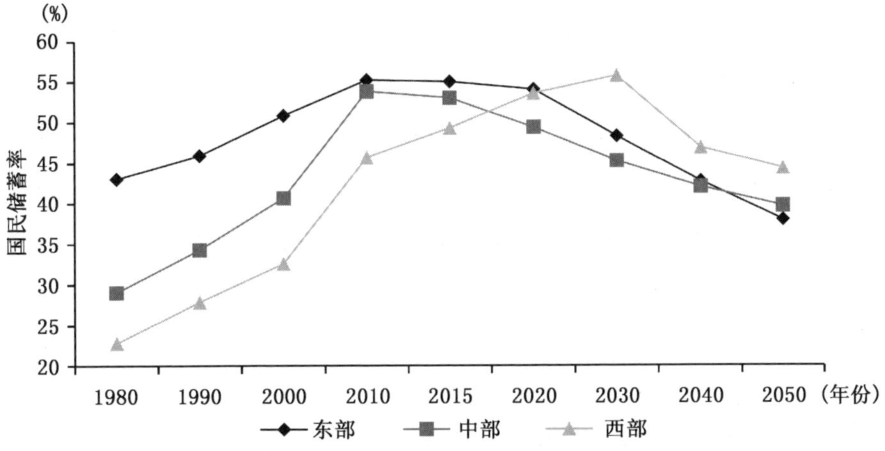

情形一

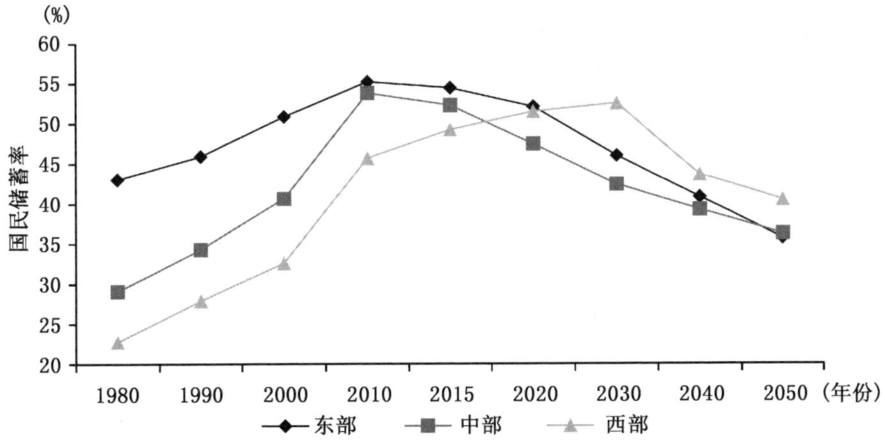

情形二

图3—5　1980—2050年东部、中部、西部地区国民储蓄率走势与预测

从图 3—5 中可以看出，在两种情形下东部、中部、西部地区国民储蓄率均呈现先上升后下降的倒 U 型曲线，这正是人口老龄化的寿命效应与负担效应两方面综合影响的结果；由于人均预期寿命仍在延长，并且其回归系数大于老年人口抚养比的回归系数，目前仍以人口老龄化的寿命效应占主导；但随着老年人口比重的大幅上升，人口老龄化的负担效应逐渐显现，并逐渐显著影响各区域的国民储蓄率。

从东部、中部、西部地区国民储蓄率随时间变化的趋势来看，其国民储蓄率都经历了快速上升—减速上升—拐点—下降的过程。其中，东部地区国民储蓄率的拐点出现最早，约在 2010 年左右，其下降速度也最快，并在 2020 年左右开始加速下降；中部地区国民储蓄率的拐点也出现在 2010 年左右，由于其国民储蓄率对人口老龄化的变化不如东部地区敏感，因此国民储蓄率的下降速度较缓慢，这与上一节计量结果中老年人口抚养比的回归系数相呼应；西部地区国民储蓄率的拐点出现的时间更晚，约在 2030 年左右，随着老龄化的加速，下降会较快。

为了分析人口老龄化净效应对不同地区国民储蓄率的影响，我们将 2010—2050 年东部、中部、西部地区国民储蓄率的变动分解为人口老龄化的影响、生育率变化的影响和经济因素的影响三个部分，并将人口老龄化作用进一步分解为寿命效应和负担效应两部分，并列示为表 3—5。

表 3—5　2015—2050 年东部、中部、西部地区国民储蓄率变化分解　单位：%

	情形一					情形二				
年份	2015	2020	2030	2040	2050	2015	2020	2030	2040	2050
东部地区：										
国民储蓄率较上期变化	−0.20	−0.95	−5.73	−5.61	−4.72	−0.79	−2.31	−6.12	−5.43	−4.85
老龄化作用	1.68	1.14	−0.75	0.38	−0.62	1.68	0.35	−0.91	−0.28	−0.62
其中：寿命效应	2.12	1.93	1.93	1.93	0.96	2.12	1.93	1.93	1.93	0.96
负担效应	−0.44	−0.79	−2.68	−1.58	−1.58	−0.44	−1.58	−2.84	−2.21	−1.58
生育率作用	−1.30	0.00	−0.93	−1.85	0.00	−1.30	−0.93	−0.93	−0.93	−0.93
经济因素作用	−0.58	−2.09	−4.05	−4.11	−4.11	−1.17	−1.74	−4.29	−4.23	−3.31

续表

年份	情形一 2015	2020	2030	2040	2050	情形二 2015	2020	2030	2040	2050
中部地区：										
国民储蓄率较上期变化	−0.78	−3.63	−4.17	−3.18	−2.36	−1.51	−4.85	−5.05	−3.14	−3.01
老龄化作用	1.73	0.37	−0.41	−0.96	−0.08	1.40	0.08	−1.21	−0.89	−0.66
其中：寿命效应	2.05	1.37	1.37	1.37	0.96	2.05	1.37	1.37	1.37	0.96
负担效应	−0.32	−1.00	−1.77	−2.32	−1.03	−0.65	−1.29	−2.58	−2.26	−1.61
生育率作用	0.06	0.08	0.00	0.08	0.00	0.06	0.08	0.08	0.08	0.08
经济因素作用	−2.57	−4.07	−3.76	−2.31	−2.28	−2.97	−5.01	−3.91	−2.33	−2.43
西部地区：										
国民储蓄率较上期变化	3.60	4.27	2.17	−8.87	−2.52	3.54	2.26	1.03	−8.92	−3.14
老龄化作用	0.54	0.23	−2.53	−8.67	−2.28	0.54	−2.47	−4.01	−8.30	−3.39
其中：寿命效应	2.13	2.44	2.13	1.52	1.52	2.13	2.44	2.13	1.52	1.52
负担效应	−1.60	−2.21	−4.67	−10.19	−3.81	−1.60	−4.91	−6.14	−9.82	−4.91
生育率作用	0.00	−0.03	−0.05	−0.09	0.00	0.00	−0.03	−0.05	−0.09	−0.09
经济因素作用	3.06	4.08	4.75	−0.12	−0.24	3.00	4.77	5.09	−0.53	0.34

从表3—5中可以看出，在两种情形下人口老龄化净效应始终非常明显。东部、中部、西部地区人口老龄化对国民储蓄率的影响都呈现出由正到负的变化过程，这主要是由于寿命延长带来的正效应相对减弱，而2010—2040年人口老龄化的加速带来的负担效应增强所致，这种此消彼长的变化导致人口老龄化的净效应发生正负转换。就东部、中部、西部地区的区域差异而言，西部地区的国民储蓄率对人口老龄化的进程变化比东部地区、中部地区敏感得多，其人口老龄化的净效应不论是绝对值还是变异程度都大于东部地区和中部地区。整体来看，东部地区和中部地区经济结构的升级对投资需求将不断减弱，引至储蓄率呈下降的趋势，东部地区经济因素的作用不断趋强。中部地区则呈现拱形态势。西部地区由于工业化与城市化进程都较晚，经济增长的潜力还比较大，其对投资的需求比较强劲，人口也相对比较年轻，经济和人口因素导致其在未来15～20年内对储蓄的积累较多，从而其储蓄率有一个类似于东部地区与中部地区早期的快速上升期并逐渐超过东部地区与中部地区的储蓄率，但随着人口老龄化的加

速、人口红利的逐渐消失及经济结构的升级、财政负担的压力逐渐加大、经济与人口双重不利因素的到来,其储蓄率会在2030年开始拐头向下,而且下降速度会很快,但在2050年左右仍然会维持在40%以上,高于东部地区和中部地区。由于各地区国民储蓄率拐点出现的时间有先后,负担效应的强弱也有差异,在经济因素和人口老龄化负担效应和寿命效应及生育率变化的共同作用下,未来40年间东部、中部、西部地区国民储蓄率的差异处于不断缩小、逐步趋同的进程中。在老龄化程度较低、产业结构变化速度较慢、财政负担相对较小和经济增长较高的情形一下,东部、中部、西部地区间国民储蓄率的梯度差异仍然存在,但区域间差异将从2000年的20%缩小至5%左右。国民储蓄率的分布格局也将从东部、中部、西部地区依次递减的格局,转变为西部地区最高、东部地区最低的格局。这是由于东部地区的国民储蓄率最先达到拐点,并且下降速度最快,而西部地区的国民储蓄率有比东部地区和中部地区多一二十年的上升过程,中部地区的下降速度会比东部地区稍缓一些,但先于和快于西部地区,因此在2020—2030年西部地区的国民储蓄率将赶超东部地区。如果按照老龄化程度更高、产业结构变化速度较快、财政负担更大和经济增长较慢的情形二的预测,东部、中部、西部地区的国民储蓄率将在2050年收敛至非常接近的水平。

我们注意到,过去30年间由于中西部地区收入和健康水平的提高使得人均预期寿命得以延长,未来各地区人均预期寿命趋同的趋势也非常明显,通过人口老龄化的寿命效应带动中西部地区国民储蓄率的增速加快,中西部地区人口老龄化进程的加快会使老龄化在区域间的差异缩小,也会导致储蓄率进一步趋同。未来各地区的国民储蓄率变化还会受到中国经济结构调整的影响。在人口与经济因素的共同影响下,可以预测在更长一段时间各地区国民储蓄率将进一步收敛。由于国民储蓄率是长期经济增长率的一个重要决定因素,国民储蓄率的趋同将带动各地区经济发展水平和人均收入水平的趋同,有利于缩小地区间经济发展水平的差距。

第六节　结论与启示

自 2000 年进入老龄化社会以来，中国的国民储蓄率并未下降，反而上升了 12.8 个百分点，而且过去 30 多年各地区储蓄率与其人口老龄化呈现出高度一致的东高西低的梯度差异，这一变化与经典的生命周期理论不符；但另一方面，各地区国民储蓄率的变化与其人口老龄化进程的速度相对应，预示着人口老龄化与国民储蓄率间更进一步的关联。

为了合理解释上述现象，本书构建了一个同时考虑人口老龄化的寿命效应与负担效应的三期世代交替模型，对上述现象进行了理论分析并运用分省份面板数据进行了实证研究。本书研究发现：由寿命延长带来的“未雨绸缪”的储蓄动机既能解释我国储蓄率在时间上的上升趋势，也能解释区域间的梯度差异，而老龄人口负担上升既没有对储蓄率产生明显的负效应，也对储蓄率在时间和区域间的变化均没有解释力。运用实证模型的结果，本书还对 2010—2050 年我国区域储蓄率的走势进行了预测，发现随着人口老龄化进程的加速，寿命延长带来的正效应会相对减弱而老年负担效应会增强，这种此消彼长的变化导致人口老龄化的净效应发生正负转换。在人口因素和经济因素的共同推动下，东部地区和中部地区储蓄率从 2015 年开始快速下降，西部地区储蓄率到 2030 年左右也会迎来进入下降通道的转折点，最终各区域间储蓄率的梯度差异会发生缩小并反转。

未来几十年间，中国老年人口的数量将大大增加，人口老龄化进程将加速推进。就这一人口转变而言，将对中国经济、社会政策的制订提出新的要求。首先，人口老龄化将直接导致国内市场需求的转型。老年人口数量的增加意味着对养老设施、养老服务需求的增加，准确把握人口老龄化带来的市场需求变化，既是每个企业面临的现实问题，又是中国内需拉动、经济转型中不可回避的课题。其次，人口老龄化的加速将加重地方财政的负担，用于医疗体系和养老保障体系的财政支出将直线上升，如果地方政府无法为这笔支出融资，将会导致严重的社会问题。为应对这一变化，一方面地方政府应努力提高政府投资的效益，特别是地方国有企业的经营效益；另一方面，应以中央政府为主导，完善针对“未富先老”地区养老保险支出的转移支付制度。

根据本书预测，未来几十年间人口老龄化将对中国国民储蓄率的走向和区域差异产生巨大的影响，因此中国的产业政策、区域规划的制订也应考虑到这一因素。首先，根据本书的预测，由于人口老龄化负担效应的显现，中国国民储蓄率将在缓慢上升后到达拐点，开始下降。一方面，国民储蓄的减少将导致国内资金供给趋紧，使得部分产业、部分企业的资金链出现断裂。这就要求各级政府和金融机构实行差异化的产业引导政策，保证有限的国民储蓄能进入优势产业，退出过剩的产能和淘汰的落后产业，推动产业升级转型。另一方面，虽然国民储蓄率的下滑将可能影响经济中的资本增量，进而影响资本存量和经济增长的速度。但随着经济总量的扩大，经济增长速度放缓本身就既是客观经济规律，又是落后产业退出、新兴产业萌芽所必须的调整转变。从这一角度看，中国正在进行经济结构转型，提倡经济增长速度与质量的统一，既是在几十年粗放型增长后的自我反思，也是为了顺应未来人口结构转变带来的经济转型。其次，本书的预测还显示，在未来40年间，区域间人口老龄化程度的差异将缩小，带动区域间国民储蓄率差异的缩小，由于国民储蓄率与经济增长正相关，这一转变可能带来区域间经济增长速度的趋同，使区域差距相对收敛。当然，区域间国民储蓄率的相对趋同只是区域间经济差距缩小的第一步，要真正实现区域间经济发展水平的趋同，还必须根据各地区的特点，实施有差别的区域发展规划。如对于东部地区，应以第三产业、高新技术产业逐步替代劳动密集型产业；而对于中西部地区，其人均收入水平、工业化比重都还比较低，应抓住产业转移的机会，以新型工业化进程带动经济起飞。

第四章 人口老龄化与中国居民消费结构升级

第一节 引 言

近年来，我国经济步入新常态，人口年龄结构加速转变，人口老龄化问题不断凸显，成为新常态的特征之一。国民经济和社会发展统计公报的数据显示，截至 2022 年末，中国 60 岁及以上人口已达 2.8 亿，占总人口的比重达到 19.8%，与进入老龄化社会以来的 2000 年相比，上升了约 9.5 个百分点，人口年龄结构老化的速度明显加快。① 根据联合国的预测，到 21 世纪中叶，中国 60 岁及以上的人口占比会上升到 33.9%，即每 3 个人中就会有一个 60 岁及以上的老年人，而 65 岁及以上的老年人比重在 2050 年时也会攀升至 25.6%。届时，社会养老负担将大大加重。

大量的研究文献从不同侧面论证了人口年龄结构转变将给经济社会发展带来的影响，包括人口老龄化会降低经济增长速度（Banister et al.，2012）、降低劳动生产率（Hamermesh，1994；Feyrer，2007）、减缓城市化的进程（康传坤，2012）、减少税基及政府收入（Bryant et al.，2004），甚至降低物质资本及人力资本积累（Modigliani & Brumberg，1954；Pecchenino & Pollard，2002）等。但与此同时，人口年龄结构转变也并非一无是处，如汪伟等（2015）的研究发现了人口老龄化会带来产业结构的升级。另外，也有学者认为人口老龄化将诱发人力资本投资

---

① 数据来源：国家统计局（http://www.stats.gov.cn/tjsj/zxfb/201602/t20160229_1323991.html）。

对物质资本投资的替代(Fougère & Mérette,1999;蔡昉,2004),并认为从长期来看,人口老龄化对经济增长是有利的。以上种种研究丰富了我们对人口老龄化的宏观经济效应的认识与了解。在经济新常态下,传统的依赖投资和出口促进经济增长的方式难以为继,扩大内需、推动消费结构升级成为转变经济发展方式、维持经济可持续增长的重要引擎之一。虽然学界对人口老龄化与消费总量之间的关系进行了诸多探讨,但是对于人口老龄化与消费结构内部变动之间的关系却鲜有涉及或研究不足。

本书旨在考察人口年龄结构转变与消费结构升级之间的关系。国家统计局的数据显示,从 2000 年到 2022 年,我国城镇居民和农村居民的恩格尔系数分别从 38.6%和 48.3%下降至 29.5%和 33.0%;与此同时,我国城镇和农村的发展和享受型消费支出占比分别从 38.2%和 30.2%上升至 39.7%和 40.8%,分别上升了 1.5 个和 10.6 个百分点,这意味着老龄化和消费结构升级有着同步发展的趋势。事实上,以预期寿命延长为特征的人口年龄结构转变不仅会对消费总量产生影响,也会引发消费需求内部结构的变动。随着人口老龄化的不断加剧,不仅与老年人相关的衣食住行产品需求会增多,医疗保健、护理服务、老年金融、老年教育、老年旅游休闲等服务需求也将与日俱增,这会引导消费需求向服务型转变。

基于此,本书接下来将首先从理论上探讨人口老龄化引发消费结构转变的原因与机制,然后以中国家庭追踪调查数据(CFPS2012)为研究样本进行实证检验。

第二节 文献综述

关于人口老龄化与消费总量之间的关系,学术界的研究已经较为成熟。理论层面而言,一方面,根据生命周期假说,理性消费者为实现整个生命周期内的效用最大化水平,通常会将工作期收入的一部分储蓄起来以备老年时消费,因而,随着整个社会人口年龄结构的不断老化,总的国民储蓄率会降低,即人口老龄化的负担效应会使得消费率与人口老龄化之间呈现一种正向相关关系；另一方面，Yaari(1965)通过构建理论模型研究发现，当具有理性预期的消费者意识到自己将会生活更长年限时，便会自主调整其在工作期的储蓄和消费行为，这种未雨绸缪的行为可能会带来储蓄率的上升，即人口老龄化的寿命延长效应使得人口老龄化与消费率之间表现为负相关关系。实证层面，就人口老龄化与消费率之间的关系，学者们也进行了大量的研究。在国外的研究中，Loayza et al.(2000)、Horioka(1989)等均发现了老年抚养比与国民储蓄率(消费率)之间呈负(正)相关关系。在国内的研究中，袁志刚和宋铮(1999、2000)通过数值模拟发现，人口老龄化是造成中国城镇居民消费倾向下降的重要原因。王德文等(2004)研究发现，人口年龄结构对储蓄率具有显著的负效应，这意味着人口老龄化反而使得中国的消费率上升。李文星等(2008)通过运用 GMM 回归方法发现，人口年龄结构转变对消费率的影响并不确定。一方面，虽然中国的少儿抚养比对居民消费有负向影响，但影响是比较微小的；另一方面，中国的老年抚养比对居民消费率的影响基本不显著，他们认为中国居民消费率过低并非人口年龄结构转变造成的，而是由于中国居民的消费习惯非常稳定所致。另外，汪伟和艾春荣(2015)通过考察人口老龄化和储蓄率的动态演化后得出结论认为，中国的现实情况与生命周期理论假说不符，具体表现为自 2000 年进入老龄化社会以来，中国的国民储蓄率不降反升。

总体而言，人口老龄化与消费总量之间关系的探讨已经非常丰富，但关于人口老龄化如何影响消费结构内部变动的研究则非常缺乏。从少有的几篇文献来看，王学义和张冲(2013)以中国省级面板数据为样本研究发现，人口老龄化会带动居民人均医疗保健消费支出的增加；茅锐和徐建炜(2014)以中国 2002—2009 年城镇住户调查数据为样本研究发现，消费者年龄是消费结构的关键决定因素；朱勤和魏涛远(2015)以中国家庭追踪调查(CFPS)数据为样本分析了城乡居民不同年龄别的消费模式，但他们的研究均没有明确考察人口老龄化对消费结构升级的影响效应。

从现有的文献来看，在考察人口年龄结构转变与消费之间的关系时，绝大部分的研究往往只关注总消费水平、消费率或储蓄率等宏观指标，鲜有关注消费结构内部变动的，少数关注这一议题的文献大多选取省级层面数据，不可避免地存在加总谬误。总体而言，关于人口老龄化与消费结构变动这一议题的考察，相关理论与经验研究均还处于起步阶段。基于此，本书的贡献主要体现在以下三个方面：一是从理论上系统梳理了人口老龄化引发消费结构内部变动的机制；二是以中国家庭追踪调查(CFPS2012)数据为样本，通过匹配合并的方式计算出每一个家庭内部人口年龄分布，从微观层面实证检验异质性家庭人口年龄结构变动对消费结构升级的影响效应；三是采用分位数回归考察不同分布因变量下的估计结果，使得本书的结论更具稳健性和可靠性。

第三节　人口老龄化对消费结构的影响渠道

不同年龄人口的消费数量、消费结构及消费习惯均不相同，因此，人口年龄结构的变化必然会引起消费需求的变化。在一个日益老化的经济中，老年人口的日益增多会引导最终消费的规模和产品构成发生变化，使之反映老年人的消费习惯、消费偏好和消费能力。人口老龄化可从以下几个渠道对消费结构产生影响。

一、人口老龄化对衣食住行消费的影响

老年人的生活习惯和消费方式与年轻人有较大差别。随着人口年龄结构的不断老化，他们的消费支出结构也会发生相应变化。在食品消费方面，老年人偏清淡，而在衣着消费方面，老年人偏朴素，因而随着人口年龄结构的不断老化，居民在食品和衣着上的消费支出会大大降低；在居住方面，老年人通常年轻时已经买了住房，且基本在退休前已将房贷还清，因而对住房的消费支出也会大大减少；另外，老年人身体机能逐步退化，活动范围较小，社交生活圈子变窄，在交通方面的消费支出也会减少。由此可见，人口老龄化的加剧，会使得整个社会用于衣食住行等方面的消费支出占比减少。人口老龄化有助于消费支出结构由衣食住行等生存型消费结构向发展型或享受型消费结构转变。

二、人口老龄化对医疗保健消费的影响

随着人口老龄化的不断加剧，老年人的身体机能倾向于退化，对医疗、卫生、保健等方面的需求会增加，《中国老龄产业发展报告(2014)》显示，我国空巢老人数目日益增多，占总老年人口的一半左右，未来还将达到70%的峰值。《中国银发经济消费市场研究报告(2019)》显示，2016年我国空巢老人数量为1.1亿，预计2020年数量将达到1.2亿。截至2018年，我国失能老年人口数超过4 000万，到2053年时，失能老年人口数会达到峰值，届时失能老年人口的总数将会突破1亿。相关估算表明，老年群体的人均医疗费用是国民平均医疗费用的2～3倍。例如，德国老年人口医疗费用是60岁及以下人口的2.7倍，美国为3.9倍，芬兰为3.8倍。[①] 由此可见，人口老龄化带来消费结构最明显的变化就是居民消费支出结构中用于医疗保健消费支出的占比会增加。

由于过去我国一直实行公费医疗制度，因而我国医疗保健消费占总消费的比重仅为0.5%左右，远远低于同等发展水平的国家。目前，我国的医疗保健制度改革已经开始启动，正在由原来的公费医疗制度转变为国家、企业、个人三方承担的医疗保险制度，未来而言，随着人口年龄结构的不断老化，居民消费中用于医疗保健方面的支出也将不断增多。

三、人口老龄化对文教娱乐消费的影响

随着人均收入水平的提高，居民的消费越来越趋于多样化，衣食住行的消费比重日渐减少，而其他方面的消费会日渐增多，越来越多的人开始追求生活品质的提高，对文教娱乐消费的需求与日俱增。一方面，人口年龄结构的不断老化，使得社会上离开工作岗位处于闲暇状态的老年人口越来越多，为了摆脱无所事事的孤独，这部分老年人通常会通过读书休闲、旅游度假等方式丰富自己的老年闲暇时光，最终使得整个社会对文教娱乐的消费直线上升；另一方面，由于老年人的消费习惯更为保守，相比于年轻人而言灵活性更低、社交面更窄，这又会使

---

① 数据来源：http://news.sohu.com/20060305/n242133633.shtml。

得他们对社交有关的娱乐消费服务需求降低。由此可见，人口老龄化对文教娱乐消费占比的影响还有待实证的进一步检验。

四、人口老龄化对其他服务性消费的影响

计划生育政策的实施，使得我国许多家庭呈现出“四二一”结构（王跃生，2013），城镇地区和农村地区老年人独居的普遍性增强，身体机能的衰退和自理能力的下降使得这些老年家庭对社会养老服务的需求大大增强，老年家政服务业、老年家庭保姆、老年护理服务等社会服务需求与日俱增。由此可见，随着人口年龄结构的不断老化，整个社会对老年服务的需求会增多，与老年有关的心理咨询、老年保健业、老年居家服务业等会迅速增加，因而人口老龄化加剧必然会带动老年服务业需求的增加，居民消费支出中用于老年服务的消费占比会增加。

基于以上的分析，可以得到本书的命题假说如下：

第一，人口年龄结构的老化，会使得整个社会对衣食住行等消费支出减少，人口老龄化有助于消费支出结构由生存型消费向发展型或享受型消费结构转变。

第二，人口老龄化会使得居民消费支出结构中用于医疗保健消费支出的占比增加。人口老龄化对文教娱乐消费支出及交通通信消费支出占比的影响，既有正面的也有负面的。

接下来，本书将进一步构建计量模型进行实证检验。

第四节　模型的构建与数据说明

一、计量模型的构建与说明

根据上文的梳理和分析，本节首先构建计量模型实证检验人口年龄结构转变与消费结构升级之间的关系，设定如下回归方程：

$$con\_stru_i = \alpha_0 + \beta_1 oldratio_i + \beta_2 youngratio_i + \delta X_i + \varepsilon_i \tag{4-1}$$

其中，i 代表地区；con_stru_i 表示消费结构，即本书中所指的发展型或享受型消费支出；$oldratio_i$、$youngratio_i$ 是本书的核心解释变量，分别表示人口年龄结构中 65 岁及以上人口占比和 0～14 岁人口占比；X 代表一系列控制变量。结合已有的研究文献及现有的调查数据，本书加入的控制变量有：(1)人力资本水平，McMahon(1987)研究发现，具有较高教育水平的消费者更加倾向于多样化消费，更注重进行文教娱乐等发展型和享受型消费，预期家庭人力资本水平越高，对发展型或享受型消费的需求也会更高，本书采用家庭成员中最高受教育程度作为整个家庭人力资本水平的代理变量，预期其系数估计值为正；(2)家庭人口规模，通常家庭人口规模越大，消费支出也越大，但对消费结构的影响有待进一步检验；(3)家庭金融资产，一般家庭金融资产越多意味着边际消费倾向会越低，预期回归系数值为负；(4)家庭人均收入，根据边际消费倾向递减规律，家庭人均收入水平与消费率之间呈负相关关系，一般家庭人均收入水平越高，消费支出占比会相应越低；(5)家庭健康状况，本书采用户主的健康状况水平近似替代家庭的健康水平；(6)家庭总的消费支出，通常家庭总的消费支出越多，相应用于发展型和享受型消费的支出也越多，预期系数估计值为正。

19 世纪末，消费结构的概念开始被提出来，它是指一定时期消费者所消费的各种消费资料(包括物质和劳务)之间的比例关系。关于消费结构的衡量，一般而言，家庭总消费额中，食品、服装、住房、水电、燃料、交通、教育及文化娱乐等各项支出所占份额就是家庭消费结构。恩格斯将生活资料分为生存资料、享受资料和发展资料，成为至今消费结构衡量最重要的分类方法之一。宏观层面上，随着人们收入水平的不断提高，居民家庭消费支出中用于基本衣食住行的占比会逐步降低，而用于医疗保健、文教娱乐及交通通信的占比会逐步上升，此即为消费结构的升级。在学术研究中，最粗略衡量消费结构的指标为恩格尔系数，通常，恩格尔系数的下降意味着消费结构的升级(尹志宏，2012)。绝大多数研究将医疗保健、文教娱乐及交通通信消费支出占比的增加定义为消费结构升级(孙皓和胡鞍钢，2013；茅锐和徐建炜，2014)。本书主要借鉴绝大多数学术研究的方法，将医疗保健、文教娱乐及交通通信消费支出占比之和的上升作为消费结构升级的衡量指标。另外,为了考察人口老龄化究竟是对哪一类发展型和享受型消费支出产生影响从而促进消费结构升级,本书还分别构建了人口老龄化与医疗保健消费支出占比、与交通通信消费支出占比及与文教娱乐消费支出占比关系的回归方程:

$$med\_ratio_i = \alpha_0 + \beta_1 oldratio_i + \beta_2 youngratio_i + \delta X_i + \varepsilon_i \tag{4-2}$$

$$trco\_ratio_i = \alpha_0 + \beta_1 oldratio_i + \beta_2 youngratio_i + \delta X_i + \varepsilon_i \tag{4-3}$$

$$eec\_ratio_i = \alpha_0 + \beta_1 oldratio_i + \beta_2 youngratio_i + \delta X_i + \varepsilon_i \tag{4-4}$$

其中,med_ratio_i、$trco\_ratio_i$、eec_ratio_i 分别表示家庭的医疗保健消费支出占比、交通通信消费支出占比、文教娱乐消费支出占比。

二、数据来源与统计性描述

本书所使用的数据全部来自中国家庭追踪调查(CFPS)2012 年基线调查数据库(以下简称 CFPS2012)。CFPS 是一项全国性、综合性的社会跟踪调查项目,旨在通过跟踪和收集个体、家庭、社区三个层次的数据,反映中国社会、经济、人口、教育和健康的变迁,为学术研究和公共政策分析提供数据基础。CFPS 的目标样本覆盖全国 25 个省份,囊括 95%的全国人口。本书研究主要涉及 CFPS 调查中有关家庭成员的年龄、学历和家庭收入、家庭资产、家庭消费等方面的内容。在数据处理过程中,首先抽取 CFPS2012 家庭经济表中全部 14 798 个家庭户的收入、资产、社区类型、八大类消费数据,以及家庭成员表中 57 155 个个人的年龄和学历数据,将家庭和成员信息进行匹配合并形成新的数据集,并计算出每个家庭中 0~14 岁人口占比和 65 岁及以上人口占比,识别出每个家庭内部所有成员中最高受教育程度。然后删除家庭人均纯收入和家庭总消费支出为空值的样本,删除家庭成员只有一人的样本,删除家庭所在社区类型及家庭成员最高受教育程度显示为“不知道”或“不适用”的样本,最终得到有全国代表性的样本 10 858 户。其中城镇 3 143 户、农村 7 053 户、郊区 662 户。家庭成员最高受教育程度为大专及以上的有 2 665 户、高中及以下的有 8 193 户、大学本科及以上的有 1 276 户。

表 4—1 给出了相关数据的描述性统计量。从表 4—1 可以看出,样本期内

的家庭发展型和享受型消费支出占比均值为0.285 4，变动范围为0～0.985 2；食品、衣着、居住、家庭设备及服务、医疗保健、交通通信、文教娱乐及其他八大类消费也都表现出较大的变动范围；核心解释变量老龄化率的均值为0.110 8，变动范围为0～1；家庭中少儿人口占比的均值为0.151 7，变动范围为0～0.75；家庭人口规模的均值为3.958 5，变动范围为2～16；健康状况的均值为5.419 2，变动范围为1～7，数值越大表示健康状况越好；其他控制变量（如家庭人均收入水平、家庭金融资产、家庭总消费支出等）也都表现出较大的变异性，符合变量的随机性要求。另外，家庭成员最高受教育程度均值为3.948，变动范围为1～8，其中1表示文盲、半文盲，2表示小学，3表示初中，4表示高中、中专，5表示大专，6表示大学本科，7表示硕士，8表示博士；家庭户籍类型均值为2.599 7，变动范围为1～4，其中1表示城市、2表示城镇、3表示农村、4表示郊区。

表4—1　　相关变量及其描述性统计

变量类型	变量名	符号	样本量	均值	标准差	最小值	最大值
被解释变量	家庭总消费	*pce*	10 858	38 846	46 147	440	1 565 600
	食品消费	*food*	10 858	15 101	13 619	0.000 0	260 000
	衣着消费	*dress*	10 858	1 967	3 514	0.000 0	200 000
	居住	*house*	10 858	2 404	2 786	0.000 0	68 400
	家庭设备及服务	*daily*	10 858	6 434	30 062	0.000 0	1 504 200
	医疗保健	*med*	10 858	3 856	10 977	0.000 0	368 000
	交通和通信	*trco*	10 858	3 280	4 680	0.000 0	79 200
	文化娱乐与教育	*eec*	10 858	3 907	9 631	0.000 0	450 000
	其他	*other*	10 858	1 897	10 045	0.000 0	350 000
	发展型消费占比	*cons_fzx*	10 858	0.285 4	0.190 4	0.000 0	0.985 2
	发展系数	*fz_index*	10 858	0.196 7	0.188 8	0.000 0	0.981 5
	医疗保健消费支出占比	*med_rato*	10 858	0.108 1	0.153 4	0.000 0	0.981 5
	交通通信消费支出占比	*trco_ratio*	10 858	0.088 7	0.077 5	0.000 0	0.788 5
	文教娱乐消费支出占比	*eec_ratio*	10 858	0.088 6	0.139 1	0.000 0	0.959 4
核心解释变量	家庭人口老龄化率	*old_ratio*	10 858	0.110 8	0.232 9	0.000 0	1.000 0
	家庭少儿人口占比	*young_ratio*	10 858	0.151 7	0.167 8	0.000 0	0.750 0
	家庭人口规模	*familysize*	10 858	3.948 0	1.657 1	2.000 0	16.000 0

续表

变量类型	变量名	符号	样本量	均值	标准差	最小值	最大值
控制变量	取对数的家庭金融资产	ln_*fina_asset*	10 830	8.363 4	2.824 2	0.000 0	15.297 1
	取对数的家庭人均收入	ln_*fincome*	10 858	8.982 1	1.079 4	4.382 0	14.232 9
	家庭总消费支出	ln_*expense*	10 492	10.283 8	0.865 9	6.086 8	14.302 9
	健康状况	*health*	10 858	5.418 5	1.120 1	1.000 0	7.000 0
	家庭成员最高受教育程度	*edu*	10 858	3.723 0	1.279 7	1.000 0	8.000 0
	家庭户籍类型	*cz*	10 858	2.599 7	0.840 1	1.000 0	4.000 0

三、特征性事实与散点图

在进行实证分析以前，本书首先通过散点图大致地考察人口老龄化与消费支出占比之间的关系（见图 4—1 至图 4—4）。

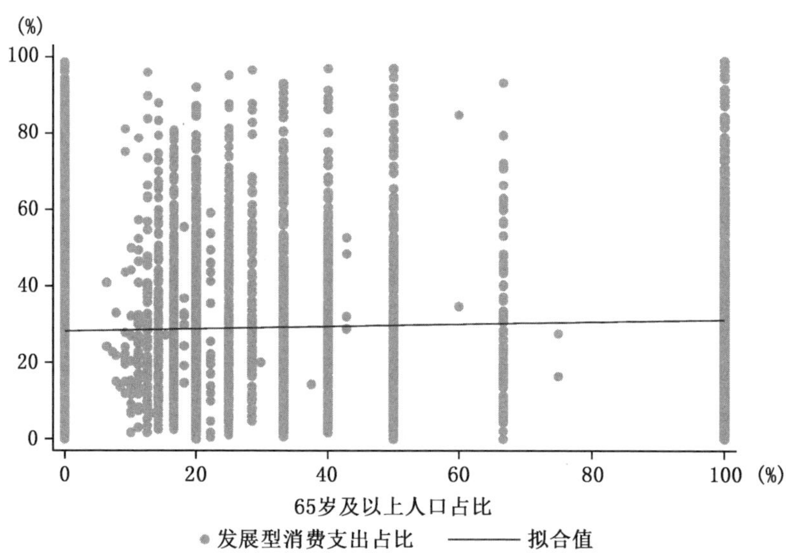

图 4—1　老龄化与发展型消费支出占比散点图

从散点图中大致可见，人口老龄化与发展型和享受型消费占比有着某种正相关关系，但从分项关系来看，人口老龄化与医疗保健消费支出占比之间的正相

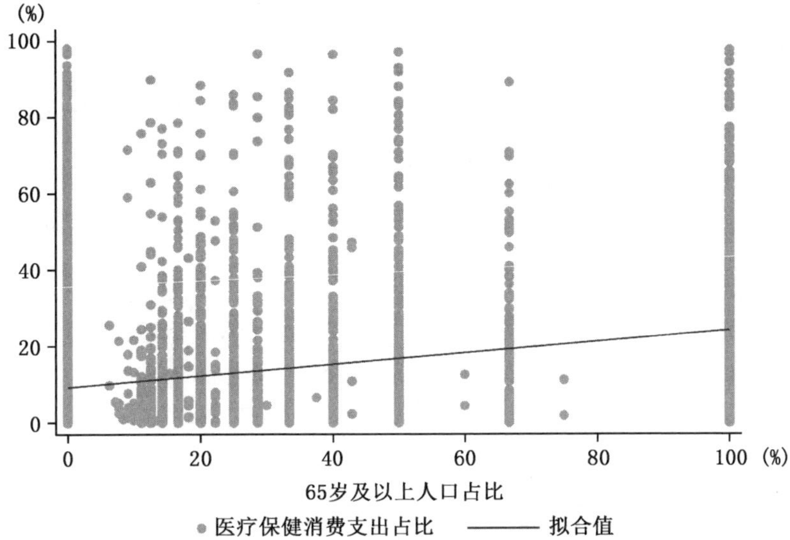

图 4—2　老龄化与医疗保健消费支出占比散点图

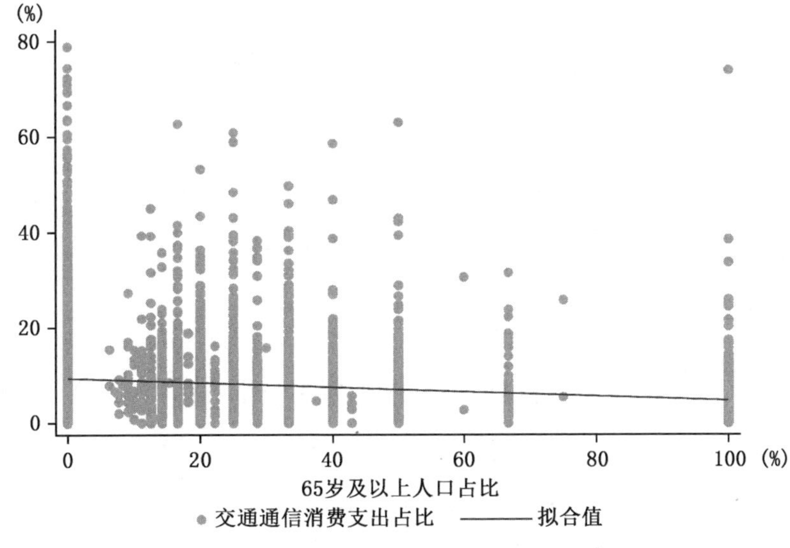

图 4—3　老龄化与交通通信消费支出占比散点图

关最为明显，而与交通通信及医疗保健之间的关系则表现得并不明显。具体而言，人口老龄化对消费结构的影响效应如何，还有待本书接下来的实证检验。

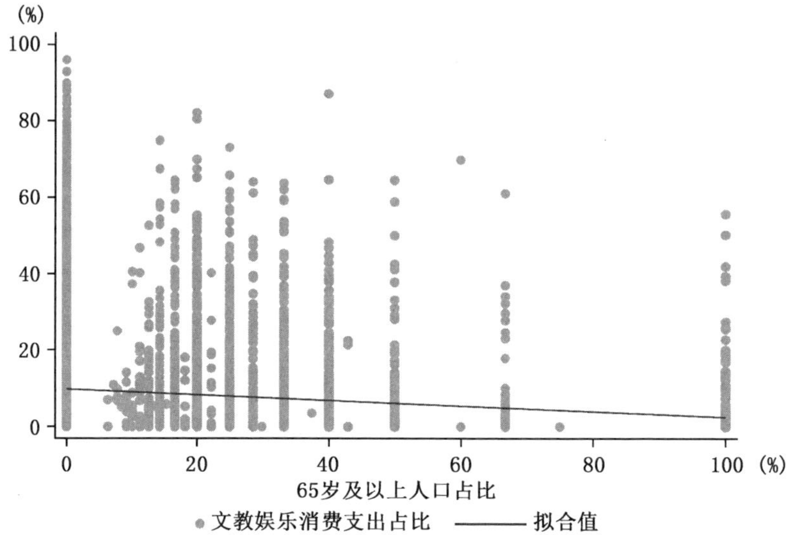

图 4—4　老龄化与文教娱乐消费支出占比散点图

第五节　估计结果与分析

本部分以 CFPS2012 为研究样本，对家庭人口年龄结构变化与消费结构升级之间的关系及人口老龄化促进消费结构升级的原因和机制进行实证检验。

一、基准回归

本小节中首先将家庭人口年龄结构对家庭消费结构做基准回归。根据前文的理论分析，本书认为人口老龄化有助于消费结构升级，因而预期 $\beta_1>0$，最终的回归结果如表 4—2 所示。模型 1 对发展型和享受型消费占比进行单变量回归，结果显示，老龄化率的回归系数值显著为正，证实了前文的预期；家庭少儿人口占比的回归系数值则为负，通常家庭内的少年人口越多，则家庭内更多的消费支出会用于抚养幼儿的衣食住行（毛中根等，2013），从而挤出了发展型和享受型消费。模型 2 中加入了一系列控制变量后，核心解释变量人口老龄化的系数估计值仍然显著为正，数值的大小也基本稳定在 0.05 附近，这意味着人口老龄化确实有助于消费结构由生存型向发展型和享受型转变。在其他控制变量中，人力资本水平的回归系数显著为正，通常受教育程度越高的家庭，对发展型和享受型消费的需求也越大，人力资本水平高的居民家庭，往往具有较高的边际消费倾向和更强的财富效应，特别是在衣着支出和娱乐支出方面，人力资本水平的改善会通过改变消费者的客观环境及主观消费观念等来改变其消费行为，从而促进消费结构升级（McMahon，1987）。家庭人口规模的系数显著为正，这符合我们的预期。通常而言，一方面，家庭人口越多，分摊下来的衣食住行等生存型消费支出的占比会减少；另一方面，家庭人口越多、多样性越大，对文教娱乐、交通通信消费的潜在需求也就越多。家庭人均收入水平和家庭金融资产的回归系数值均为负，这符合边际消费倾向递减规律。家庭消费总支出的回归系数值显著为正，一般而言，家庭消费总支出越多，相应用于发展型和享受型消费的支出也越高。

表 4—2　全样本回归结果

		模型 1 *consum_fzx*	模型 2 *consum_fzx*	模型 3 *med_ratio*	模型 4 *trco_ratio*	模型 5 *eec_ratio*
old_ratio	老龄化率	0.057 0***	0.056 3***	0.123 0***	−0.044 1***	−0.022 6***
		(0.008 23)	(0.008 32)	(0.006 58)	(0.003 36)	(0.005 87)
young_ratio	少儿化率	−0.015 1	−0.041 9***	−0.066 8***	−0.0048 3	0.029 7***
		(0.011 2)	(0.012 6)	(0.009 95)	(0.005 08)	(0.008 87)
edu	受教育程度	0.024 6***	0.029 5***	−0.009 64***	0.004 08***	0.035 1***
		(0.001 47)	(0.001 66)	(0.001 31)	(0.000 670)	(0.001 17)
familysize	家庭人口规模		0.002 52**	−0.000 393	0.001 81***	0.001 10
			(0.001 25)	(0.000 986)	(0.000 504)	(0.000 879)
ln_*fina_asset*	家庭金融资产		−0.006 54***	−0.007 47***	0.001 62***	−0.000 691
			(0.000 698)	(0.000 552)	(0.000 282)	(0.000 492)
ln_*fincome*	家庭人均收入		−0.015 1***	−0.007 24***	0.004 65***	−0.012 5***
			(0.001 99)	(0.001 57)	(0.000 802)	(0.001 40)
ln_*expense*	家庭消费总支出		0.010 2***	0.006 54***	−0.009 89***	0.013 6***
			(0.002 48)	(0.001 96)	(0.001 00)	(0.001 75)
_cons	常数项	0.190 0***	0.251 0***	0.202 0***	0.118 0***	−0.069 9***
		(0.006 63)	(0.024 1)	(0.019 0)	(0.009 73)	(0.017 0)
N	样本量	10 858	10 466	10 466	10 466	10 466
R^2	拟合优度	0.028	0.047	0.085	0.038	0.118

注：*、**、*** 分别表示在 10%、5%、1%的水平下显著，括号内为标准误。

为了进一步揭示人口老龄化究竟促进了哪一类消费支出的增加，在模型 3 到模型 5 中，我们还分别考察了人口老龄化对医疗保障消费支出占比、交通通信消费支出占比及文教娱乐消费支出占比的影响。最终结果显示，人口老龄化促进了消费结构升级，且主要是促进了家庭的医疗保障消费支出，这是因为老年人的医疗保健消费支出要大大高于青壮年人口（茅锐和徐建炜，2014），人口老龄化使得居民消费支出结构中有很大部分会用于医疗保健；人口老龄化对交通通信消费和文教娱乐消费支出占比的影响甚至是负向的，人口老龄化会使得整个社会总负担系数提高，从而对文教娱乐消费会产生一定的挤压。这一结论提示我们，人口老龄化对消费结构升级的改善是有代价的，在我国社会保障制度不健全的现实背景下，随着人口老龄化的不断加剧，居民家庭消费支出大部分用于医疗保健，甚至挤占了交通通信和文教娱乐消费支出。由此可见，要推动和发挥人口老龄化的消费结构升级效应，首先应该健全社会保障机制，防止居民出于社会保障的需求而过度储蓄进而抑制对文教娱乐及交通通信的消费支出，从而防止消费结构升级的挤出效应。

二、分城镇与农村家庭样本回归

上一小节的回归结果表明，人口老龄化具有促进消费结构升级的作用，这一作用既可能来自对城镇居民消费结构的改善，也可能来自对农村居民消费结构的改善。为了更深入地理解这一问题，接下来本书将家庭样本区分为城镇家庭和农村家庭，同样在控制其他变量影响的情况下，分别考察人口老龄化与城镇居民消费结构及农村居民消费结构之间的关系，最终的回归结果如表 4－3 所示。从表中可以看出，人口老龄化的消费结构升级效应在城镇地区和农村地区存在较大差异。人口老龄化的消费结构升级效应在城镇地区表现得反而不如农村地区强烈，这并不违反我们的预期。由于每年有大量的农村青壮年人口从乡村迁移到城市，这使得中国农村的人口老龄化程度要比城镇地区严峻得多（杜鹏和王武林，2010）。根据国家发展和改革委员会公布的数据，截至 2021 年末，我国流动人口已接近 3.85 亿。国家统计局发布的《2022 年农民工监测调查报告》显示，2022 年全国进入城市务工的农民工已超过 2.95 亿人，比 2021 年增长 1.1%，其

表 4—3 分城市与农村样本的回归结果

	城镇地区				农村地区			
	consum_fzx	med_ratio	trco_ratio	eec_ratio	consum_fzx	med_ratio	trco_ratio	eec_ratio
老龄化率	0.043 9***	0.139***	−0.055 8***	−0.039 4***	0.063 9***	0.120***	−0.042 9***	−0.013 3*
	(0.013 2)	(0.009 64)	(0.005 48)	(0.009 93)	(0.011 5)	(0.009 29)	(0.004 58)	(0.007 90)
少儿化率	−0.021 6	−0.055 3***	0.011 1	0.022 6	−0.035 0**	−0.062 5***	−0.015 1**	0.042 6***
	(0.021 8)	(0.015 9)	(0.009 06)	(0.016 4)	(0.016 3)	(0.013 2)	(0.006 50)	(0.011 2)
受教育程度	0.024 8***	−0.004 03*	0.003 09***	0.025 7***	0.033 5***	−0.010 9***	0.002 61***	0.041 8***
	(0.002 87)	(0.002 10)	(0.001 19)	(0.002 16)	(0.002 25)	(0.001 82)	(0.000 899)	(0.001 55)
家庭人口规模	0.006 13**	−0.000 680	0.005 01***	0.001 80	0.000 151	−0.001 61	0.001 68***	0.000 079 0
	(0.002 62)	(0.001 92)	(0.001 09)	(0.001 98)	(0.001 58)	(0.001 28)	(0.000 632)	(0.001 09)
家庭金融资产	−0.000 932	−0.003 53***	0.001 94***	0.000 656	−0.008 38***	−0.008 76***	0.001 29***	−0.000 909
	(0.001 27)	(0.000 926)	(0.000 526)	(0.000 954)	(0.000 872)	(0.000 707)	(0.000 348)	(0.000 601)
家庭人均收入	−0.012 6***	−0.013 4***	0.010 4***	−0.009 58***	−0.014 7***	−0.004 28**	0.002 99***	−0.013 4***
	(0.003 92)	(0.002 86)	(0.001 63)	(0.002 95)	(0.002 46)	(0.001 99)	(0.000 980)	(0.001 69)
家庭消费总支出	0.013 1***	0.005 60*	−0.009 56***	0.017 0***	0.009 97***	0.009 43***	−0.012 1***	0.012 6***
	(0.004 60)	(0.003 36)	(0.001 91)	(0.003 46)	(0.003 19)	(0.002 58)	(0.001 27)	(0.002 19)
常数项	0.147***	0.201***	0.053 1***	−0.108***	0.263***	0.170***	0.163***	−0.070 2***
	(0.045 8)	(0.033 5)	(0.019 0)	(0.034 5)	(0.032 2)	(0.026 1)	(0.012 8)	(0.022 2)
样本量	2 970	2 970	2 970	2 970	6 854	6 854	6 854	6 854
拟合优度	0.040	0.106	0.075	0.097	0.054	0.075	0.030	0.128

注：*、**、*** 分别表示在 10%、5%、1%的水平下显著，括号内为标准误。

中，外出农民工约为 1.72 亿人，占比 58.12%，他们的平均年龄为 37.4 岁。正是由于农村青壮年人口的大量流失，使得农村的人口老龄化程度往往相比于城镇地区更为严峻，在农村医疗保健制度仍不完善的情况下，人口老龄化使得居民家庭绝大多数支出要用于医疗方面，因而，最终表现为人口老龄化的消费结构升级效应在农村反而更显著。此外，在分城镇家庭样本和农村家庭样本的基础上，本书还进一步考察了人口老龄化分别与医疗保障消费支出、交通通信消费支出、文教娱乐消费支出之间的关系。结果显示，无论是对于城镇地区家庭样本还是农村地区家庭样本而言，人口老龄化均促进了医疗保健消费支出的显著增加，而对交通通信消费支出及文教娱乐消费支出占比的影响均为负，与全样本的回归结果基本一致，这进一步证明了本书结论的稳健性。

三、健康状况的交互项

在我国现行医疗保健体制不完善的情况下，通常健康状况的好坏可能会显著影响人口老龄化对家庭消费支出结构的作用效果，因而本节还将引入家庭成员健康状况与人口老龄化的交互项进行重新回归，最终的结果如表 4－4 所示。就全样本而言，加入健康状况与人口老龄化的交互项后，对人口老龄化求解偏导数，得到 0.201～0.028 8×health。这意味着家庭成员健康状况越好，人口老龄化对消费结构升级的正面效应越小，分项检验中，交互项对医疗保健消费支出的回归系数也显著为负，这进一步说明了人口老龄化促进消费结构升级只是浅层次的，因为健康状况越好，人口老龄化后对医疗保健消费支出的需求越小，相应地对消费结构升级的作用效果也越小。分为城乡样本后，健康与人口老龄化交互项的系数仍然显著为负，这也意味着上文的结论是稳健可靠的。

表 4－4　　人口老龄化与健康状况交互项的回归结果

	全样本 *consum_fzx*	城镇样本 *consum_fzx*	农村样本 *consum_fzx*	全样本 *med_ratio*	全样本 *trco_ratio*	全样本 *eec_ratio*
老龄化率	0.201***	0.167***	0.211***	0.289***	−0.069 6***	−0.018 6
	(0.030 0)	(0.054 4)	(0.036 0)	(0.023 7)	(0.012 1)	(0.021 2)
少儿化率	−0.041 4***	−0.021 6	−0.043 1***	−0.066 2***	−0.004 92	0.029 7***
	(0.012 6)	(0.021 8)	(0.015 4)	(0.009 92)	(0.005 08)	(0.008 87)

续表

	全样本 *consum_fzx*	城镇样本 *consum_fzx*	农村样本 *consum_fzx*	全样本 *med_ratio*	全样本 *trco_ratio*	全样本 *eec_ratio*
受教育程度	0.029 9***	0.025 0***	0.032 6***	−0.009 22***	0.004 02***	0.035 1***
	(0.001 66)	(0.002 87)	(0.002 11)	(0.001 31)	(0.000 670)	(0.001 17)
家庭人口规模	0.002 69**	0.006 32**	0.001 30	−0.000 190	0.001 78***	0.001 10
	(0.001 25)	(0.002 62)	(0.001 50)	(0.000 984)	(0.000 504)	(0.000 880)
家庭金融资产	−0.006 42***	−0.000 812	−0.008 25***	−0.007 33***	0.001 60***	−0.000 688
	(0.000 697)	(0.001 27)	(0.000 835)	(0.000 551)	(0.000 282)	(0.000 492)
家庭人均收入	−0.014 6***	−0.012 6***	−0.014 5***	−0.006 75***	0.004 57***	−0.012 5***
	(0.001 99)	(0.003 92)	(0.002 34)	(0.001 57)	(0.000 803)	(0.001 40)
家庭消费总支出	0.010 8***	0.013 5***	0.010 4***	0.007 16***	−0.009 99***	0.013 6***
	(0.002 48)	(0.004 60)	(0.003 01)	(0.001 96)	(0.001 00)	(0.001 75)
健康与老龄化交互项	−0.028 8***	−0.023 5**	−0.030 0***	−0.033 1***	0.005 08**	−0.000 814
	(0.005 76)	(0.010 1)	(0.007 04)	(0.004 55)	(0.002 33)	(0.004 07)
常数项	0.238***	0.139***	0.254***	0.188***	0.120***	−0.070 2***
	(0.024 2)	(0.045 9)	(0.030 3)	(0.019 1)	(0.009 78)	(0.017 1)
样本量	10 466	2 970	7 496	10 466	10 466	10 466
拟合优度	0.050	0.041	0.056	0.090	0.038	0.118

注：*、**、*** 分别表示在10%、5%、1%的水平下显著，括号内为标准误。

四、稳健性检验

随着居民收入水平的不断提升，其消费热点也趋于不断变化，医疗保健、教育、旅游等消费支出的占比会倾向于上升，因而，医疗保健和文教娱乐消费支出占比之和的变化也能反映消费结构的升级，通常被称为消费结构的发展系数（李筱光和韩立岩，2012），其计算公式为：

发展系数（%）=（医疗保健消费支出＋文教娱乐消费支出）/总消费支出×100%

接下来，本书将被解释变量换成发展系数进行稳健性检验，最终估计结果如表4—5所示。从回归结果中可以看出，此时的核心解释变量人口老龄化率的系数估计值仍然显著为正，这表明人口年龄结构转变从某种程度上而言确实有利于消费结构升级，证明了上文结论的稳健性，其他控制变量的估计结果则与前文基本一致，在此不再一一赘述。

表 4—5　　稳健性检验回归结果

	模型 1 *fz_index*	模型 2 *fz_index*	模型 3 *fz_index*	模型 4 *fz_index*
老龄化率	0.100***	0.270***	0.156***	0.299***
	(0.008 22)	(0.029 7)	(0.019 2)	(0.031 8)
少儿化率	−0.037 1***	−0.036 5***	0.130***	0.129***
	(0.012 4)	(0.012 4)	(0.035 9)	(0.035 8)
受教育程度	0.025 4***	0.025 9***	0.032 8***	0.032 3***
	(0.001 64)	(0.001 64)	(0.002 15)	(0.002 15)
家庭人口规模	0.000 702	0.000 910	0.000 713	0.000 773
	(0.001 23)	(0.001 23)	(0.001 24)	(0.001 24)
家庭金融资产	−0.008 16***	−0.008 02***	−0.008 05***	−0.007 94***
	(0.000 690)	(0.000 689)	(0.000 689)	(0.000 688)
家庭人均收入	−0.019 7***	−0.019 2***	−0.019 3***	−0.018 9***
	(0.001 96)	(0.001 96)	(0.001 96)	(0.001 96)
家庭消费总支出	0.020 1***	0.020 8***	0.020 1***	0.020 8***
	(0.002 45)	(0.002 45)	(0.002 45)	(0.002 45)
健康与老龄化交互项		−0.033 9***		−0.032 9***
		(0.005 69)		(0.005 83)
老龄化与教育交互项			−0.017 2***	−0.009 81*
			(0.005 80)	(0.005 94)
少儿化率与教育交互项			−0.047 3***	−0.047 0***
			(0.009 57)	(0.009 55)
常数项	0.133***	0.118***	0.100***	0.091 2***
	(0.023 8)	(0.023 9)	(0.024 6)	(0.024 6)
样本量	10 466	10 466	10 466	10 466
拟合优度	0.057	0.060	0.060	0.062

注：*、**、*** 分别表示在 10%、5%、1%的水平下显著，括号内为标准误。

五、进一步的计量分析

由于最小二乘法回归分析不能反映因变量分布的全貌，而分位数回归则能更好地反映核心解释变量随因变量分布的不同而得到不同的结论，因此，本书下面采用分位数回归来进一步检验人口老龄化与家庭消费结构之间的关系，分位点分别取 0.1、0.5、0.9，最终回归结果如表 4—6 所示。从分位数回归结果来看，人口老龄化的系数估计值仍然为正，但不同分位点核心解释变量的系数估计值大小有所不同，这说明不同水平下的人口老龄化率对家庭消费结构的影响是不同的。具体而言，当家庭处于最低 10%分位点时，老年抚养比每增加 1 个百分点，发展系数会上升 0.020 8 个单位；随着分位点的增加，这一数值会逐步增大，即人口老龄化的消费结构升级效应逐渐增强。当家庭处于最高 10%的分位点时，老年抚养比每增加 1 个百分点，发展系数会上升 0.141 个单位。这意味着人口的不断老化使得消费结构向发展型转变的趋势是成立的，且人口老龄化程度越高的家庭对消费结构转变的影响越大，这主要是由于老龄化程度越高的家庭对医疗保健的消费需求越大，从而印证了上文的结论。

表 4—6　　分位数回归结果

	0.1 分位 *cons_fzx*	0.5 分位 *cons_fzx*	0.9 分位 *cons_fzx*	0.1 分位 *fz_index*	0.5 分位 *fz_index*	0.9 分位 *fz_index*
old_ratio	0.001 57	0.067 5***	0.087 6***	0.020 8***	0.107***	0.141***
	(0.006 44)	(0.010 5)	(0.021 4)	(0.003 13)	(0.010 1)	(0.025 7)
young_ratio	0.040 8***	0.002 67	−0.164***	0.044 5***	0.023 8	−0.198***
	(0.009 75)	(0.015 9)	(0.032 3)	(0.004 72)	(0.015 2)	(0.038 8)
edu	0.014 8***	0.035 9***	0.032 0***	0.003 58***	0.028 8***	0.033 0***
	(0.001 28)	(0.002 09)	(0.004 26)	(0.000 620)	(0.002 00)	(0.005 09)
familysize	0.001 92**	0.002 30	0.001 67	0.000 742	0.001 91	0.014 7***
	(0.000 966)	(0.001 57)	(0.003 20)	(0.000 491)	(0.001 58)	(0.004 03)
ln_fina_asset	0.000 257	−0.003 03***	−0.019 6***	−0.000 136	−0.004 14***	−0.024 4***
	(0.000 541)	(0.000 880)	(0.001 79)	(0.000 262)	(0.000 847)	(0.002 15)
ln_fincome	−0.001 54	−0.010 9***	−0.031 0***	0.000 613	−0.013 5***	−0.041 4***
	(0.001 54)	(0.002 51)	(0.005 10)	(0.000 748)	(0.002 41)	(0.006 14)
ln_expense	−0.004 54**	−0.001 00	0.043 0***	0.002 11**	0.007 31**	0.052 9***
	(0.001 92)	(0.003 13)	(0.006 37)	(0.000 932)	(0.003 01)	(0.007 66)
_cons	0.072 3***	0.227***	0.447***	−0.029 3***	0.102***	0.401***
	(0.018 7)	(0.030 4)	(0.061 8)	(0.008 83)	(0.028 5)	(0.072 5)
N	10 466	10 466	10 466	10 466	10 466	10 466
Pseudo R^2	0.015 8	0.024 9	0.055 4	0.010 7	0.024 4	0.067 4

注：*、**、*** 分别表示在 10%、5%、1%的水平下显著，括号内为标准误。

第六节 结论与启示

本章通过理论分析与梳理，探讨了人口老龄化影响居民家庭消费结构升级的原因和背后的机制，并以 CFPS2012 数据为研究样本进行了实证检验。主要得到以下结论：

（1）人口老龄化可以促进消费结构升级，但是这一促进作用主要是通过提升居民家庭的医疗保健消费支出占比来实现的，人口老龄化对居民家庭交通通信消费支出占比及文教娱乐消费支出占比的影响均为负。

（2）相比于城镇地区而言，人口老龄化的消费结构升级效应在农村地区表现得更为强烈，这与我国大量的青壮年人口从农村迁移到城市，使得农村的人口老龄化程度相比于城镇地区更为严重有关。

（3）对于健康状况更好或者受教育程度更高的家庭而言，人口老龄化的消费结构升级效应反而更弱，健康状况越佳，人口老龄化对医疗保健的消费支出更低，相应对消费结构升级的作用效果越小，这意味着人口老龄化的消费结构升级效应还是浅层次的，这与我国社会保障制度不健全有关。

（4）分位数估计结果表明人口老龄化越严重的家庭对消费结构转变的影响越大，这主要是老龄化越严重的家庭对医疗保健的消费需求越大，印证了本书结论是稳健的。

此外，本章的研究还发现，人力资本水平越高的家庭，对发展型和享受型消费需求越高，家庭少儿人口占比对消费结构升级存在负面影响，家庭金融资产与发展型消费占比呈负相关关系，家庭总的消费支出及家庭人口规模对消费结构升级有正向促进作用。

随着我国经济逐渐步入“新常态”，人口老龄化不断加剧，国内外环境不容乐观，通过扩大内需来实现经济增长成为转变经济发展方式的重要途径之一，但近年来我国居民消费率却一直呈现下降态势，本书认为通过促进消费结构升级来提升居民消费率从而达到发展经济的目的是可行之路。鉴于本章的研究与分析，笔者得到以下几点政策启示：

(1)完善社会保障机制和金融保险体系，释放老年人的消费潜力，推动消费结构升级。深受儒家传统文化的影响，中国居民的消费习惯均偏保守，再加上养老保障体系不健全，居民的预防性储蓄动机过强，老年人的消费潜力巨大，但并没有得到有效释放。因此，一方面，需要完善养老保险体系，消除老年人消费的后顾之忧；另一方面，也应完善金融保险体系，通过“以房养老”等倒按揭的方式将老年人的金融资产置换成现金流，增强其对各类消费的支付能力，从而推动消费结构不断升级。

(2)大力发展老龄产业，通过“银发产业”带动“银发消费”，实现消费结构升级。人口年龄结构的不断老化会引发最终消费的规模和产品或服务构成发生变化，老龄化的不断加剧将会形成庞大的老年消费市场，并催生“银发经济”，与人口老龄化相关的老年家政服务、老年保健护理业、老年金融业、老年休闲旅游业及老年教育等产业会迅速兴起，并带动相应消费需求的增加，大力发展这些领域的产业，可以有效引导消费需求转变，从而促进消费结构升级。

(3)加强人力资本投资，培养居民对发展型和享受型消费的偏好，推动消费结构升级。就中国现有的情况来看，居民消费结构仍以食品为主。统计数据显示，截至2022年，城镇居民和农村居民的食品消费支出占比仍然高达33%以上，其他发展型或享受型消费(例如教育培训、文化娱乐、医疗保障等)占比较低。居民对发展型和享受型消费支出的偏好有待进一步强化，而通过提升受教育水平，一方面可以培养消费者对于发展型和享受型消费的偏好，另一方面也可以提升居民的收入层次，从而实现消费结构升级。

第五章　人口老龄化与中国产业结构升级

第一节　引　言

改革开放40多年来，中国充分利用劳动力的数量与结构优势，取得了劳动密集型产业的国际竞争力，在全球产业分工中占据了世界制造业工厂的地位，成就了经济增长的奇迹。进入21世纪以来，中国的人口年龄结构迅速老化，“人口红利”逐渐消退，劳动力成本开始上升，劳动密集型产业的发展空间被压缩，传统的增长模式难以为继。为了延续经济的全球竞争力与持续增长，中国必须实现产业结构的优化升级。在中国经济转型和人口老龄化迅速发展的现实背景下，深入研究人口老龄化影响产业升级的机制是当前政府与学界面临的重要任务。

关于人口老龄化如何影响产业升级这一话题的探讨，国内外的研究还相当少。从仅有的几篇文献来看，主要分为两种观点：一种观点认为，人口老龄化对产业结构升级具有阻碍作用，持这类观点者的主要理由是产业结构升级、经济结构转换需要与之匹配的人口结构，高素质、高技能劳动力是产业结构升级的重要动力源泉。中国的现实是一方面劳动年龄人口日益老龄化，另一方面现存劳动力的人力资本水平与技能水平又普遍偏低，难以适应产业结构升级的需要(蔡昉和王美艳，2012)。另一种观点认为，人口老龄化对产业结构升级具有促进作用。其主要理由是随着低劳动力成本的丧失，人口老龄化会促使企业通过增加更多的研发投入来提升竞争力(陈彦斌，2014)，人口老龄化带来的资金供给面的紧张有利于未来有限的储蓄进入到优势产业和淘汰落后产能(汪伟和艾春荣，2015)。

此外，人口老龄化还会催生与老年人需求相适应的第三产业发展，有利于产业结构升级（杨中新，2005）。

这一系列研究从某一个侧面揭示了人口老龄化与产业结构升级之间的关系，但仍然存在诸多不足。第一，在理论层面上，现有研究文献是碎片化的。事实上，人口老龄化会从消费需求、人力资本、劳动力供给、劳动生产率和老龄负担等多个方面影响产业结构升级，需要进行深入的理论机制分析。第二，在实证层面上，人口老龄化到底是阻碍还是促进产业结构升级，需要进行严谨论证，目前这方面的工作还相当欠缺。现有的为数不多的几个实证研究只是分析了人口老龄化对三次产业升级的影响（陈卫民和施美程，2013；Siliverstovs et al.，2011）。事实上，产业结构升级远远不止这一种方式。由于人口老龄化对产业结构升级的影响不仅体现在三次产业比重的变化上，还体现在各产业结构内部的技术构成上，因此在缺失对产业结构升级多方位度量情况下得到的结论的稳健性显然难以令人信服。第三，中国经济具有大国经济特征，现有研究均忽视了人口老龄化的产业结构升级效应的区域差异。

基于以上种种不足，本书从理论上系统探讨了人口老龄化影响产业结构升级的机制，并运用中国分省份面板数据，构建多种产业结构升级指标，从不同侧面分析人口老龄化的产业升级效应并进行区域差异比较，这些构成了本书在现有文献基础上的创新。

第二节　人口老龄化影响产业结构升级的理论机制探讨

一个国家（地区）产业结构的变动通常与该国家（地区）的消费需求、要素禀赋及技术进步密切相关，而人口老龄化又是影响一个国家（地区）消费需求、劳动力供给、人力资本积累、技术创新和劳动力生产率的重要因素，因而人口老龄化的加剧必然会对产业结构产生影响。考虑到人口既是社会中的消费者又是生产者，本书认为人口老龄化从以下几个渠道影响产业结构升级：

第一，消费需求效应。需求是经济活动的起点，需求变化是产业结构变化的动因。由于不同年龄人口的消费数量、消费结构及消费习惯均不相同，因此人口年龄结构的变化必然会引起消费需求的变化，从而给生产各类消费品的产业带来影响和冲击。在一个日益老化的经济中，老年人口的日益增多会引导最终消费的规模和产品构成发生变化，使之反映老年人的消费习惯、消费偏好和消费能力，并最终导致老龄产业随之兴起。由于老龄产业大多属于第三产业，因此人口老龄化会通过老年人的需求引发产业结构升级。人口老龄化需求层面的产业结构升级效应的大小，主要依赖老年人的消费能力与消费意愿。如果老年人的消费能力不强或消费意愿较弱，老龄化的产业升级需求效应就会减弱，而这些又与一个国家的经济发展水平及社会保障的完善程度有关。一些经验研究也表明，人口老龄化的加剧确实催生了消费型服务业的加速发展，那些人均收入水平高且养老保障体系相对健全和完善的国家，老龄化的产业结构升级效应更为明显(Siliverstovs et al.,2011)。此外，人口老龄化的产业结构升级需求效应也与老龄化水平有关。当人口老龄化程度比较低时，老龄服务业的发展难以形成规模，产业结构的升级效应就将表现得不明显，而当老龄化程度提高到一定程度后，老龄化的产业结构升级需求效应才开始凸显(张斌和李军，2013)。

第二，人力资本积累效应。随着人口老龄化的不断加剧，一方面成熟劳动力会增加，这相当于提升了有工作经验劳动力的占比；另一方面，预期寿命的延长将使得受教育的收益增加，促使年轻人提高受教育年限，增加人力资本积累。发达国家的人口老龄化与产业结构演变趋势的一般规律也表明，伴随着人口老龄化的是一个国家平均受教育年限的延长和人力资本水平的上升(蔡昉和王美艳，2012)，而人力资本水平的提高使得产业结构的技术构成将会更多地由劳动密集型转向技术密集型和知识密集型。由于人力资本的投资回报常常高于物质资本的回报，人口老龄化也会诱发人力资本投资对物质资本投资的替代(蔡昉，2004)。由此可见，人口老龄化会通过人力资本积累效应促进产业结构升级。

第三，劳动力禀赋效应。不同素质或不同技能的劳动力决定了产业的发展方向不一致，大量低素质劳动力常常助长劳动密集型产业或粗加工型产业的发展，而高素质型劳动力则会推动知识密集型产业及深加工产业的发展。从发展中国家内部的二元经济看，人口老龄化会加速刘易斯转折点的到来(蔡昉，

2010)，导致这些国家的劳动力无限供给时代一去不复返，城市制造业部门和服务业部门不能继续在低工资水平上吸收农村剩余劳动力，现代部门与传统部门的工资差逐步缩小并最终趋同，从而导致劳动力成本的上升，而劳动力成本的上升则使得劳动密集型产业发展空间被压缩，最终使这些发展中国家的产业结构无法持续集中在低端制造业和传统服务业。劳动力的日益稀缺会“倒逼”一个国家的经济发展从“劳动追逐资本”转向“资本追逐劳动”，这会促使发展中国家的产业结构从劳动密集型升级为资本密集型。从经济全球化和世界贸易格局看，人口老龄化会导致廉价青壮年劳动力资源变得日益短缺，低端制造业的劳动力成本优势将逐步丧失，在一个开放与竞争的全球化市场上，具有年龄结构比较优势的发展中国家无法持续发展劳动密集型低端制造业，这会“倒逼”企业通过更多的研发投入和技术创新来提升竞争力和应对变化的全球市场，从而推动发展中国家的产业升级。

第四，劳动生产率效应。人口老龄化的逐步加深势必会引发劳动人口年龄结构的老化，而不同年龄层的劳动者在体力、耐力、技能、创新、综合素质等各方面都存在着较大的异质性，各个年龄层劳动力适合从事的产业也有所差异，因而即使在人口规模不变的条件下，人口结构的变化也会对产业结构产生冲击。事实上，Verhaeghen & Salthouse(1997)对 91 项关于认知能力与年龄的测试做了综合分析后发现，个体的推理能力、快速记忆能力、情景记忆能力在 50 岁之前就会出现显著的下降。另外，Roger & Wasmer(2011)在考察法国制造行业、服务行业和商贸业三部门中劳动者的生产率与年龄增长变化之间的关系时也发现，对于低技能劳动力而言，无论是在制造业、服务业还是商贸业，劳动者的劳动生产率在中年以后会随着年龄的增大而显著降低。由此可见，随着人口老龄化的不断加剧，劳动年龄人口不断老化，劳动生产率会倾向于降低，不利于产业升级。另外，在支撑技能密集型和知识密集型产业发展的劳动力数量不足的情况下，对既有劳动力进行技能培训和再教育时，由于劳动者年龄结构的老化，接受新知识和学习新技能的难度和成本均较大，表现为老龄劳动力难以适应产业向更高级化发展的要求，结构性失业普遍存在，最终也会拉低全社会的劳动生产率水平，从而阻碍产业结构转型升级。

第五，老龄负担效应。人口老龄化加剧会导致家庭的抚养负担加重，从而挤出年轻一代的教育投资资源，影响产业发展的劳动力素质。人口老龄化的加剧还会使得用于老年人口社会保障的支出大量增加，给政府带来沉重的财政负担。一方面，政府为了缓解财政压力，会增加企业的税负，从而不可避免地侵蚀掉一部分企业的研发投入，企业的技术进步与创新能力提升因此会受到限制；另一方面，为了应对日益增长的社会保障支出，政府也会压缩科教经费支出。这些都会对产业结构升级产生不利的影响。

综上所述，人口老龄化对产业结构升级的影响机制可以概括为：一方面，人口老龄化的加深会通过消费需求效应、人力资本积累效应、劳动力禀赋效应促进产业结构升级；另一方面，人口老龄化程度加剧也会通过劳动生产率效应和老龄负担效应阻碍产业结构升级。由于这两方面作用力孰大孰小受到许多因素影响，因此需要进行实证检验。

就中国的现实而言，人口老龄化对产业结构升级的影响，既有全球化竞争压力下的一般二元经济的“未富先老”特征，这可能使得中国人口老龄化的产业结构升级效应在不同产业之间和各产业内部表现出差异，同时还可能使得人口老龄化影响产业结构升级的五种机制具有不同的表现。中国又有大国经济的区域发展不平衡性，中国的产业结构向价值链的更高端升级的理想模式，表现为先从东部发达地区起步，然后向中西部地区转移，形成“雁阵式”发展，最终实现整个产业的全面优化升级（徐敏和姜勇，2015）。中国区域产业结构的调整与优化升级，一方面受到各自的资源禀赋和技术创新能力的影响，另一方面也受到各区域人口老龄化的现存状况、未来发展趋势的影响。此外，劳动力的跨区域流动也会使人口老龄化的产业结构升级效应在区域间可能呈现不同的特征。

第三节　计量模型构建与数据描述

一、计量模型的构建与说明

（一）基准回归模型

本书构建计量模型进一步检验人口老龄化的产业结构升级效应，设定如下基准回归模型：

$$indication_{it}=\alpha_0+\beta_1 olddep_{it}+\delta X_{it}+\mu_i+\varepsilon_{it} \tag{5-1}$$

其中，i 代表地区，t 代表时间，$indication_{it}$ 代表产业结构升级，$olddep_{it}$ 表示人口老龄化程度，X_{it} 代表一系列控制变量，μ_i 代表不可观察的地区固定效应，ε_{it} 是随机扰动项。

1. 产业结构升级的内涵与测度指标

由于产业结构升级意味着整体产业素质与效率的提高，因此产业结构升级的内涵应该包括产业间和产业内两种，即产业结构升级应该既包括三次产业在国民经济中比重的变化，又包括某一产业内部技术结构的优化，如制造业由劳动密集型向资本密集型和技术密集型转变、服务业由生活型向生产型转变等。

为了全面反映产业结构升级的内涵，本书使用三个指标测度产业结构升级：

第一，将三次产业均包含在内而构造的产业结构升级指数[①]（徐敏和姜勇，2015），以此来反映三次产业之间的升级状况（以下也称“产业结构升级测度指标1”）。指数计算公式如下：

$$indication=\sum_{i=1}^{3}x_1\times 1+x_2\times 2+x_3\times 3,1\leqslant indication\leqslant 3 \tag{5-2}$$

第二，制造业中资本密集型行业和技术密集型行业的产值占比（以下也称“产业结构升级测度指标 2”），以此来反映制造业内部的产业结构由劳动密集型

---

① x_i 表示第 i 产业产值占总产值的比重。根据克拉克定律，$indication$ 值越接近 3，表明产业结构发展层次越高；$indication$ 值越接近 1，表明产业结构层次越低。

向资本密集型和技术密集型的转型升级。

第三，房地产业、金融和交通运输业、仓储和邮政业[①]在第三产业中的产值占比（以下也称“产业结构升级测度指标 3”），以此来近似反映第三产业内部的产业结构由生活型服务业向生产性服务业的转型升级。

2. 人口老龄化程度

与众多文献（汪伟，2010；康传坤，2012；刘穷志和何奇，2012）相一致，本书用老年抚养比来衡量人口老龄化程度。

3. 控制变量

结合已有的研究文献，本书加入的控制变量有：

（1）少儿抚养比。有学者已指出人口老龄化与少子化常常是一对相生相伴的趋势（汪伟，2010），并且少儿抚养比与一个国家的消费需求以及未来的劳动力供给等密切相关（毛中根，2013），会对产业升级产生影响。

（2）城市化率。该指标用本地区城镇人口占总人口的比重来衡量。刘志彪（2010）指出，城市化是推动中国产业转型升级的重要途径。

（3）国有化程度。已有文献用国有职工占总职工人数的比重来衡量这个指标。褚敏和靳涛（2013）的研究发现，国有企业垄断是影响中国产业结构升级的重要因素，垄断程度越高意味着市场化程度相对越弱，而盛丹和王永进（2011）也指出，地区的市场化程度会对该地区的技术复杂度比较高的产业成长有重要影响。

（4）外商直接投资。这个指标被现有文献认为是影响产业结构升级的重要因素。郭克莎（2000）的分析表明，外商直接投资会对中国的产业结构产生不可忽视的影响，而这种影响既有积极的也有消极的。本书用外商直接投资额的对数值来衡量，且对以美元为单位的原始数据根据历年中间汇率进行了换算。

（5）财政分权。借鉴傅勇和张晏（2007）的做法，本书采用各省份人均财政支出占中央人均财政支出的比重来衡量这个指标。

---

① 生产性服务业还包含信息传输、计算机服务和软件业，水利、环境和公共设施管理业，科学研究、技术服务和地质勘查业，租赁和商贸服务业等其他行业，但由于各省份的统计数据缺失，因而本书仅选取了几个代表性的行业来衡量。

(6)基础设施水平。本书参考刘秉镰等(2010)的方法采用每平方千米的公路里程来衡量。根据吴福象和沈浩平(2013)的研究,基础设施会通过空间溢出效应和蒂伯特机制促进产业结构升级。

(二)递归方程

根据上文的理论机制分析,本书发现人口老龄化会通过消费需求效应、人力资本积累效应、劳动力禀赋效应、劳动生产率效应、老龄负担效应等渠道影响产业结构升级。为了识别这一系列机制所产生的产业升级效应,借鉴 Hayes et al.(2009)、温忠麟等(2004)检验中介效应的方法,本书构建以下递归方程进行检验:

$$indication_{it}=\alpha_0+\beta_1 olddep_{it}+\delta X_{it}+\mu_i+\varepsilon_{it} \tag{5-3}$$

$$W_{it}=\alpha_0+\lambda olddep_{it}+\psi X'_{it}+\mu_i+\varepsilon_{it} \tag{5-4}$$

$$indication_{it}=\alpha_0+\beta_2 olddep_{it}+\theta W_{it}+\varphi X_{it}+\mu_i+\varepsilon_{it} \tag{5-5}$$

其中,W_{it} 为中介变量,其他变量的定义与前文一致。

根据中介效应的检验方法,第一步是对式(5—3)进行回归,检验人口老龄化的产业结构升级效应是否存在。若 β_1 显著为正,说明人口老龄化确实对产业结构升级存在某种正向促进作用。第二步是对式(5—4)进行估计,考察人口老龄化与中介变量之间的关系。此时又分为两种情况:当中介变量为消费需求效应、人力资本积累效应、劳动力禀赋效应时,预期人口老龄化的系数估计值 λ 为正;当中介变量为劳动生产率效应、老龄负担效应时,预期人口老龄化的系数估计值 λ 为负。第三步是对式(5—5)进行估计,在 β_1 和 λ 值均为正的情况下,若 β_2 小于 β_1,说明三个正向中介效应的存在;若 λ 值为负,β_1 和 β_2 估计值均为正,且 β_2 大于 β_1,说明两个负向中介效应的存在。

本书选取的中介变量包括:(1)老龄消费需求。虽然准确的老年人消费需求数据难以获得,但茅锐和徐建炜(2014)的研究指出,人口老龄化会导致医疗保健支出在消费总支出中的比重迅速上升,医疗保障消费支出占家庭消费的比重应当与老年人的消费需求有非常高的相关度,因此,本书采用这一指标来作为老龄消费需求变化的代理变量。(2)人力资本积累。本书采用已有文献中常用的人均受教育年限的对数值作为人力资本水平的代理变量(代谦和别朝霞,2006;张桂文和孙亚南,2014)。人均受教育年限的计算参考了陈钊等(2004)的做法,通过这个指标来衡量人力资本积累。(3)劳动力禀赋。人口老龄化的加深会使得劳动力供给减少,工人的工资水平倾向于上升,因此本书采用各省份在岗职工平均工资水平相对全国平均工资水平来近似劳动力成本变化,通过这一变量来反映劳动力禀赋的变化。(4)劳动生产率。考虑到地区之间劳动力在受教育程度上的差异,本书采用有效劳动产出来衡量劳动生产率,有效劳动则用人均受教育年限和就业人数的乘积来表示,通过这个指标来作为劳动生产率变化的代理变量。(5)老龄财政负担。根据理论机制分析,人口老龄化会加重政府负担进而挤出科教支出,因而本书采用财政支出中科教支出占比来近似表征老龄负担效应。

二、数据来源与描述性统计

本书所使用的数据是中国 29 个省份 1993—2013 年的省级层面数据,原始数据来源于中国知网统计数据库、中经网、国研网、《新中国六十年统计资料汇编》、中国工业企业数据库等,部分数据来源于 1994—2014 年中国统计年鉴及各省份统计年鉴,个别缺失数据则由作者根据插值法计算得到。表 5—1 给出了相关数据的描述性统计量。从样本期数据的描述性统计可以看出,分省份的产业结构升级指数、老年抚养比等核心变量的样本数据均具有较大的变动范围。其中,“产业结构升级测度指标 1”在全国范围内的平均值为 2.236 0,变动范围为 1.875 2～2.756 2,东部地区的均值为 2.294 7,显著大于中西部地区;另外两个衡量产业结构升级的测度指标在全国范围内的均值分别为 0.350 0 和 0.343 4,且东部地区都显著大于中西部地区;核心解释变量老年抚养比全国范围内的均值为 0.111 7,东部地区的均值相比中西部地区要高 1.43 个百分点;城市化率全国范围内的均值为 0.409 7,东部地区这一值比中西部地区高出约 15 个百分点。其他相关控制变量(如国有化程度、外商直接投资、财政分权、基础设施水平等)和 5 个中介变量也有较大的变异性和区域差异,符合计量与统计分析的要求。

表 5—1　变量的相关说明及统计性描述

变量类型	变量名	符号	全国	东部地区	中西部地区
被解释变量	产业结构升级测度指标 1	*indication*1	2.236 0	2.294 7	2.188 4
			(0.136 3)	(0.156 5)	(0.093 7)
	产业结构升级测度指标 2	*indication*2	0.350 0	0.423 7	0.290 2
			(0.139 9)	(0.159 5)	(0.083 0)
	产业结构升级测度指标 3	*indication*3	0.343 4	0.350 8	0.337 4
			(0.044 9)	(0.045 6)	(0.043 5)
核心解释量	老年抚养比	*olddep*	0.111 7	0.119 0	0.105 7
			(0.025 6)	(0.026 0)	(0.023 6)
其他控制变量	少儿抚养比	*youngdep*	0.301 6	0.253 9	0.340 3
			(0.099 2)	(0.100 3)	(0.079 6)
	城市化率	*urblization*	0.409 7	0.490 2	0.344 3
			(0.174 6)	(0.189 2)	(0.129 2)
	国有化程度	*instl*1	0.651 1	0.573 7	0.714 0
			(0.151 6)	(0.163 7)	(0.105 4)
	外商直接投资	*ln_fdi*	8.343 7	9.404 9	7.481 6
			(1.410 2)	(0.947 6)	(1.103 3)
	财政分权	*fiscal_power*	3.992 5	4.941 4	3.221 5
			(2.783 2)	(3.223 6)	(2.071 6)
	基础设施水平	*infrastructure*	0.018 2	0.026 6	0.011 4
			(0.016 3)	(0.020 3)	(0.006 6)
中介变量	老龄消费需求	*medical_con*	0.060 5	0.060 6	0.060 4
			(0.021 2)	(0.023 6)	(0.019 1)
	人力资本积累	*edu*	8.086 3	8.582 5	7.683 1
			(1.085 2)	(1.100 8)	(0.888 7)
	劳动力禀赋	*ave_wage*	0.974 7	1.115 5	0.860 2
			(0.273 1)	(0.345 8)	(0.094 8)
	劳动生产率	*eff_product*	0.378 0	0.506 5	0.273 7
			(0.320 2)	(0.367 2)	(0.228 7)
	老龄财政负担	*tech_edu_exp*	0.173 0	0.180 0	0.167 3
			(0.030 0)	(0.032 7)	(0.026 3)

注:括号内为标准差。

在进行实证分析以前，本书先以图表的形式简单描述人口老龄化与产业结构升级之间的关系。从中国的历史数据可以直观地看到（见图 5－1），中国的人口老年抚养比作为人口老龄化的代表性指标，从 1982 年的 7.98％上升到 2013 年的 13.08％。第三产业产值占 GDP 的比重与第三产业就业人数占总就业人数的比重均是反映产业结构升级的重要指标。中国的第三产业产值占比从 1978 年的 23.9％上升到 2013 年的 46.1％，第三产业就业人数占比则从 1978 年的 12.2％上升到 2013 年的 38.5％。这表明伴随着人口的不断老龄化，中国的产业结构层次水平也呈上升趋势。但从阶段性特征来看，在 2000 年中国进入老龄化社会以前，人口老龄化与产业结构升级的关联性不是很明显，在 2000 年中国进入老龄化社会以后，人口老龄化与产业结构升级共同趋势非常明显，而且老龄化的发展速度快于产业结构升级的速度。

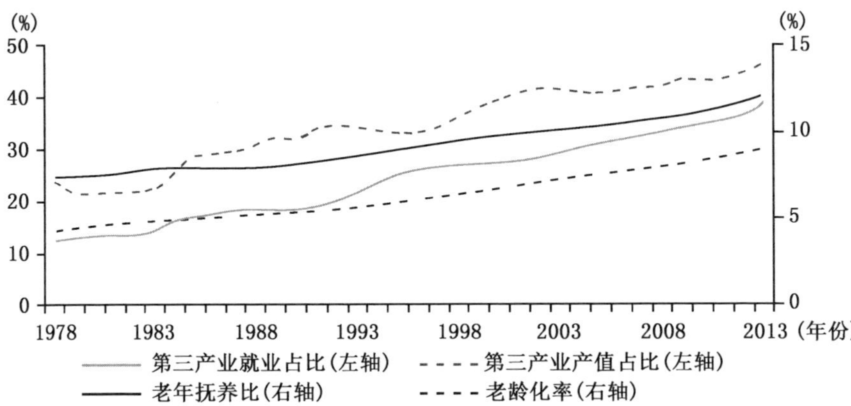

注：数据来自国家统计局。其中，老龄化率是指 65 岁及以上人口占总人口的比重，老龄化率和老年抚养比以右边坐标轴为准，第三产业就业比重和产值比重以左边的坐标轴为准。

图 5－1 1978—2013 年中国产业结构与老龄化的变化趋势

另外，为了更细致地考察人口老龄化与产业结构升级之间的相关关系，本书还绘制了人口老龄化与产业结构升级指数、制造业中资本密集型和技术密集型行业的产值占比、生产性服务业在第三产业中的产值占比的散点图（见图 5－2 至图 5－4）。从散点图可以看出，三种衡量产业结构升级的指标与人口老龄化之

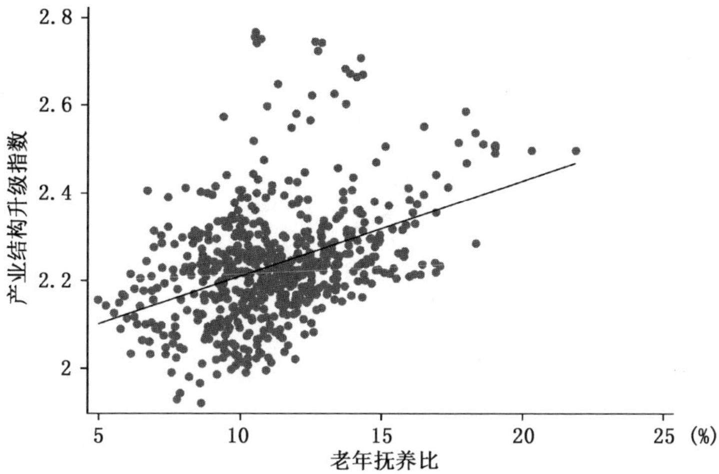

图 5—2　老龄化与产业结构升级指数散点图

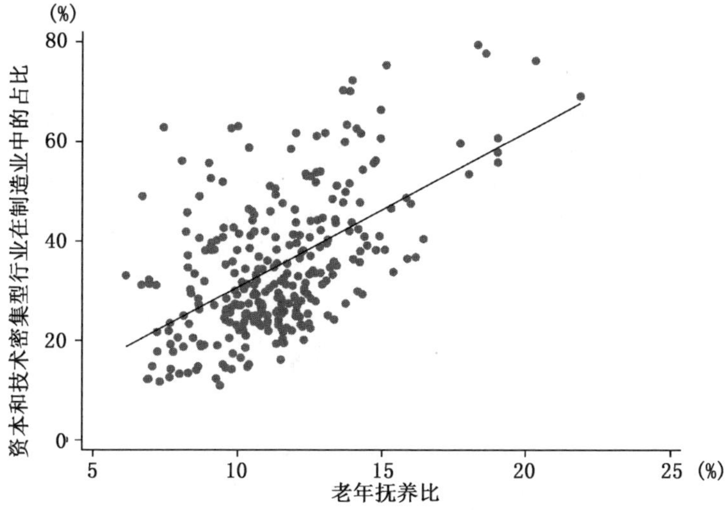

图 5—3　老龄化与资本密集型和技术密集型产业产值占比散点图

间均存在明显的正向关系，但不同指标衡量的产业结构升级与人口老龄化之间的正相关关系存在一定的差异。具体而言，人口老龄化与产业结构升级指数之间存在较为明显的正向关系，这意味着人口老龄化有助于推动产业间的结构优化，促进产业结构从农业向工业和服务业转变；人口老龄化与制造业中资本密集

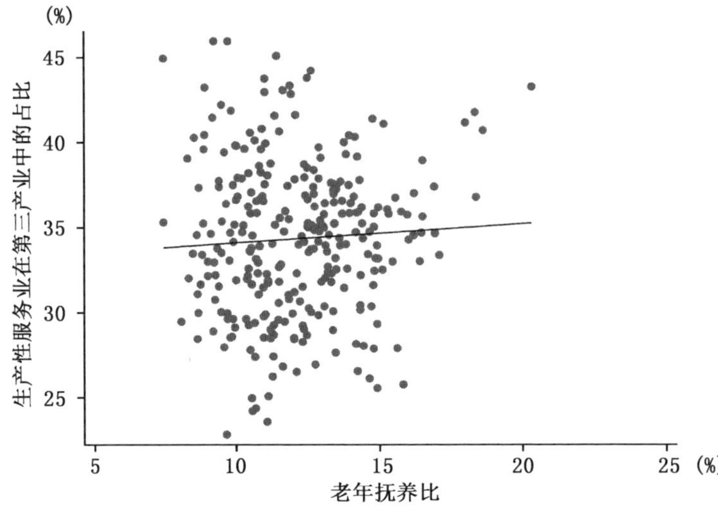

图 5—4 老龄化与生产性服务业产值占比散点图

型和技术密集型行业占比之间的正向关系在散点图中表现得最为明显，而与生产性服务业在第三产业中占比之间的正向关系相对较弱，这说明当前人口老龄化也可以促进产业内部结构的优化，且这种优化效应在制造业中更为明显，这可能与当前中国的经济发展水平和人口老龄化尚处于初期有关。接下来，本书将进一步运用计量方法进行实证研究。

第四节 估计结果与分析

一、人口老龄化的产业结构升级效应的基准估计结果

本书的所有估计均是根据 Hausman 检验来选择适合模型的固定或随机效应估计方法。这里首先考察人口老龄化对产业结构升级的直接影响，表 5—2 列出了具体的回归结果。从表 5—2 中可以看出，人口老龄化对三个测度产业结构升级的指标都有着显著的正向促进效应，这与本书的理论分析预期与数据观察是完全一致的。在模型 1 和模型 2 中，本书考察了人口老龄化对产业结构升级

指数的直接影响。结果显示，人口老龄化的估计系数均为正，且在1%的水平下显著；在控制其他变量后，人口老龄化每提高1个单位，产业结构升级指数就会提高约1.08个单位，这意味着人口老龄化对产业间的结构优化升级作用强度较大。模型3和模型4的回归结果则表明人口老龄化可以显著提高制造业内部结构中资本密集型和技术密集型行业的产值占比，且在加入其他控制变量后，这一提升作用仍然非常显著。在模型5和模型6中，本书进一步将被解释变量换成生产性服务业在第三产业中的产值占比，然而人口老龄化的回归系数仍非常显著，这意味着人口老龄化还有助于优化第三产业内部结构。比较模型2、模型4和模型6的结果可以发现，在控制相关变量的情况下，人口老龄化对不同形式的产业结构升级的影响是有差异的。具体而言，人口老龄化对促进产业结构间优化升级的作用最大，对促进制造业内部结构优化升级的作用次之，而对服务业内部结构的优化升级作用则最弱。这一研究结果显示，当前人口老龄化引发的产业结构升级的层次与技术含量还比较低，产业结构升级没有形成以先进制造业和现代服务业为主的升级格局。

表5—2　　老龄化对产业结构升级的影响

	产业结构升级指数		制造业内部结构中资本密集型和技术密集型行业的产值占比		生产性服务业在第三产业中的产值占比	
	模型1	模型2	模型3	模型4	模型5	模型6
olddep	2.480 1***	1.082 3***	2.814 7***	0.687 0***	0.236 6**	0.237 1**
	(0.152 2)	(0.131 3)	(0.312 2)	(0.251 7)	(0.099 1)	(0.109 9)
youngdep		−0.305 6***		−0.540 8***		−0.168 8***
		(0.045 8)		(0.099 8)		(0.063 3)
urblization		0.103 9***		0.059 0**		−0.004 5
		(0.021 2)		(0.029 6)		(0.027 5)
infrastructure		1.564 2***		5.357 6***		0.231 3
		(0.574 9)		(1.422 3)		(0.393 5)
ln_fdi		−0.003 2		0.061 4***		−0.010 1***
		(0.004 8)		(0.014 6)		(0.003 8)
*insti*1		−0.216 4***		−0.266 6***		0.030 5
		(0.034 0)		(0.066 1)		(0.028 2)
fiscal_power		−0.005 3***		0.010 3**		0.002 7**
		(0.001 6)		(0.005 1)		(0.001 2)
R^2	0.311 8	0.688	0.205 1	0.691 9	0.022 0	0.104 7

续表

	产业结构升级指数		制造业内部结构中资本密集型和技术密集型行业的产值占比		生产性服务业在第三产业中的产值占比	
	模型 1	模型 2	模型 3	模型 4	模型 5	模型 6
观测值	609	609	290	290	290	290
Hausman 检验 P 值	0.605 9	0.000 0	0.614 9	0.000 2	0.663 6	0.008 7

注：* 、** 、*** 分别表示在10%、5%、1%的水平下显著，括号内为标准误，常数项没有报告在表格中。

从表5—2还可以看出其他控制变量对产业结构升级的作用。第一，城市化率对产业结构的转型升级有着显著的正向促进作用。城市化可以通过消耗过剩产能、推动产业集聚、提升资源利用率、提供优良的技术创新环境等途径推动产业结构向更高级转化（刘志彪，2010）。第二，城市基础设施越完善，越有利于产业结构的优化升级，基础设施的“空间溢出效应”和“蒂伯特选择”作用下的用脚投票机制均能促进产业在某一区域内形成专业化分工，从而有利于产业结构升级（吴福象和沈浩平，2013）。第三，尽管外商直接投资对产业结构升级指数的影响并不显著，但提升了制造业中资本密集型行业和技术密集型行业的产值占比，同时不利于服务业中产业结构由生活型向生产型转变。这主要是因为外商直接投资涌入中国后绝大部分流入了制造业行业，从而在一定程度上促进了制造业中资本密集型和技术密集型行业的发展，而服务业中有很大一部分行业（尤其是生产性服务业）受到国家政策约束，导致FDI通常不能进入这些行业，因而总体来说，外商直接投资不利于服务业内部结构的优化升级。第四，国有化程度对产业结构升级指数及制造业中资本密集型和技术密集型行业的产值占比的影响显著为负，这与褚敏和靳涛（2013）的研究结论一致。另外，财政分权对产业结构升级指数的影响显著为负，但对制造业内部资本密集型和技术密集型行业的产值占比及生产性服务业在第三产业中的产值占比的影响显著为正，这可能是因为在中国式财政分权体制下，发展制造业中的资本密集型和技术密集型行业、生产性服务业可以提高政府税收，因此政府有动机鼓励制造业中的资本密集型和技术密集型行业、生产性服务业的发展而抑制其他服务业发展，最终表现为财政分权虽然从整体上不利于三次产业间结构的优化升级，但促进第二产业和第三产业内部结构的优化升级。

二、人口老龄化影响产业结构升级效应的五种效应检验

根据上文的理论机制分析，人口老龄化对产业结构升级的影响主要通过消费需要效应、人力资本积累效应、劳动力禀赋效应、劳动生产率效应、老龄负担效应等发生作用，下面将逐一检验五个中介效应是否成立。中介变量的回归结果如表 5—3 和表 5—4 所示。

表 5—3　老龄化对产业结构升级的消费需求效应、人力资本效应与劳动力禀赋效应检验

	消费需求效应		人力资本积累效应		劳动力禀赋效应	
	模型 7	模型 8	模型 9	模型 10	模型 11	模型 12
olddep	0.330 3***	0.584 4***	2.205 9***	0.909 6***	1.878 4***	0.896 8***
	(0.032 6)	(0.132 2)	(0.722 3)	(0.119 5)	(0.273 5)	(0.133 7)
youngdep	−0.161 0***	−0.063 0	−5.781 7***	0.147 0**	0.352 4***	−0.340 4***
	(0.011 4)	(0.049 4)	(0.252 0)	(0.057 3)	(0.095 4)	(0.045 4)
urblization	−0.001 2	0.105 7***	0.357 0***	0.075 9***	−0.147 3***	0.118 4***
	(0.005 3)	(0.019 7)	(0.116 7)	(0.019 3)	(0.044 2)	(0.021 0)
infrastructure	0.257 5*	1.176 1**	9.746 9***	0.801 3	3.663 5***	1.202 4**
	(0.142 9)	(0.535 0)	(3.163 8)	(0.523 6)	(1.198 1)	(0.567 7)
ln_fdi	−0.001 0	−0.001 6	0.075 6***	−0.009 1**	0.019 9**	−0.005 1
	(0.001 2)	(0.004 5)	(0.026 6)	(0.004 4)	(0.010 1)	(0.004 8)
*insti*1	−0.017 5**	−0.190 0***	−1.384 8***	−0.108 0***	−0.163 6**	−0.200 2***
	(0.008 5)	(0.031 7)	(0.187 1)	(0.032 1)	(0.070 9)	(0.033 5)
fiscal_power	−0.003 5***	0.000 0	0.052 8***	−0.009 4***	0.004 5	−0.005 7***
	(0.000 4)	(0.001 6)	(0.008 7)	(0.001 5)	(0.003 3)	(0.001 5)
W		1.507 1***		0.078 3***		0.098 8***
		(0.155 9)		(0.006 9)		(0.019 6)
R^2	0.658 8	0.731 8	0.901 7	0.745 9	0.148 5	0.701 2
观测值	609	609	609	609	609	609
Hausman 检验 *P* 值	0.000 0	0.000 0	0.000 0	0.000 0	0.000 0	0.000 0

注：*、**、*** 分别表示在 10%、5%、1%的水平下显著，括号内为标准误。

表 5—4　　老龄化对产业结构升级的劳动生产率效应与老龄负担效应检验

	劳动生产率效应		老龄负担效应		加入全部中介变量
	模型 13	模型 14	模型 15	模型 16	模型 17
olddep	−0.662 3**	1.101 0***	−0.091 5	0.258 1**	0.295 6**
	(0.298 0)	(0.131 7)	(0.063 0)	(0.117 6)	(0.121 2)
youngdep	−0.719 7***	−0.285 2***	−0.028 9	−0.025 1	0.205 0***
	(0.104 0)	(0.047 6)	(0.028 9)	(0.053 9)	(0.065 9)
urblization	0.057 8	0.102 3***	0.006 5	0.056 4***	0.055 2***
	(0.048 1)	(0.021 2)	(0.010 9)	(0.020 2)	(0.019 7)
infrastructure	18.049 0***	1.052 0	0.809 1***	1.745 9***	1.558 2***
	(1.305 2)	(0.663 2)	(0.261 4)	(0.492 4)	(0.539 2)
ln_fdi	0.060 7***	−0.004 9	0.009 0***	0.001 4	−0.001 6
	(0.011 0)	(0.005 0)	(0.002 5)	(0.004 8)	(0.004 8)
*insti*1	−0.569 2***	−0.200 2***	−0.069 5***	−0.152 2***	−0.098 3***
	(0.077 2)	(0.035 5)	(0.016 0)	(0.030 5)	(0.031 2)
fiscal_power	0.054 1***	−0.006 8***	0.000 0	−0.000 5	−0.005 0***
	(0.003 6)	(0.001 9)	(0.000 8)	(0.001 5)	(0.001 9)
W		0.028 4		0.105 4	
		(0.018 4)		(0.093 2)	
ave_wage					0.007 6
					(0.024 4)
medical_con					0.292 4
					(0.196 5)
eff_product					0.006 6
					(0.016 5)
edu					0.045 3***
					(0.007 9)
tech_edu_exp					0.069 2
					(0.095 1)
R^2	0.877 9	0.689 3	0.402 2	0.442 9	0.491 7
观测值	609	609	435	435	435
Hausman 检验 *P* 值	0.000 0	0.000 0	0.000 0	0.000 0	0.000 0

注：*、**、*** 分别表示在 10%、5%、1%的水平下显著，括号内为标准误。

表 5—3 显示了老龄化促进产业结构升级的中介效应回归结果。模型 7 中人口老龄化的回归系数值显著为正，表明人口老龄化的加剧确实会催生养老消费需求。模型 8 中同时加入人口老龄化与表征老年消费需求的医疗保障消费支

出占比变量后得到了回归系数 β_2(0.584 4)，与基准回归模型 2 中得到的系数估计值 β_1(1.082 3)相比，下降了一半左右，这印证了消费需求效应的存在，即老龄消费需求的增加确实是人口老龄化促进产业结构升级的一个重要渠道，与理论预期一致。老年人口数量与比重不断上升，传统家庭养老模式的弱化、养老需求的多元化共同诱发了老龄产业的迅速发展。国家统计局数据显示，中国 65 岁老年人口数从 2000 年的 8 821 万上升到 2022 年的 2.09 亿，增加了约 1.21 亿，老年人口占总人口的比重从 2000 年的 6.96%上升到 2022 年的 14.9%，进入 21 世纪以来上升了 7.94 个百分点，上升的速度明显加快。人口老龄化的加速的确催生了“银发经济”，近年来与人口老龄化有关的医疗保健业、老年家政服务业、老年旅游业、老年娱乐业、老年教育业等消费性服务业也发展迅速，产业结构表现出向更高级服务业转变的趋势。中国社会科学院的调查数据显示，2020 年中国老龄产业的产值达到了 7.4 万亿元，预计到 2030 年，这一数值将会上升至 13 万亿元，因此，中国的老龄产业具有巨大的发展潜力，有望成为产业结构升级的重要推动力。

模型 9 中人口老龄化的系数估计值显著为正，表明人口老龄化的加剧伴随了人均受教育年限的延长，人口老龄化会诱发人力资本对物质资本的替代，且模型 10 中人口老龄化的系数估计值(0.909 6)也小于模型 2 中基准回归的系数值，验证了人口老龄化通过人力资本积累效应促进产业结构升级机制的成立。但需要注意的是，在这一中介效应中，β_2 相对于 β_1 降低的幅度明显要小于消费需求效应，意味着从样本考察期看，人口老龄化通过人力资本积累效应促进产业结构升级的作用事实上是很有限的，这与中国现存劳动力的低知识与技能结构特征有关。从产业结构升级与所需要的劳动力的技能和人力资本水平的匹配性看，根据蔡昉和王美艳(2012)的研究，劳动力从第二产业内部的劳动密集型部门转向资本密集型部门，其平均受教育水平大约需要提高 1.3 年；如果是转向第三产业的技术密集型部门，其平均受教育水平则至少要提高 4.2 年。但人均受教育年限的提高是一个长期的过程，这使得短期内人口老龄化的加深通过人力资本积累来促进产业结构升级的作用力难以快速发挥出来。

模型 11 的回归结果表明，人口老龄化程度越深，则相对平均工资水平也越高，人口老龄化会带来劳动力成本的上升。同时，模型 12 中核心解释变量的回归系数值 β_2(0.896 8)也低于基准回归中的系数估计值，这意味着人口老龄化通过劳动力禀赋效应“倒逼”经济发展从“劳动追逐资本”转向“资本追逐劳动”，并促使产业结构从劳动密集型转向资本密集型和技术密集型。值得注意的是，β_2 相对于 β_1 降低的幅度也非常有限，即人口老龄化通过劳动力禀赋效应“倒逼”产业结构升级的作用力目前来看是比较微弱的。虽然说人口老龄化的加剧使得中国劳动力无限供给的时代进一步加速终结，但整体而言，中国仍然是一个劳动力相对丰裕的国家，中国的城市化率目前也只有 65%左右，劳动力转移和就业压力也制约了企业更多地采用资本与技术来替代劳动，这些构成了不利于中国产业结构转型升级的现实因素。

表 5—4 显示了对产业结构升级的劳动生产率效应和老龄负担效应的检验结果。模型 13 中人口老龄化的回归系数值为负，这是因为老龄化的加剧使得劳动人口年龄结构趋于老化，这会显著地降低劳动生产率。国家统计局人口普查数据显示，2000 年中国 15～59 岁劳动人口的平均年龄为 34.35 岁，到 2010 年时已上升至 35.99 岁，进入人口老龄化社会后的第一个 10 年内劳动人口的平均年龄上升了 1.64 岁。2000 年，中国 15～34 岁的人口占总劳动人口的比例为 53.44%，35～59 岁人口占比为 46.56%；2010 年，中国 15～34 岁的人口占总劳动人口的比例下降到 45.56%，35～59 岁人口占比则上升到 54.44%。章铮(2011)对中国劳动力的研究也表明，劳动者的劳动生产率在 35 岁之后会随着年龄的增大而快速下降。而模型 14 中核心解释变量人口老龄化的估计值 β_1(1.101 0)也高于基准模型 2 中的系数值，从而验证了人口老龄化确实会通过降低劳动生产率这一渠道而不利于产业结构升级。

另外，虽然模型 15 中核心解释变量的回归系数为负，但并不显著，就样本考察期而言，人口老龄化挤出政府科教支出的效应并不明显。为了进一步验证老龄化是否会通过老龄负担效应对产业结构产生影响，本书借鉴温忠麟等(2004)的处理方法对模型进行 Sobel 检验。检验结果表明，样本期内人口老龄化的加深并不会通过老龄负担效应制约产业结构的转型升级。模型 17 中将所有控制变量和本书关注的代理人口老龄化产业升级的五种效应的变量纳入一个方程中进行回归，人口老龄化的系数估计值仍然显著为正，但是与模型 2 中的系数相比下降很多，表明整体而言人口老龄化会通过增加老年消费需求、诱发人力资本对物质资本的替代、提升劳动力平均工资水平、降低劳动生产率等综合作用对产业结构升级产生正向的净效应。

第五节　进一步讨论：人口老龄化影响产业结构升级的区域差异

中国经济发展具有不平衡性，东部、中部、西部地区之间无论在人口结构还是产业发展水平方面均存在着较大差异。例如，位于东部地区的江苏和上海 2021 年老年抚养比分别为 25％和 24％，而位于西部地区的新疆和宁夏，老年抚养比则分别仅为 11.5％和 14.4％，东部、西部地区之间相差将近 10 个百分点。与此同时，东部地区的上海和江苏非农产业产值分别已达 99.8％和 96％，而西部地区的新疆和宁夏这一比值仅分别为 85.5％和 92％。为了识别这种差异性，接下来本节将分区域进一步考察人口老龄化与产业结构升级之间的关系，具体的回归结果如表 5—5 所示。

表 5—5　　分区域的回归结果

	东部地区			中西部地区		
	*indication*1 模型 18	*indication*2 模型 19	*indication*3 模型 20	*indication*1 模型 21	*indication*2 模型 22	*indication*3 模型 23
olddep	0.318 0**	0.727 5*	0.037 8	2.223 8***	1.274 4***	0.490 3**
	(0.141 7)	(0.368 2)	(0.123 4)	(0.248 2)	(0.430 0)	(0.220 8)
youngdep	−0.326 4***	−0.865 3***	−0.318 7***	−0.411 7***	−0.341 4***	−0.014 2
	(0.056 4)	(0.169 7)	(0.082 9)	(0.067 6)	(0.127 2)	(0.089 8)
urblization	−0.001 2	0.053 8	−0.060 1**	0.135 8***	0.027 1	−0.106 4
	(0.025 7)	(0.048 1)	(0.028 8)	(0.031 9)	(0.039 5)	(0.113 3)
infrastructure	0.432 6	4.078 0**	−1.137 2**	0.734 9	1.772 9	3.912 3***
	(0.541 0)	(1.687 2)	(0.435 2)	(1.501 8)	(3.119 5)	(1.215 4)
ln_fdi	0.021 7***	0.084 2***	−0.000 5	−0.016 2***	0.027 8	−0.004 9
	(0.007 8)	(0.022 0)	(0.007 1)	(0.005 8)	(0.019 0)	(0.004 8)
*insti*1	−0.260 5***	−0.225 7**	−0.134 2**	−0.066 5	−0.037 4	0.098 2***
	(0.041 5)	(0.099 3)	(0.051 7)	(0.050 6)	(0.105 3)	(0.034 4)

续表

	东部地区			中西部地区		
	*indication*1 模型 18	*indication*2 模型 19	*indication*3 模型 20	*indication*1 模型 21	*indication*2 模型 22	*indication*3 模型 23
fiscal_power	0.000 0	0.007 3	0.000 6	−0.007 4***	0.028 8***	0.003 0*
	(0.002 1)	(0.007 0)	(0.002 2)	(0.002 1)	(0.009 0)	(0.001 7)
R^2	0.768 9	0.787 9	0.290 1	0.719 1	0.580 3	0.375 6
观测值	273	130	130	336	160	160
Hausman 检验 P 值	0.000 0	0.000 0	0.000 0	0.000 0	0.000 0	0.000 0

注：*、**、*** 分别表示在 10%、5%、1%的水平下显著，括号内为标准误。

从分区域的估计结果看，人口老龄化的系数估计值在各区域内均为正，但中西部地区的系数估计值要明显大于东部地区。根据前文的理论分析，劳动力的知识和技能是产业结构演进的重要影响因素，低素质劳动力的大量滞留会延缓产业结构升级的步伐。东部地区的人口老龄化对产业结构升级效应并不如想象中的那样大，主要原因是东部地区吸纳了大量从中西部迁移来的青壮年劳动力，但迁移的群体以农民工为主体，农民工的知识和技能短时间难以提升决定了东部的低端产业仍然在相当长的一段时间内难以转型与升级到高端制造业和新兴服务业。此外，青壮年人口的流入缓解了东部地区的人口老龄化程度，但同时也会延缓老龄产业的发展，这些都弱化了人口老龄化对东部地区产业结构升级的正面效应。中西部地区的人口老龄化对产业结构升级效应非常明显，其原因是中西部地区正处于城市化快速发展的阶段，产业结构演变正在向服务型经济发展并向东部收敛。中西部地区快速发展的人口老龄化和青壮年人口向东部转移，也促使其加快了产业结构调整的步伐，发展与老龄化相适应的产业，更多地依赖资本与技术创新和日益增长的老年人的消费潜力。中西部地区的老年劳动生产率较高（徐升艳和周密，2013），也使得人口老龄化的产业结构升级效应在中西部地区表现得更为明显。中国产业结构向价值链的更高端升级的理想模式，表现为先从东部发达地区起步，然后向中西部地区转移，形成雁阵式发展，最终实现整个产业的全面优化升级。人口老龄化的产业结构升级效应的区域差异说明中国区域产业结构的调整与优化升级，一方面需要考虑各区域的比较优势，另一方面需要充分考虑各区域人口老龄化的现存状况、未来发展趋势、人口跨地区迁移的综合影响，从而最终在制定产业发展政策时因地制宜，形成符合区域特点的比较优势和适应人口结构的产业梯度。

从其他各控制变量的估计结果看：第一，少儿抚养比的回归系数在各区域均为负值，因此少儿抚养比越高，越不利于产业结构优化升级。第二，城市化对产业结构升级的促进作用在中西部地区相比于东部地区表现得更为显著。第三，在本书的框架下，外商直接投资对产业结构升级的影响在东部与中西部地区之间表现得截然相反。对于东部地区而言，回归系数显著为正，外商直接投资的积极作用占主导，主要表现为促进东部地区产业的发展，外部资本的流入与东部地区的比较优势相结合，促进了东部地区的产业结构向更高级化转变；对于中西部地区而言，回归系数显著为负，外商直接投资的消极作用占主导，外商直接投资加剧了中西部地区产业结构偏差，一定程度上会抑制第三产业的发展，从而并不利于产业结构升级，这可能是因为外商投资在中西部地区主要集中于劳动力密集型行业，阻碍产业结构向技术密集型或服务型转变。第四，值得注意的是，国有化程度对产业结构升级的影响效应在东部地区和中西部地区之间表现的差异也较大，东部地区显著为负，中部地区则基本不显著。这是因为，东部地区市场化程度较高，民营经济表现出更有效和更有活力，而在中西部地区，市场化程度较低，国有经济的"规模效应"与民营经济的"活力效应"相互抵消，因而最终表现为国有化程度对产业结构转型升级的影响效应不显著。第五，财政分权阻碍产业结构升级的效应在中西部地区表现得更为强烈和明显，这可能是因为中西部一些地区政府的税收收入来源更少，且缺乏有效的监督。

第六节　结论与启示

本书从五个方面总结了人口老龄化引起产业结构转变的理论机制，通过构建多维产业升级指标并运用中国1993—2013年分省份面板数据进行了实证研究。本书主要得到了以下结论：第一，人口老龄化不仅促进了中国三次产业间结构的优化，还推动了制造业与服务业内部技术结构的优化。第二，人口老龄化对不同产业之间和不同产业内部的升级效应存在差异。具体而言，对促进三次产业间的结构优化作用最为明显，对推动制造业内部技术结构升级的影响为其次，而对优化服务业内部产业结构的效应相对较小。第三，人口老龄化主要通过增加消费需求、加快人力资本积累、“倒逼”企业用资本和技术替代劳动来应对劳动力成本上升等渠道促进了产业结构升级，同时也通过降低劳动生产率对产业结构升级造成负面影响。总体而言，人口老龄化对产业结构升级的净效应为正。第四，本书还发现人口老龄化的产业结构升级效应在区域之间存在较大的差异，中西部地区表现较强，而东部地区则较弱。

近年来，中国经济增速开始放缓，步入了“新常态”，产业结构升级、经济转型与人口老龄化加剧是中国当前面临的重大挑战。值得注意的是，这些挑战并不是对立的，以上的研究结论表明，人口老龄化可以诱发和“倒逼”产业结构升级，关键是要充分利用人口老龄化给产业结构升级带来的机遇。因此，中国应当在宏观经济政策上做好顶层设计。本书的研究主要得到以下几点政策启示：

(1)顺应人口年龄结构变化趋势，大力发展老龄产业，提高老年人的消费能力，推动产业结构升级。本书的实证研究发现，人口老龄化的确催生了“银发经济”，促进了产业结构升级。未来二三十年，中国将进入老龄化的深度发展期，老龄人口数量将急剧上升，未来庞大的老年群体将形成日益增长的潜在消费市场，会为老龄产业的发展与创新提供广阔的市场空间。本书的研究还发现，老龄化的产业升级的消费需求效应的发挥需要有消费能力的老年群体及完善的社会保障体系作为支撑，而这恰好是当前中国所欠缺的。因此，为了抓住老龄化带来的产业结构升级机遇，中国在大力发展老龄产业的同时，可以将收入分配、养老、医疗等宏观改革政策与产业发展政策相互配合与协调，通过完善社会保障制度、提高老年人的消费能力，将老年人的消费潜力释放出来，这样才能顺应人口老龄化的趋势，推动产业结构升级。

(2)加快人力资本积累，提高劳动生产率，增加产业结构升级的人力资本与技术含量。高质量的产业升级实质上是劳动生产率不断提高和产业发展的人力资本及科技含量不断提升的过程，这也是中国产业结构升级的方向。本书的实证研究发现，中国人口老龄化引发的产业结构升级的层次与技术含量还比较低，产业结构升级尚未形成以先进制造业和现代服务业为主的升级格局,这与中国现存劳动力的低知识与技能结构特征不无关系。产业结构升级的前提是技能升级,要提高中国产业结构升级的层次,需要大量的高素质、高技能的劳动力。而随着人口老龄化的加深,劳动者的劳动生产率通常在中年以后会随着年龄的增大而显著降低,本书的实证研究也的确发现了人口老龄化带来的劳动生产率下降对产业结构升级的负面冲击。虽然人口老龄化常常会带来劳动生产率的下降从而对产业结构不利,但本书认为教育和经验技能相结合的人力资本是抵消年龄增长带来劳动生产率下降并促进产业结构升级的关键因素。由于预期寿命的延长是人口老龄化的一个重要特征,这为劳动者接受更长年限的教育和培训及在老年期仍然保持较高的劳动生产率提供了现实的可能,因此,中国一方面可以通过市场化改革破除人力资本投资障碍并提高人力资本投资回报,通过教育改革来延长接受教育的时间并建立终身学习型社会,从而提高劳动者的人力资本水平,将原有的"人口数量"优势转化为现在和将来的"人口质量"优势;另一方面,可以鼓励老年人弹性就业与退休,充分利用老年人的经验和技能来扩大人力资本存量,创造"动态人口红利"和"长寿红利",从而有效避免掉入人口老龄化带来的产业结构升级的"低层次陷阱"。

(3)加快推进城市化,积极发展与培育吸纳就业能力强、知识和技能密集程度高的新兴服务业,助推产业结构高级化。本书的研究发现,城市化有利于产业结构升级。中国的人口城市化方兴未艾,虽然人口老龄化可能会减缓城市化的进程,但不会改变其推进的趋势。根据世界银行的预测,到 2050 年左右,中国的城市化将达到 80%①,这意味着在未来相当长的一段时间,仍持续会有大量的人口从第一产业转移到第二产业和第三产业。人口向城市的流动与集聚,催生了对城市公共服务和个性化服务的需求,进而为新兴服务业的产生和发展提供了市场空间,城市集聚经济也会诱发技术创新、知识溢出和人力资本积累,城市化的进程本身就是产业结构升级和产业结构向高技术含量转变的过程。中国在继续改革现行的户籍制度、加快推进人口城市化时,既要考虑转移到城市的劳动力

① 数据来自 The World Bank-WDI Online 数据库。

的就业问题，也要防止由于人口老龄化带来的低素质、低技能劳动力不能适应产业结构升级要求而形成的产业结构的“低端锁定”。中国的现实情况决定了产业结构升级的速度在短期内不可能太快，这意味着传统劳动密集型产业只能逐步淘汰，吸纳就业能力强、知识和技能密集程度高的新兴服务业态的培育和发展也不是一蹴而就，需要政府制定合理的产业规划政策。

(4)充分利用中国大国经济优势和人口年龄结构的区域梯度差异，推动产业的区域转移与升级。本书的研究发现，人口老龄化的产业升级效应在中国各区域存在差异，中西部地区强于东部地区。这意味着人口老龄化有助于中西部地区追赶东部地区产业结构升级的步伐。中国经济具有大国经济特征，这使得资本、劳动力等生产要素在区域与产业间具有较大的转移和优化配置空间。中国区域产业结构的调整与优化升级，一方面需要立足于各自的比较优势，另一方面也需要充分考虑各区域人口老龄化的现存状况、未来发展趋势及人口跨地区迁移的综合影响。在制定产业发展政策时因地制宜，形成符合区域特点的比较优势和适应人口结构的产业梯度。

第六章　人口老龄化、劳动人口年龄结构与中国劳动生产率的动态演化

第一节　引　言

中国改革开放40多年的经济增长奇迹得益于快速人口转变所带来的“人口红利”。进入21世纪以来，中国老龄化进程加快，劳动力的数量与结构优势逐渐消失。统计数据显示，中国就业人口占总人口的比重近十多年里出现了持续下降，从2004年的57.13%降至2022年的51.96%。2016年开始，我国劳动人口的绝对数量也连续出现下降，2021年劳动力数量较2020年末减少368万人，下降0.5个百分点。根据联合国经济发展与社会事务部（UNEDSA）的统计预测，2020年到2050年，我国15～59岁劳动年龄人口占总人口的比例将从64.93%下降到51.24%。①

人口老龄化不仅从数量上减少了劳动人口，而且也引起了劳动人口年龄结构的老化。最近这20多年来，我国劳动者群体中老年劳动者的比例持续上升。1990年，我国50～64岁在业人口（又称就业人口）占总在业人口比例为14.32%，2000年上升到16.82%，2020年已经达到24.55%②，30年内上升了10.23个百分点。如果把老年劳动者人口范围扩大到45～64岁，则其变化更为

---

① 数据来源：按《世界人口展望2019》数据测算（http://esa.un.org/unpd/wpp/index.htm）。

② 数据来源：作者根据历年人口普查数据和《中国人口和就业统计年鉴2021》中全国各年龄段人口总数和各年龄段人口在业比率计算得到。

显著，1990 年该年龄段在业人口占总在业人口比例为 21.49%，2000 年上升到 30.91%，2020 年达到 38.17%，30 年内上升了 16.68 个百分点。与此同时，青年在业人口和中年在业人口占总在业人口的比例都呈下降趋势。

在劳动人口总体上呈现老化的同时，我国各地区劳动人口老龄化的程度呈现出明显的差异性。东部地区的劳动人口老龄化程度普遍较低，如上海，2020 年 16～29 岁在业人口占总在业人口的比重为 23.17%，高于全国平均水平 4.6 个百分点，50～64 岁在业人口占总在业人口比例为 16.43%，低于全国平均水平 8.12 个百分点。然而，一些中西部地区的劳动人口老龄化程度则显著高于全国平均水平，如湖北，2020 年 16～29 岁年龄人口在总在业人口中占比 15.52%，低于全国平均水平，而 50～64 岁在业人口的占比为 28.14%，远高于全国平均水平。

劳动力数量与结构优势的丧失，意味着中国未来经济增长方式需要转向提高劳动生产率。近年来，学者们开始关注人口老龄化进程中劳动人口年龄结构老化对劳动生产率的影响（蔡昉，2009；汪伟等，2015）。由于老年劳动者在体力、耐力、创新等方面较弱，因此一些文献认为，随着劳动力老龄化，社会的劳动生产率将降低（Oster & Hamermesh，1998；Feyrer，2007）。但有些文献认为，老年劳动力具有丰富的经验和技能，可以弥补其体力上的不足（蔡昉，2004），同时一些研究也发现了老年劳动力的劳动生产率并不比年轻劳动力的劳动生产率低的证据（Robinson et al.，1984）。根据新古典经济理论，完全竞争市场下劳动的边际产出等于实际工资，因此工资水平通常是衡量劳动者生产率的一个重要指标，但是由于市场不完美、刚性工资和工龄累计习惯的存在，高工龄员工的工资水平普遍较高，工资指标并不能完全反映老年劳动力生产率的实际情况。因此，我们既无法通过直接的工资水平也无法仅凭常识和现有的研究对中国各年龄段劳动者的劳动生产率做出判断，从而导致仍须深入研究人口老龄化对劳动生产率的影响。

第二节　文献综述

在人口老龄化导致劳动人口比例下降的情况下，劳动人口年龄结构老化是否会带来劳动生产率的下降是我们担心的主要问题之一，年龄和劳动生产率的关系由此也变得十分重要。国外关于劳动人口年龄结构老化与劳动生产率关系的研究主要从微观与宏观两个层面展开。

在微观层面的研究中，主流的文献是研究个体的劳动生产率随年龄如何变化并且拟合出不同的"年龄—劳动生产率"曲线。一些文献发现，个体年龄与劳动生产率之间的关系呈倒U型，即"年龄—劳动生产率"曲线是一种单峰形态的(Lehman，1953；Bayer & Dutton，1977)，而且对于不同的行业而言，单峰的峰点位置存在差异，例如，在艺术创作、诗歌创作、纯物理学理论研究等领域，劳动者的生产率在30岁左右达到巅峰，其后出现快速下滑(Adams，1946；Van Heeringen & Dijkwel，1987)，但是在小说创作、医学研究、历史学研究等方面，劳动者的生产率要到40岁乃至50岁才达到顶峰，而其后的下降速度相对较慢(Adams，1946；Lehman，1953)。除了单峰形态的曲线，也有学者发现了双峰形态的"年龄—劳动生产率"曲线，即在主峰之后，当个体劳动者处于40～45岁时(Bayer & Dutton，1977)或接近退休年龄时(Eagly，1974)，又会出现一次劳动生产率的峰值期。此外，还有学者发现，随着年龄的增加，个体劳动者的生产率也并不一定下降。例如，Mahlberg et al.(2013)以澳大利亚企业层面的微观数据为考察对象，发现劳动力老化对劳动生产率基本没有影响，反而年轻劳动力对劳动生产率有负的效应。Roger & Wasmer(2009)通过区分不同行业考察了法国2003年和2004年制造行业、服务行业和商贸业三个部门中劳动者年龄与劳动生产率之间的关系，结果发现在制造行业中，低技能劳动者的生产率随着年龄的增长而持续下降，高技能劳动者的生产率则基本保持不变，甚至在中年以后略有上升；在服务行业，低技能和高技能劳动者的生产率均随年龄的增长呈现出先上升、后下降的趋势，但高技能劳动者生产率的上升幅度和下降幅度均大于低技能劳动者；在商贸行业，低技能劳动者的生产效率在中年以前快速上升，中年以后则急剧下降，而高技能劳动者的生产率则一直处于上升趋势，但是上升的幅度随年龄的增加逐渐减小。Vandenberghe(2013)考察了不同性别的劳动力年龄结构老化对劳动生产率的影响，结果发现，男性劳动力老化对劳动生产率基本没有影响，但女性劳动力老化却会使劳动生产率显著降低。

宏观层面的研究主要是构建 C－D 生产函数来考察不同年龄组劳动者对边际产出或劳动生产率的影响，但得到的结论也不统一。例如，Robinson et al.(1984)研究发现，虽然随着年龄的增长某些行业的劳动者生产率会倾向于下降，但从宏观层面来看，老年劳动力组的整体生产率水平甚至比年轻组更高；McMillan & Baesel(1990)以美国人口普查的季度数据为样本研究发现，35～64 岁的中年劳动力组对经济增长有显著的正向影响效应。Lindh & Malmberg(1999)以 OECD 国家 1950～1990 年的数据样本为考察对象研究发现，50～64 岁的老年劳动力组对经济增长有显著的正向影响，65 岁及以上劳动力组对经济增长有负的影响，而年轻劳动组对人均产出的影响却不明显。Skans(2008)同样也发现了瑞典 50～60 岁的老年劳动力组对生产率的提升有积极作用。而 Börsch(2003)以德国为考察对象、Feyrer(2007)以 OECD 国家为考察对象、Tang & MacLeod(2006)以加拿大 10 个省份为考察对象时均发现了劳动力老化对劳动生产率增长有负面影响。另外，Guest(2011)通过对美国和澳大利亚的对比研究发现，随着劳动人口年龄结构的老化，劳动者的生产率水平有下降的趋势，但老年劳动者积累的工作经验及资本劳动比的上升常常能抵消由年龄带来的负面效应。Prettner et al.(2013)以跨国面板数据为研究对象，也证实了教育、健康投资及经验技能往往可以抵消劳动人口老化对劳动生产率的不利影响。

国内关于年龄与劳动生产率关系这一议题的探讨则非常有限，早期的研究主要停留在定性描述和判定上，并且认为劳动年龄人口的老化会带来劳动生产率的降低(杨道兵和陆杰华，2006)，但这种判断通常稍显武断，没有精确的定量分析做支撑。近几年学者们才慢慢开始转到定量研究层面上来，例如，袁蓓(2010)在劳动力非完全替代的假设条件下研究发现，不同年龄段劳动力之间的替代弹性越小，则劳动人口老化对劳动生产率的消极影响越大。章铮(2011)对中国广东东莞农民工的调查研究发现，在劳动密集型的制造业，劳动者在35岁之后的生产率会随着年龄的增大而快速下降，从而大致发现了一个单峰形状的“年龄—劳动生产率”曲线。徐升艳和周密(2013)对中国“年龄—劳动生产率”曲线的估计则发现了双峰形态的存在。他们利用中国2000年和2005年的城市数据，对东部、中部、西部地区分别做了估计，发现中部地区的“年龄—劳动生产率”曲线是比较明显的双峰形状，第一个峰值出现在30～34岁，第二个峰值出现在50～54岁，第二个峰值比第一个峰值略低。东部地区在2000年的数据下估计，其曲线形状与中部地区类似，但劳动生产率的上升和下降幅度都比较小。不过在2005年的数据估计下，东部地区曲线的双峰消失，变为单峰。但由于他们在估计的过程中采用“分离式”的方法分别就每一个年龄组的劳动力对产出做回归，因此得到的结果事实上是有偏误的。

从现有的文献来看，从宏观层面较准确地研究中国劳动人口年龄结构老化与劳动生产率关系的还很少，尚未形成某项公认的理论和模型，也没有弄清楚人口老龄化背景下中国劳动年龄人口生产率水平在不同时段与不同区域间的动态演化路径。就中国的现实而言，劳动者的劳动生产率与其受教育程度、地区的经济发展程度、生育政策、人口的跨区域转移等各种宏观和微观因素相关，诸多现实特征增加了中国劳动生产率演化不同于西方国家的复杂性。有鉴于此，本书运用中国1990—2010年人口普查与1%抽样调查数据，探讨不同的年龄组劳动者的年龄和生产率的关系，从而对这方面研究的不足做了补充，同时也进一步完善人口老龄化理论。该项研究的创新之处主要体现在以下三点:(1)以人口普查数据为基础，利用嵌套了劳动人口年龄结构CES函数的柯布—道格拉斯生产函数，运用非线性估计方法探究了不同年龄组劳动力的劳动生产率情况，估计了符合中国实际情况的“年龄—劳动生产率”曲线;(2)基于省域层面的分析，比较了中国各省份劳动人口老化的程度，从区域差异的角度分析了劳动人口老龄化与劳动生产率的关系;(3)刻画了全国及各区域不同年龄组劳动力生产率的动态演化路径。

第三节 劳动人口年龄结构的地区差异比较

一、全国劳动人口的年龄结构

我国劳动人口年龄结构老化现象已经非常明显，而且在未来20年内将继续加深。根据我国第五次和第六次人口普查数据统计，2000年我国15～59岁劳动人口的平均年龄为34.35岁，2010年上升到35.99岁。2000年，我国15～34岁的人口占总劳动人口的比例为53.44%，35～59岁人口占比为46.56%；2010年，我国15～34岁人口占总劳动人口的比例下降到45.56%，35～59岁人口占比则上升到54.44%。图6－1对我国2000—2020年劳动人口年龄结构做了直观的描述。2010年25～38岁人口数量显著少于2000年，而39岁以上的人口数量远远大于2000年。到2020年，我国50岁及以上的劳动人口数已十分庞大。

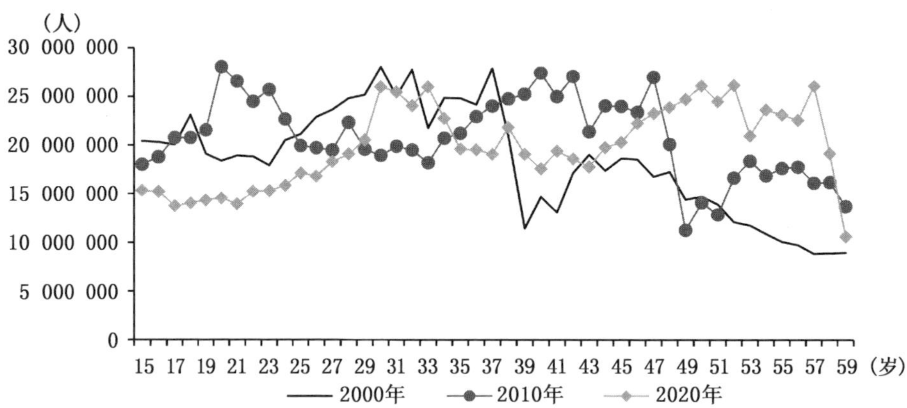

数据来源：国家统计局公布的我国第五次、第六次、第七次人口普查数据。

图6－1 我国2000—2020年劳动年龄人口结构变化

中国现阶段劳动者年龄结构的特征及未来的变化方向与中国过去的人口出生情况息息相关。中华人民共和国成立后出现过三次人口出生高峰，第一次高峰出现在1955年前后，时值新中国成立初期，这一时期出生的人口目前已70岁左右，大多已经退出劳动力行列；第二次高峰出现在1961年后，一直持续到20世纪70年代初，这一时期出生的人口目前属于劳动力群体中的中老年者；第三次高峰出现在1990年前后，虽然这一时期在计划生育政策的严格实施下生育率比较低，但由于第二次人口出生高峰的新生儿基数较大，进入生育期后带来了第三次高峰，但这一次出生高峰的新生儿出生总量明显少于第二次高峰时期，并且这一时期出生的人口目前在30岁左右，属于青年劳动力。自第三次人口出生高峰后，中国人口出生率一直处于较低水平。未来十年内，第二次人口出生高峰中出生的人口将逐步退出劳动力行列，而第三次人口高峰出生的人口不足以抵消这一老化程度，从而导致中国面临更为严峻的劳动人口老龄化问题。如果在未来数年中中国没有出现显著的人口出生高峰，这一问题就将持续较长时间。

二、各年龄段劳动人口在业比例

要分析我国劳动年龄人口年龄结构老化，首先需要区分劳动年龄人口和在业人口。在中国，根据《劳动法》的规定，劳动年龄人口是指16～55周岁的女性和16～60周岁的男性，这一群体是潜在的可被雇佣劳动人口；而在业人口则是指正在参与经济活动并以劳动获取报酬的人口，一般来讲，在业人口的数量少于劳动年龄人口的数量。但在业人口的年龄范围常常超出劳动年龄人口的标准年龄范围，例如，15周岁以下的人口可能会从事一些特殊的行业（如演艺行业），不过总体来说15周岁以下人口的从业比例非常低；而55周岁以上的女性或60周岁以上的男性在业情况较为普遍，比如自雇劳动者、单位返聘者，在农业生产中这一现象就更加常见。在考虑劳动人口年龄结构与劳动生产率关系时，笔者更为关注的是在业人口的情况，因为这一部分人口的数量直接影响到经济产出。1990—2020年历次人口普查数据显示，中国各年龄段人口在业比率之间的差距较大，而且近30年来各年龄段人口在业比率的变化也较大，这对考察劳动人口年龄结构的问题十分重要。

表6－1列出了1990—2020年各年龄段全国在业人口占总人口的比例。从表中可以看到，30～49岁中青年劳动人口在业率最高，16～29岁青年劳动人口在业率和45～64岁中老年劳动人口在业率相对较低。表6－1中未列出65岁及

以上人口在业比率，这一数值一般在20%以下，且随着年龄的提高而急剧下降。青年劳动人口在业率低的原因，一方面是这一年龄段的人口正在接受教育或培训，另一方面可能是这一年龄段的人口由于缺乏工作经验而较容易失业，从而处于待业或找工作当中。中老年劳动人口在业率低的原因既可能是由于达到退休年龄、罹患疾病等因素而导致劳动能力丧失或部分丧失，也可能是由于在家照看孙子女等而退出劳动力市场。从1990—2020年各年龄段人口在业比例的变化情况来看，青年人口的在业比率显著下降，16～19岁人口在业比率由1990年的70.54%下降到2020年的12.43%，20～24岁人口的在业比率从91.15%下降到52.87%，这主要是由于中高等教育的普及使人们的受教育年限逐步增加，从而延长了进入劳动力市场的时间。而55～64岁人口在业率则呈先上升后下降的趋势，这主要是由于老年人口的身体健康状况改善，延长了劳动者可从事劳动的年限，同时社会给愿意继续参加劳动的中老年劳动者提供了越来越多合适的岗位，但随着经济的发展及人民生活水平的改善，老年劳动者从事工作的“收入效应”开始大于“替代效应”，从而又可能导致老年劳动者退出劳动力市场而享受闲暇。另外，整体而言，2000年后劳动人口的在业率较2000年前要略低，这与人民生活水平随着经济发展不断提高不无关系。2010年，各年龄段人口在业比率都比2000年低，造成这一现象的一个重要原因是2008年全球金融危机以后中国经济增速放缓。2020年受新冠肺炎疫情影响，各年龄组的在业比率均有所下降。

表6—1　　我国1990—2020年各年龄段人口在业比率

年份	16～19岁	20～24岁	25～29岁	30～34岁	35～39岁	40～44岁	45～49岁	50～54岁	55～59岁	60～64岁
1990	70.54%	91.15%	94.43%	94.95%	95.08%	93.69%	89.85%	78.54%	65.22%	45.76%
1995	60.64%	89.16%	93.22%	93.87%	94.04%	93.58%	89.72%	80.01%	64.46%	43.74%
2000	50.84%	81.68%	88.91%	90.50%	90.43%	89.09%	86.49%	78.43%	67.47%	49.97%
2005	28.13%	75.41%	85.49%	87.58%	88.91%	87.91%	83.31%	75.93%	65.11%	49.11%
2010	30.94%	68.35%	85.72%	87.84%	88.57%	88.71%	85.63%	74.83%	66.21%	49.14%
2015	19.30%	53.58%	79.28%	82.22%	83.26%	83.37%	81.01%	71.40%	58.84%	42.83%
2020	12.43%	52.87%	78.49%	80.73%	81.67%	81.82%	79.22%	68.19%	55.06%	34.43%

三、各省份劳动人口的年龄结构差异比较

我国劳动人口年龄结构的另一个特点是地区差异较大。与东部、中部、西部地区人口老龄化呈现规律的阶梯状分布不同（汪伟和艾春荣，2015），我国地区间劳动人口年龄结构差异更为复杂。表6－2为2010年数据，列出了我国内地各省份青年劳动人口（15～29岁在业人口）、中年劳动人口（30～44岁在业人口）和老年劳动人口（45～64岁在业人口）占总劳动人口（15～64岁在业人口）的比例情况，并按照降序排列。为了与后文计量数据相一致，表中未列出西藏的数据，并将重庆市并入四川省一起统计。

表6－2　　我国2010年各地区劳动人口年龄结构　　单位：%

位次	地区	青年劳动人口占比	位次	地区	中年劳动人口占比	位次	地区	老年劳动人口占比
	全国	26.34		全国	40.94		全国	32.72
1	广东	33.45	1	青海	47.01	1	辽宁	40.02
2	北京	32.55	2	新疆	45.71	2	吉林	36.60
3	天津	30.84	3	宁夏	44.95	3	黑龙江	35.99
4	海南	29.98	4	云南	44.77	4	山东	35.50
5	上海	29.41	5	贵州	44.64	5	湖北	35.08
6	福建	28.71	6	安徽	43.75	6	四川	34.93
7	河北	28.56	7	江西	43.45	7	河北	34.83
8	新疆	28.28	8	甘肃	42.98	8	江苏	34.77
9	陕西	27.75	9	四川	42.81	9	天津	33.90
10	河南	27.50	10	内蒙古	42.40	10	上海	33.63
11	广西	27.50	11	福建	42.28	11	湖南	33.62
12	宁夏	27.42	12	浙江	42.13	12	内蒙古	33.60
13	云南	27.03	13	黑龙江	41.95	13	陕西	33.17
14	山西	26.57	14	广东	41.46	14	浙江	32.95
15	青海	26.31	15	广西	41.36	15	山西	32.88
16	江西	26.07	16	吉林	40.91	16	河南	32.82
17	甘肃	25.88	17	湖南	40.89	17	安徽	32.65
18	湖北	25.51	18	海南	40.69	18	贵州	31.38

续表

位次	地区	青年劳动人口占比	位次	地区	中年劳动人口占比	位次	地区	老年劳动人口占比
19	湖南	25.49	19	山西	40.54	19	广西	31.14
20	江苏	25.43	20	江苏	39.80	20	甘肃	31.14
21	山东	25.15	21	河南	39.67	21	江西	30.48
22	浙江	24.91	22	湖北	39.41	22	北京	30.08
23	内蒙古	24.00	23	山东	39.35	23	海南	29.33
24	贵州	23.99	24	陕西	39.08	24	福建	29.01
25	安徽	23.61	25	辽宁	38.28	25	云南	28.21
26	吉林	22.49	26	北京	37.37	26	宁夏	27.63
27	四川	22.25	27	上海	36.96	27	青海	26.67
28	黑龙江	22.06	28	河北	36.61	28	新疆	26.01
29	辽宁	21.69	29	天津	35.27	29	广东	25.09

数据来源：笔者根据《2010年全国人口普查资料(第六次)》中的数据计算得出。

对比各地区劳动人口年龄结构可以发现，东部地区的广东、北京、天津和上海等地的劳动人口群体中，青年劳动人口占比最高，分别达到33.45%、32.55%、30.84%和29.41%，分别高于全国平均水平6.86个、6.21个、4.50个和3.07个百分点。西部地区的四川和东北三省的青年劳动人口占比最低，吉林、四川、黑龙江和辽宁的青年劳动人口占比分别为22.49%、22.25%、22.06%和21.69%。在中年劳动人口占比中，东部地区的天津、上海、北京的数值较低，分别为35.27%、36.96%和37.37%。中年劳动人口占比最高的三个地区是西部的青海、新疆和宁夏，分别为47.01%、45.71%和44.95%。与较低的青年劳动人口占比相对应，东北三省的老年劳动人口占比最高，辽宁、吉林和黑龙江三省的老年劳动人口占比分别达到了40.02%、36.60%和35.99%，分别高于全国平均水平7.2个、3.88个和3.27个百分点。在西部地区中，四川的老年劳动人口占比也较高，为34.93%，排名第6位。老年劳动人口占比最低的地区是广东，为25.06%。

总体而言，我国劳动年龄人口呈现出的区域特点是：东部地区老年劳动人口占比相对较高，中部地区青年劳动人口占比较低，而西部地区中年劳动人口占比较高,而且各区域内部也表现出较大的差异。东部地区的青年劳动人口占比情况呈现出两个聚类:北京、上海和广东的青年劳动人口占比较高,山东、江苏和浙江的青年劳动人口占比较低。东部地区中年劳动人口比例相对较低,除福建、浙江和广东之外,其余地区都低于全国平均水平。另外,虽然广东、福建和北京的老年劳动人口占比很低,但整体而言,东部地区的老年劳动人口占比要略高于中西部地区。中部地区各年龄段劳动人口占比较为分散,在三个地区中,区域内差异性最大。西部地区中,四川是老年劳动人口占比最高而青年劳动人口占比最低的地区,而新疆、宁夏、青海、云南等经济发展相对落后的省份则中年劳动人口占比较高、老年劳动人口占比较低。

四、劳动人口老龄化程度地区差异形成的原因

引起我国老年劳动人口在总劳动人口中比例上升与地区间劳动人口年龄结构存在较大差异的因素主要是人口出生率下降、死亡率下降(预期寿命延长)及人口流动,前两个因素造成了人口的自然增长和年龄结构的变化,第三个因素则造成了机械增长和年龄结构的变化,使地区间劳动人口结构偏离了自然演进。

从近 50 年各地区的生育率情况来看,东北地区是中国人口出生率下降最快的地区。以辽宁省为例,1970 年人口出生率是 25‰,1980 年下降到 14.1‰,2000 年为 10.7‰,到 2021 年已经低至 4.71‰,仅为全国平均水平 7.51‰的一半左右。事实上,这一数值已经低于世界上人口出生率最低的国家。[①] 东北地区人口出生率较低的原因有两个:一是东北地区计划生育政策施行效果较为明显;二是东北老工业区在 1980 年后开始逐步衰落,之后经济又不景气,因此东北地区人口生育意愿下降。与此同时,东北地区的人口平均预期寿命又高于全国平均水平。1990 年,辽宁人口平均预期寿命为 70.22 岁,高于全国平均水平 1.67 岁;2010 年,辽宁人口平均预期寿命为 76.34 岁,高于全国平均水平 1.51 岁。极低的人口出生率和较高的人口预期寿命导致东北地区成为中国人口老龄化最严重

---

① 2021 年全球出生率最低的国家是韩国,数值为 5.6‰。此数据来源于联合国《世界人口展望 2022》。

的区域，劳动年龄人口老化程度也异常严峻。由于东北地区主要依靠人口自然增长，因此如果继续维持这样的低出生率，那么在未来很可能面临严重的劳动力短缺，对经济发展造成不利影响。西部地区的青海、新疆、宁夏、云南等地的情况则恰好相反。这些地区主要是少数民族聚居的区域，计划生育政策相对宽松，人口出生率较全国平均水平高。但这些地区经济发展程度较低，人民生活水平不高，自然条件不利，因此人口死亡率较高，人口平均预期寿命较短。2010 年，云南、青海、新疆、宁夏等地的人均预期寿命分别为 69.54 岁、69.96 岁、72.35 岁和 73.38 岁，低于全国平均预期寿命 5.29 岁、4.77 岁、2.48 岁和 1.35 岁，较高的出生率和较高的死亡率导致这些地区中青年人口占比大、老年人口占比小。

人口流动是造成中国地区间劳动人口年龄结构差异的另一个重要原因。2017 年的《中国流动人口发展报告》显示，中国 2016 年流动人口为 2.45 亿，占总人口的 17.71%，流动人口的平均年龄为 29.3 岁，低于中国劳动人口 37 岁的平均年龄，如果考虑到流动人口主要为中青年劳动人口的话，那么其差异将会更大。① 由于流入人口年龄较轻，所以一般来讲，人口流出地的青年劳动人口比例会降低，中老年劳动人口比例将上升，而人口流入地的青年劳动人口比例会上升，中老年劳动人口比例将下降。中国人口的流动方向大致为中西部地区人口流向东部地区。2017 年《农民工监测调查报告》数据显示②，农民工中有 34.1% 来自中部地区、38.4%来自西部地区，而这些农民工中的 50.8%流入了东部地区。可以发现，中部、西部和东北地区的农民工绝大多数仍来自本区域，其比例分别为 89.2%、86.5%和 78.2%。但是东部地区的农民工来源则广泛得多，来自东部、中部、西部和东北地区的农民工比例分别为 35.6%、37.4%、24.6%和 2.4%。从跨省流动人口数据来看，全国第六次人口普查数据显示，中国各地区流入人口最多的省份分别是广东、浙江、上海、北京、江苏和福建，分别占全国跨省流动人口的 24.2%、23.6%、12.7%、10.5%、8.9%和 7.0%。这六个省份中，广东、上海、北京和福建的青年劳动人口占比都比较高，而浙江和江苏两省的青

① 国家卫生计划生育委员会. 中国流动人口发展报告 2017[M]. 北京：中国人口出版社，2017：3.

② 数据来源：国家统计局官网（http://www.gov.cn/xinwen/2019-04/29/content_5387627.htm）。

年劳动人口占比却较低，这可能是由于这两个省流入人口年龄相对较大，流出人口年龄相对较轻所导致。西部地区的青海和宁夏跨省流动人口流入数量最少（除西藏外），其次是四川、湖南、安徽、江西等地，跨省流动人口仅占本地区常住人口的1.0%～1.4%。由于安徽、四川两地同时也是人口流出大省，因此这两地的青年劳动人口占比和中年劳动人口占比都较低，而老年劳动人口占比则较高。

第四节　劳动人口年龄对生产率影响的实证分析

一、纳入劳动人口年龄对劳动生产率影响的生产函数

本节估计中国的“年龄—劳动生产率”曲线，并分析其在不同时段与不同区域间的变化趋势。实证研究的基本模型选用包含人力资本和技术进步的柯布—道格拉斯生产函数：

$$Y = AK^{\alpha}L^{\beta}H^{\gamma} \tag{6—1}$$

其中，A 表示中性的技术进步对产出的贡献，K 代表资本，L 代表劳动，H 代表人力资本。α、β 和 γ 分别代表资本的产出弹性、劳动的产出弹性和人力资本的产出弹性。为了研究劳动者年龄与生产率之间的关系，本书在柯布—道格拉斯生产函数中嵌套了一个劳动人口年龄结构的 CES 函数：

$$L = \left(\sum \delta_i L_i\right)^{1/\rho} \tag{6—2}$$

其中，i 表示劳动者的年龄组别；δ 是分布参数，表示各年龄组的权重；ρ 是弹性参数，表示各年龄组劳动者间的替代关系。之所以采用 CES 形式的劳动人口函数而不是直接将分年龄段的劳动人口引入生产函数，主要是由于以往的经验研究表明，各年龄段劳动者之间并不完全替代，而 CES 函数具有更普遍的代表性。嵌套入 CES 函数的柯布—道格拉斯生产函数变为：

$$Y = AK^{\alpha}\left(\sum \delta_i L_i\right)^{\beta/\rho} H^{\gamma} \tag{6—3}$$

替代弹性的定义是 $\sigma = \mathrm{dln}(X_1/X_2)/\mathrm{dln}\left(\frac{\partial Y/\partial X_1}{\partial Y/\partial X_2}\right)$（$\sigma$ 通常取正值），表示边

际技术替代率的百分比变化引起的要素需求的百分比变化。在本书的函数条件下，根据此定义计算各年龄组劳动者间的替代弹性为$\sigma=\frac{1}{\rho-1}$，通常 ρ 为小于 1 的数。

假如资本和人力资本投入是定值，那么根据欧拉定理（Euler Theorem），产出总量为各年龄组劳动者人数与其边际产出（也即边际生产率）乘积之和：

$$F(L_1,L_2,\cdots,L_n)=L_1\cdot\frac{\partial F}{\partial L_1}+L_2\cdot\frac{\partial F}{\partial L_2}+\cdots+L_n\cdot\frac{\partial F}{\partial L_n}\tag{6-4}$$

因此，如果能够估计出各年龄组劳动者的边际生产率，那么我们就能够更有效地对一个地区未来的经济增长做出判断。在本书的假设条件下（即嵌套了 CES 函数的柯布—道格拉斯生产函数），各年龄组劳动者的边际产出为：

$$MP_i=\frac{\partial Y}{\partial L}\cdot\frac{\partial L}{\partial L_i}=K^{\alpha}\cdot\beta\cdot\left(\sum\delta_iL_i\right)^{\beta/(\rho-1)}\delta_iL_i^{\rho-1}\cdot H^{\gamma}\tag{6-5}$$

任意两个年龄组劳动者的边际技术替代率为：

$$\frac{MP_x}{MP_y}=\frac{\delta_x}{\delta_y}\cdot\left(\frac{L_x}{L_y}\right)^{\rho-1}\tag{6-6}$$

二、各省份劳动人口年龄对生产率影响的实证分析

（一）设定计量模型

为了进行实证计量，我们需要对理论模型进行线性化，首先对方程两边取对数：

$$\ln Y=\ln A+\alpha\ln K+\frac{\beta}{\rho}\ln\sum(\delta_iL_i^{\rho})+\gamma\ln H\tag{6-7}$$

取对数后方程为非线性的，因而不能继续沿用普通的线性回归方法，而应该用非线性模型进行回归。本书的线性和非线性回归均采用统计软件 stata 15.0。

（二）变量的选取

本书的实证分析拟利用 29 个省份 1990 年、1995 年、2000 年、2005 年、2010 年这 5 年的数据。变量的选取如表 6—3 所示。其中，地区 GDP 以 1990 年为基期的不变价格进行了折算；资本存量采用 Gold Smith 在 1951 年提出的永续盘存

法估计，基础公式为：$K_{it}=(1-\delta_t)K_{i,t-1}+I_{it}$。根据这一公式，可以估计各地区相关年份的资本存量，其中 K 表示资本存量，δ 表示资本折旧率，I 表示投资；下标 i 表示地区，下标 t 表示年份。投资 I 采用固定投资总额数据，在估算资本存量时，要考虑资本价格的问题，本书利用各地区 GDP 指数，以 1990 年为基期，计算出不变价格的固定投资总额。基年的物质资本存量数据来自张军等(2004)的估算结果。[①] 在获得以上数据后，即可以估算出 1990 年之后的资本存量数据。尽管中国女性法定劳动年龄为 16～55 岁，男性法定劳动年龄为 16～60 岁，然而从历史数据计算中发现，60～64 岁人口的在业比率在最低的年份 1987 年也有 42.20%，最高的年份 2005 年达到 49.11%，约占该年龄段总人口的一半，因此将其纳入考虑范围，从而将劳动人口 L 划分为青年、中青年、中老年三组($i=1,2,3$)，分别为 15～29 岁、30～44 岁和 45～64 岁。中国各年龄段人口的数据通过各地区各年龄段人口与全国各年龄段人口在业比率相乘计算得到。在计算平均受教育程度时，受过教育、扫盲班、小学教育、中学教育、高中教育、大专及以上教育者受教育年限分别按 0 年、1 年、6 年、9 年、12 年、14 年计算。由于统计年鉴计量口径不一致，因此有些年份出现的中专教育等同于高中教育，有些年份有肄业和在校生统计，则将该阶段受教育年限减半计算。

表 6—3　　模型相关变量解释与说明

符号	含义	度量指标及说明
GDP	实际地区生产总值	以 1990 年为基期，平减后的实际值
K	资本存量	根据永续盘存法折算后的值
L	劳动人口	划分为青年、中青年、中老年三组
H	平均受教育年限	根据各地区不同教育程度人口数加权得到
mig	人口迁移率	外省流入人口占总常住人口的比重
S_T	产业结构高级化	第三产业与第二产业产值的比重

考虑到在 20 世纪 80 年代中期以前中国主要实行的是五年小学、两年初中

---

① 张军，吴桂英，张吉鹏. 中国省级物质资本存量估算：1952—2000[J]. 经济研究，2004(10).

和两年高中的学制，所以 1990 年之前的计算方法略作调整。在计算产业结构时，没有划分第一产业和第二产业的 1990 年的数据中，将工业和建筑业计入第二产业，运输业和商业计入第三产业。另外，各地区劳动者群体中外来劳动力因素采用外省流入人口占常住人口的比重来衡量。外省流入人口是指非本地户籍但在现居住地居住半年以上的人口，常住人口是指所有（包括户籍人口和非户籍人口）在现居住地居住半年以上的人口。

（三）数据来源及描述性统计

本书的计量数据主要来源于《1990 年人口普查资料（第四次）》《1995 年全国 1%人口抽样调查资料》《2000 年全国人口普查资料（第五次）》《2005 年全国 1%人口抽样调查资料》《2010 年全国人口普查资料（第六次）》，以及 1990—2011 年的《中国统计年鉴》等。所使用变量的描述性统计如表 6－4 所示。从表中可知，各省的地区生产总值的变化范围为 61.10 亿～3 840.00 亿元。各省总的劳动人口数（15～64 岁在业人口数）、青年劳动人口数（15～29 岁在业人口数）、中青年劳动人口数（30～44 岁在业人口数）、中老年劳动人口数（45～64 岁在业人口数）的变动范围分别为 244.80 万～6 459.62 万人、75.25 万～2 953.19 万人、71.228 5 万～2 503.96 万人、43.01 万～2 024.20 万人。除此之外，各省的平均受教育年限、外省流入人口占总常住人口的比重、产业结构高级化水平等变量均表现出较大的变动范围。

（四）计量结果及分析

1. 标准柯布—道格拉斯生产函数模型的回归分析

首先对标准的包含人力资本的柯布—道格拉斯生产函数做估计，建立不含控制变量和含有控制变量的计量模型如下：

$$\ln GDP_{jt}=\alpha_0+\alpha_1\ln K_{jt}+\alpha_2\ln L_{jt}+\alpha_3\ln H_{jt}+\eta_j+\mu_t+\varepsilon_{jt} \tag{6-8}$$

$$\ln GDP_{jt}=\alpha_0+\alpha_1\ln K_{jt}+\alpha_2\ln L_{jt}+\alpha_3\ln H_{jt}+\alpha_4 mig_{jt}+\alpha_5 S\_T_{jt}+\eta_j+\mu_t+\varepsilon_{jt} \tag{6-9}$$

表 6—4 **描述性统计结果**

变量名称	表示	类别	中间值	标准差	最小值	最大值	样本数
地区生产总值对数	$\ln\_GDP$	总体(overall)	6.706 854	0.874 784 1	4.112 512	8.253 228	$N=145$
		组间(between)		0.822 411 1	4.703 545	7.923 46	$n=29$
		组内(within)		0.328 138 7	5.982 551	7.309 069	$T=5$
地区资本存量对数	$\ln\_K$	总体(overall)	7.527 512	0.958 369 6	5.033 093	9.397 589	$N=145$
		组间(between)		0.727 658 5	5.852 614	8.588 828	$n=29$
		组内(within)		0.635 368 7	6.192 248	8.594 66	$T=5$
总劳动人数对数	$\ln\_L$	总体(overall)	7.468 331	0.814 738 3	5.500 461	8.787 163	$N=145$
		组间(between)		0.821 685 3	5.581 933	8.688 383	$n=29$
		组内(within)		0.085 943 3	7.131 619	7.781 32	$T=5$
青年劳动人数对数	$\ln\_age31$	总体(overall)	6.341 626	0.815 527 5	4.320 776	7.990 642	$N=145$
		组间(between)		0.790 715 3	4.584 043	7.455 44	$n=29$
		组内(within)		0.239 211 1	5.755 586	6.876 828	$T=5$
中青年劳动人数对数	$\ln\_age32$	总体(overall)	6.556 814	0.828 621 3	4.265 789	7.825 628	$N=145$
		组间(between)		0.825 431 8	4.634 745	7.757 951	$n=29$
		组内(within)		0.155 568 7	6.024 957	6.907 685	$T=5$
中老年劳动人数对数	$\ln\_age33$	总体(overall)	6.098 059	0.885 180 1	3.761 527	7.612 929	$N=145$
		组间(between)		0.862 715	4.065 964	7.436 874	$n=29$
		组内(within)		0.244 828 4	5.645 724	6.556 987	$T=5$
平均受教育年限	H	总体(overall)	7.373 798	1.414 569	3.738 415	11.476 85	$N=145$
		组间(between)		0.803 643 7	6.103 103	9.698 247	$n=29$
		组内(within)		1.171 795	4.468 208	9.851 75	$T=5$
省外流入人口占常住人口比例(%)	mig	总体(overall)	4.085 626	6.400 891	0.295 340 9	38.997 89	$N=145$
		组间(between)		5.101 399	0.509 202	19.511 95	$n=29$
		组内(within)		3.958 539	−10.438 07	23.571 56	$T=5$
产业结构高级化	S_T	总体(overall)	0.760 878	0.453 301 7	0.077 368 1	3.128 591	$N=145$
		组间(between)		0.266 345 2	0.500 919 6	1.770 335	$n=29$
		组内(within)		0.369 476 9	−0.887 717 8	2.119 133	$T=5$

笔者在计量前对各变量的估计参数做出预判。在规模报酬不变的柯布—道格拉斯函数中，资本和劳动的贡献率一般被认为是 0.3 和 0.7，然而，由于中国是典型的投资驱动型经济增长模式，因此预计实际资本的贡献率会更高一些。劳动者受教育水平通常代表了一个地区的人力资本积累量，对经济产出有积极影响，因此 a_3 的预期符号为正。外省迁入人口占常住人口比重这一统计量主要反映外来人口和本地人口在经济生产中是否呈现异质性，中国的人口转移主要表现为劳动年龄人口从农村转移到城市、从经济欠发达地区转移到经济发达地区。迁移人口既包含高素质劳动力，同时也包含教育文化水平较低的农民工，对流入地经济增长的贡献是模糊的，因此 a_4 的符号不确定。第二产业占比和第三产业占比反映的是产业结构变化，第三产业和第二产业产值相对比重增加意味着产业结构由制造业向更高级的服务业转变，产业结构的高级化也即“经济服务化”的过程，对经济增长有积极作用（黄茂兴和李军军，2009；干春晖等，2010），因此，a_5 的预期值为正。表 6—5 给出了估计的结果。

表 6—5　　标准柯布—道格拉斯生产函数模型估计结果

解释变量	模型 1	模型 2	模型 3	模型 4
ln_K	0.460***	0.379***	0.378***	0.358***
	(0.017 1)	(0.034 5)	(0.033 9)	(0.028 8)
ln_L	0.428***	0.417***	0.694***	0.597***
	(0.127)	(0.123)	(0.175)	(0.148)
ln_H		0.339***	0.372***	0.212*
		(0.127)	(0.126)	(0.109)
mig			−0.008 30**	−0.011 4***
			(0.003 76)	(0.003 21)
S_T				0.197***
				(0.029 1)
_cons	0.046 4	0.070 0	−2.022	−0.968
	(0.886)	(0.863)	(1.272)	(1.086)
N	145	145	145	145
R^2	0.908	0.913	0.917	0.941
估计方法	FE	FE	FE	FE

注：括号内为标准误，*、**、*** 分别表示在 10%、5%和 1%的水平下显著。

表 6－5 中，Hausman 检验结果表明不含控制变量和含有控制变量的模型都适合采用固定效应模型。在不含控制变量的模型估计结果中，物质资本和劳动的系数分别为 0.460 和 0.428，这表明中国当前总产出中物质资本的贡献率偏大，甚至大于劳动的贡献率。从最终估计的结果来看，所有变量的估计系数均与预期一致。以纳入相关控制变量的模型为例，α_3 的估计值为 0.212，受教育年限越长，劳动者的生产率更高，对经济增长越有利。事实上，教育质量对劳动生产率有显著且稳定的正效应，而教育数量对劳动生产率的影响则要取决于教育质量的高低。总体而言，随着教育数量的增加，中国的教育质量也在不断提升，表现出对经济增长有正向促进作用（张海峰等，2010）；α_4 的估计值为－0.011 4，虽然在统计上显著，但估计值较小，经济影响并不大；α_5 的估计值在 1%的水平下显著，根据系数估计值，这意味着产业结构高级化水平每上升 1 个百分点，会带来 GDP 增长 0.197 个百分点。

2.纳入劳动人口年龄对劳动生产率影响的生产函数回归分析

本节将在标准柯布—道格拉斯生产函数估计的基础上，进一步对纳入劳动人口年龄结构的生产函数做回归分析。由上文的分析可知，此时应该采用非线性回归方法估计下列方程：

$$\ln Y = \ln A + \alpha \ln K + \frac{\beta}{\rho}\ln\sum(\delta_i L_i^{\rho}) + \gamma \ln H + \phi mig + \varphi S\_T + \varepsilon \tag{6－10}$$

通过对模型进行非线性回归，最终的参数估计值如表 6－6 所示。由表中可知，在区分劳动年龄人口的情况下，代表资本产出弹性的 α 值变得更大，而代表总体劳动力产出弹性的 β 值则正好相反，人力资本的产出弹性值略小一些，估计值在 0.3 附近，这表明样本期中国经济增长主要是靠物质资本积累来实现的，人力资本的贡献还较小。另外，无论是在不含控制变量的模型中还是在含控制变量的模型中，ρ 的值均为负，但并不显著，从统计意义上而言，本书认为最终的 ρ 值无异于 0。

表 6—6　　全国样本情况下的估计值

参数	估计值	P 值	估计值	P 值	估计值	P 值
α	0.726 7***	0.000	0.642 3***	0.000	0.640 2***	0.000
β	0.388 2***	0.000	0.455 9***	0.000	0.456 8***	0.000
δ_1	1.129 5***	0.000	0.697 9***	0.009	0.692 7*	0.010
δ_2	0.989 3***	0.000	1.066 7***	0.000	1.071 7***	0.000
δ_3	−1.118 8	/	−0.767 4	/	−0.764 4	/
ρ	−0.164 6	0.639	−0.358 0	0.500	−0.351 8	0.517
γ	0.333 0**	0.022	0.258 2*	0.073	0.266 3*	0.080
ϕ	/	/	0.009 3***	0.008	0.009 5**	0.011
φ	/	/	/	/	−0.007 3	0.864
样本量	145	145	145	145	145	145

注:括号内为标准误,*、**、*** 分别表示在 10%、5%和 1%的水平下显著。

在得出各参数的估计值后,进一步根据式(6－5)给出的表达式 $K^{\alpha}\cdot\beta\cdot(\sum\delta_iL_i)^{\beta/(\rho-1)}\delta_iL_i^{\rho-1}\cdot H^{\gamma}$,以包含所有控制变量的最后一组估计值为基准,计算各年龄组的边际产出(或边际劳动生产率),具体情况如图 6－2 所示。

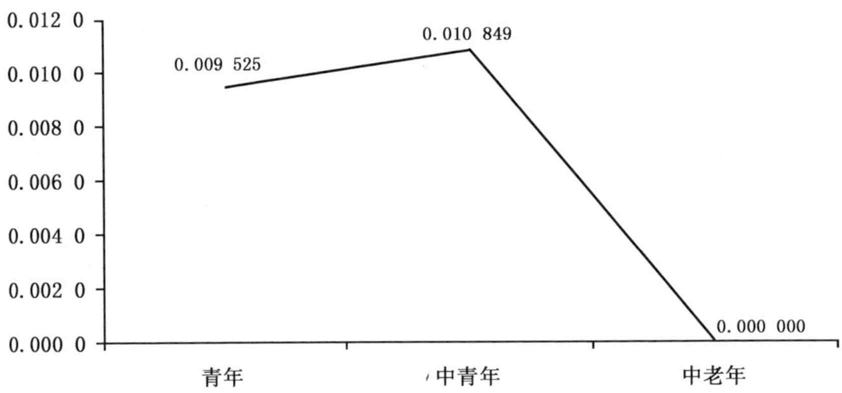

注:中老年劳动人口的边际劳动生产率应为负,本书取 0,下同。

图 6—2　各年龄劳动组边际劳动生产率

根据最终测算出来的边际劳动生产率结果可知,就全国整体而言,中青年劳动人口组边际劳动生产率最高，青年劳动人口组次之，中老年劳动人口组最低。这符合我们的预期，因为通常中青年劳动力在智力、体力和经验上都有一定的优势，处于事业的黄金期，劳动生产率最高，而随着年龄结构的老化，中老年劳动生产率递减至0。中老年劳动生产率的下降主要与中国老年人的受教育状况和劳动密集型产业结构有关。中国目前的劳动年龄人口受教育状况是年龄越大、受教育水平越低，与欧美国家恰好相反。当今社会的技术更新较快，而且在新技术需要被迅速掌握的时候，更新的技术又迅速产生，中老年人口对新技术的接受需要较强的学习能力和较高的教育水平，这些正好是当前中国中老年劳动人口所欠缺的。此外，样本考察期间，中国大部分企业仍属于劳动密集型产业，相对而言，劳动密集型产业更注重从业人员的耐受力和适应性，随着年龄的增长，劳动者身体机能也会逐步退化，体力、脑力均处于衰退状态，这些都会降低劳动生产率，从而影响中国经济的增长。

另外，从纵向时间维度来看（见图6—3），青年劳动人口组的边际劳动生产率保持快速上升的趋势，从1990年低于中青年劳动人口组，快速上升至2005年时开始逆转为超过中青年劳动人口组，但到2010年时被中青年劳动人口组赶超；中青年劳动人口组的边际劳动生产率20年内在波动中上升；中老年劳动人口组的边际劳动生产率则一直处于低位。这一结果意味着，对中国而言，每增加一个青年劳动人口或中青年劳动人口所带来的劳动生产率的提升幅度要显著大于每

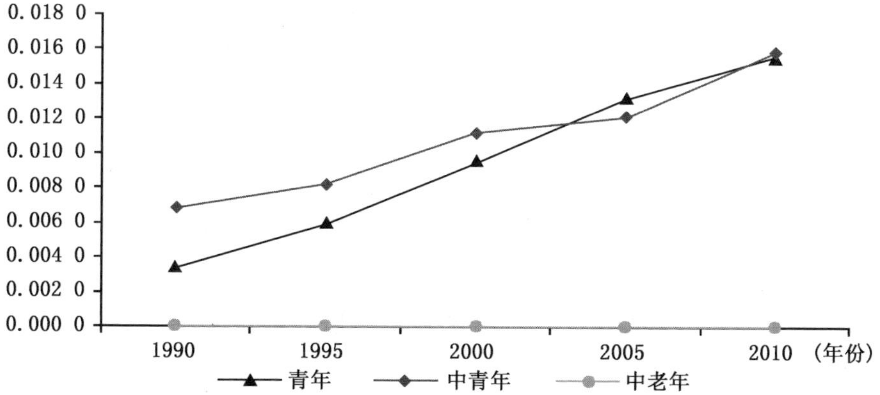

图6—3　各年龄组边际劳动生产率纵向时间对比

增加一个中老年劳动人口所带来的劳动生产率提升，在中国劳动人口年龄结构不断老化而劳动生产率仍然亟待提高的背景下，如何规避人口老龄化对劳动生产率造成的不利影响是我们要着重考虑的问题。

（五）劳动年龄人口老化对边际劳动生产率影响的区域比较

1. 东部、中部、西部地区标准柯布—道格拉斯生产函数的回归比较

利用式(6—8)、(6—9)分别对东部、中部、西部地区①做回归分析，结果如表6—7所示。Hausman检验表明，应使用固定效应模型。

表6—7　　东部、中部、西部地区不分年龄组估计结果

解释变量	东部地区		中部地区		西部地区	
	模型7	模型8	模型9	模型10	模型11	模型12
ln_*K*	0.211**	0.198**	0.031 5	0.015 0	0.441***	0.350***
	(0.104)	(0.080 4)	(0.056 3)	(0.066 6)	(0.047 9)	(0.039 7)
ln_*L*	0.255	0.145	1.364***	1.389***	0.708**	0.671***
	(0.249)	(0.193)	(0.315)	(0.323)	(0.295)	(0.220)
ln_*H*	1.109**	0.881***	1.633***	1.739***	0.053 4	−0.032 7
	(0.411)	(0.321)	(0.210)	(0.307)	(0.161)	(0.121)
mig	−0.003 20	−0.005 89	0.004 05	0.001 04	0.020 5	0.041 4**
	(0.004 58)	(0.003 58)	(0.020 4)	(0.021 6)	(0.022 3)	(0.017 1)
S_T		0.197***		−0.029 7		0.282***
		(0.037 2)		(0.062 1)		(0.054 3)
_cons	1.270	2.518*	−7.266***	−7.522***	−2.187	−1.376
	(1.770)	(1.388)	(2.416)	(2.503)	(2.090)	(1.561)
N	55	55	45	45	45	45
R^2	0.934	0.962	0.967	0.967	0.917	0.955
估计方法	FE	FE	FE	FE	FE	FE

注：括号内为标准误，*、**、*** 分别表示在10%、5%和1%的水平下显著。

模型7中，劳动力的产出弹性系数估计值不显著，而物质资本的产出弹性系数和人力资本的系数值则很显著，这说明东部地区的经济增长物质资本驱动很强，人力资本的溢出效应比较明显，而劳动力的作用在一定程度上被弱化了。在

① 东部地区包括：北京、天津、河北、辽宁、上海、江苏、浙江、福建、山东、广东、海南；中部地区包括：山西、内蒙古、吉林、黑龙江、安徽、江西、河南、湖北、湖南；西部地区包括：四川（包含重庆）、广西、贵州、云南、陕西、甘肃、宁夏、青海、新疆。

考虑了劳动力数量的影响后，外省迁入人口对东部地区 GDP 的影响在统计上不显著。进一步加入控制产业结构高级化变量后，劳动力弹性系数仍不显著，而物质资本和人力资本的系数值略有降低，产业结构高级化指数的系数估计值与资本的产出弹性接近，这意味着东部地区产业结构优化对经济增长的贡献很大。

中部地区数据的回归结果表明，物质资本对产出的贡献不明显，而劳动力和人力资本对产出的贡献均大于东部地区和西部地区，且显著为正。模型 10 中，劳动力的产出弹性系数为 1.389，人力资本的产出弹性系数为 1.739，这表明对中部地区而言，发挥劳动力资源优势和加强教育投入能继续带来经济的较大幅度增长。

西部地区数据回归结果表明，资本的产出弹性显著大于东部地区和中部地区，劳动力对产出的贡献也较大，但人力资本的系数估计值不显著，这意味着西部地区的教育投入比较匮乏，人力资本的作用没有完全发挥出来，西部地区的经济增长完全是由物质资本和劳动力驱动的。值得注意的是，西部地区外省迁入人口占比系数值为 0.041 4，且在 1%的水平下显著，由于西部地区的劳动人口生产率不高，外省迁入人口能够提高西部地区的劳动生产率，对西部地区的经济增长有积极作用，但西部人口一直处于净迁出状态，大量高素质的劳动力转移到了东部地区与中部地区，造成西部地区的“人口红利”流失，这是西部地区无法快速缩小与东部地区和中部地区差距的重要原因。

2. 东部、中部、西部地区纳入劳动人口年龄对劳动生产率影响的生产函数的回归比较

接下去笔者将进一步对东部、中部、西部地区纳入劳动人口年龄的生产函数做回归分析。我们同样采取非线性估计方法估计式（6－10），最终的结果如表 6—8 所示。

表 6—8　　各区域参数估计值

参数	东部地区		中部地区		西部地区	
	估计值 1	估计值 2	估计值 1	估计值 2	估计值 1	估计值 2
α	0.806 7***	0.785 4***	0.313 5***	0.306 7***	0.489 8***	0.482 8***
	(0.000)	(0.000)	(0.000)	(0.002)	(0.000)	(0.000)
β	0.248 8**	0.259 6*	0.694 9***	0.661 7***	0.562 6***	0.582 5***
	(0.013)	(0.010)	(0.000)	(0.000)	(0.000)	(0.000)

续表

参数	东部地区		中部地区		西部地区	
	估计值 1	估计值 2	估计值 1	估计值 2	估计值 1	估计值 2
δ_1	1.325 4	1.399 2	0.355 0	0.389 6	0.528 1	0.613 4
	(0.230)	(0.201)	(0.305)	(0.333)	(0.025)	(0.107)
δ_2	1.748 8**	1.746 5**	0.838 4***	0.798 2***	0.141 6	0.012 6
	(0.028)	(0.023)	(0.001)	(0.003)	(0.724)	(0.797)
δ_3	−2.074 2	−2.145 7	−0.193 4	−0.187 8	0.330 3	0.374 0
	/	/	/	/	/	/
ρ	−0.022 1	0.006 3	−0.466 2	−0.377 8	−0.321 3	7.567
	(0.959)	(0.987)	(0.855)	(0.889)	(0.855)	(0.467)
γ	−0.214 1	−0.010 0	0.998 8***	1.147 6***	0.069 0	0.096 0
	(0.518)	(0.979)	(0.010)	(0.006)	(0.724)	(0.487)
ϕ	0.001 1	0.001 6	/	−0.026 831 2	0.033 8	0.040 1**
	(0.805)	(0.731)	/	(0.199)	(0.105)	(0.023)
φ	/	−0.055 3	/	−0.043 4	/	0.300 2**
	/	(0.324)	/	(0.565)	/	(0.000)
样本量	55	55	45	45	45	45

注：括号内为标准误，*、**、*** 分别表示在 10%、5%和 1%的水平下显著。

由于含有控制变量的估计更准确，因此接下来的分析主要以含有控制变量的回归结果为准。从表 6－8 中可以看出，此时估计出来的 ρ 值有正有负，但均不显著，在统计意义上无异于 0，所以在接下来计算每个年龄组的边际劳动生产率时仍然取 ρ 值为 0。以非线性的参数估计值为基础，根据式(6－5)给出的表达式 $K^{\alpha}\cdot\beta\cdot\left(\sum\delta_iL_i\right)^{\beta/(\rho-1)}\delta_iL_i^{\rho-1}\cdot H^{\gamma}$，可以计算各区域、各年龄组的边际产出(边际劳动生产率)，具体的结果如图 6－4、图 6－5、图 6－6 所示。

根据图 6－4 可知，对东部地区而言，青年劳动人口组的边际劳动生产率略高于中青年劳动人口组。这意味着东部地区每增加一个青年劳动人口所带来的生产率提升幅度要略大于增加一个中青年劳动人口所带来的生产率提升幅度。东部地区承接了中西部地区转移过来的青壮年劳动人口，这是东部地区能够保持高劳动生产率和经济活力的重要原因。

根据图 6－5 可知，对中部地区而言，中青年劳动人口组的边际劳动生产率最高，青年劳动人口组次之，老年劳动人口组最低。这一结果意味着，增加中部

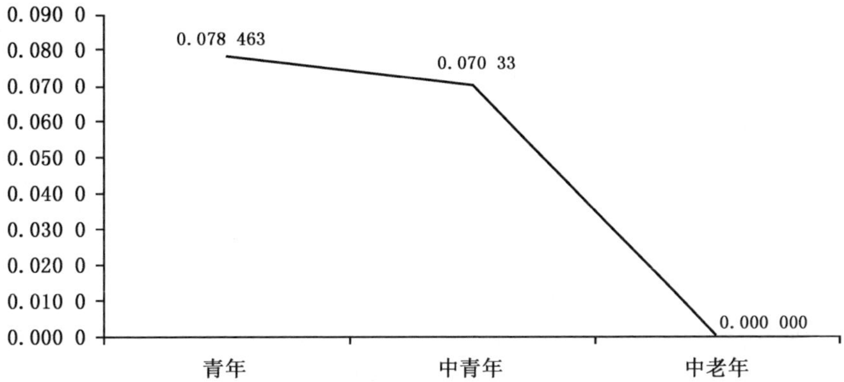

图 6—4　东部地区各年龄组边际劳动生产率

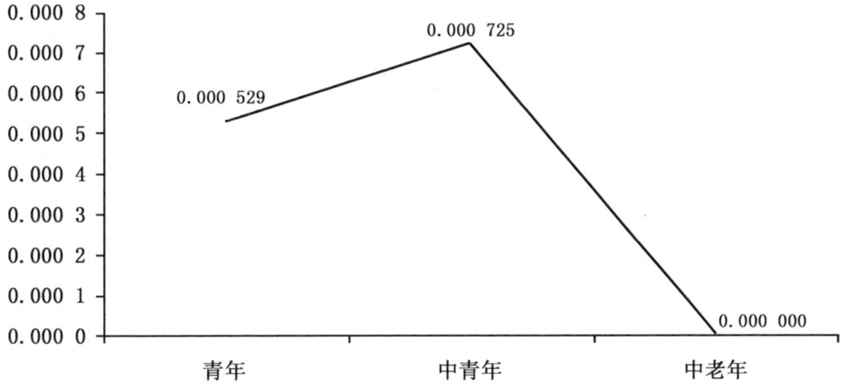

图 6—5　中部地区各年龄组边际劳动生产率

地区的青年劳动人口与中青年劳动人口的劳动参与率能显著地带来劳动生产率的改善。

根据图 6—6 可知，对于西部地区而言，青年劳动人口组和中老年劳动人口组的边际劳动生产率要显著高于中青年劳动人口组，这与西部地区大量中青年劳动人口外迁有关。通常情况下，仍然留在西部地区的中青年劳动人口都是技能水平较低的群体，因此整体而言，西部地区中青年劳动人口组的边际劳动生产率最低。此外，西部地区各个年龄组的边际劳动生产率均为正值。

由此可见，在劳动力年龄结构不断老化的背景下，要想使劳动生产率显著改

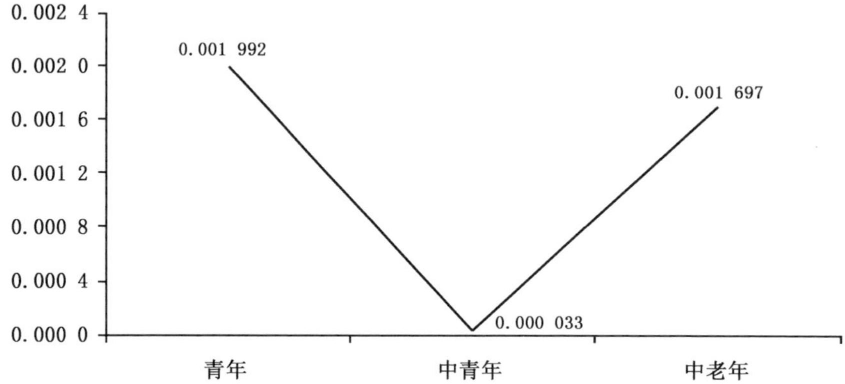

图 6—6　西部地区各年龄组边际劳动生产率

善，东部地区和中部地区就应该鼓励中青年劳动人口进入劳动力市场，而西部地区则需要防止中青年劳动人口过度外迁，同时加大劳动力的教育投入与吸引高素质人才。

此外，从纵向时间维度来看，东部地区的青年劳动人口组和中青年劳动人口组的边际劳动生产率从 1990 年到 2010 年持续上升，其中，青年劳动人口组边际劳动生产率在 20 世纪 90 年代初期超过中青年劳动人口组，但近年来增长开始放缓，老年劳动人口组的边际劳动生产率则持续处于低位（见图 6—7）。

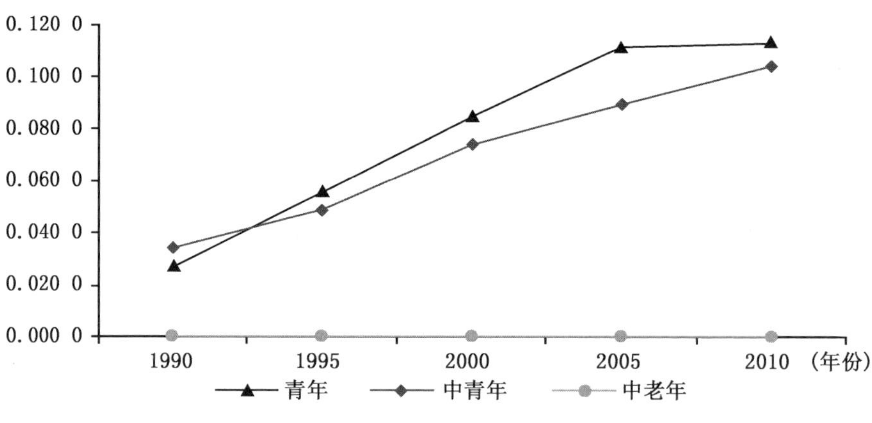

图 6—7　东部地区各年龄组边际劳动生产率纵向时间对比

对于中部地区而言，2005 年青年劳动人口组和中青年劳动人口组的边际劳动生产率基本趋同，在此之前，青年劳动人口组的边际劳动生产率提升速度大于中青年劳动人口组；在此之后，则出现反转，中青年劳动人口组的边际劳动生产率增长幅度更大，这与中国 2004 年之后持续爆发的“民工荒”有关。2005 年之后，中西部地区中青年劳动人口不再大量地往东部地区外迁，而是选择在本地就近就业，因而带来了中部地区中青年劳动人口组边际劳动生产率的提升(见图 6—8)。

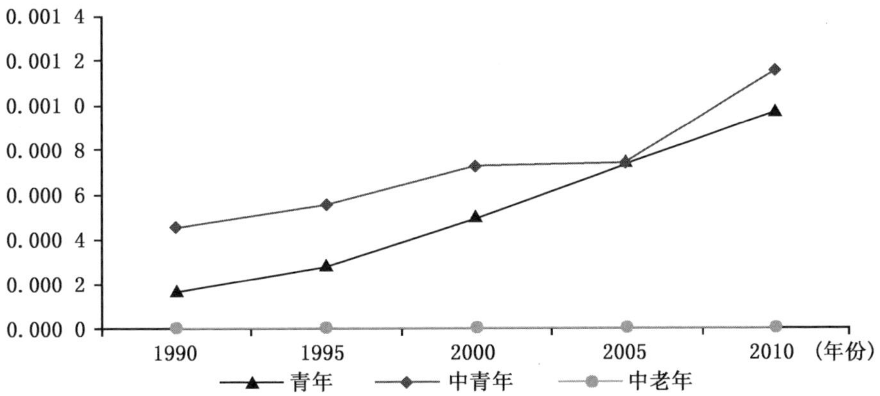

图 6—8　中部地区各年龄组边际劳动生产率纵向时间对比

对西部地区而言，从 1990 年至 2010 年，中老年劳动人口组的边际劳动生产率缓慢稳定地上升(见图 6—9)，青年劳动人口组的劳动生产率在 1995 年之后以较快的速度增长，中青年劳动人口组的劳动生产率则一直徘徊在低位，西部地区提高青年劳动人口组和中老年劳动人口组的劳动力参与率能带来生产率水平的提升。

以上关于各年龄组劳动生产率的区域差异分析结果提示我们，各地区应该根据各自的实际情况，制定差异化的劳动力流动政策，鼓励劳动力跨区域有效流动和人力资源的合理优化配置，规避人口老龄化对劳动生产率带来的不利影响。

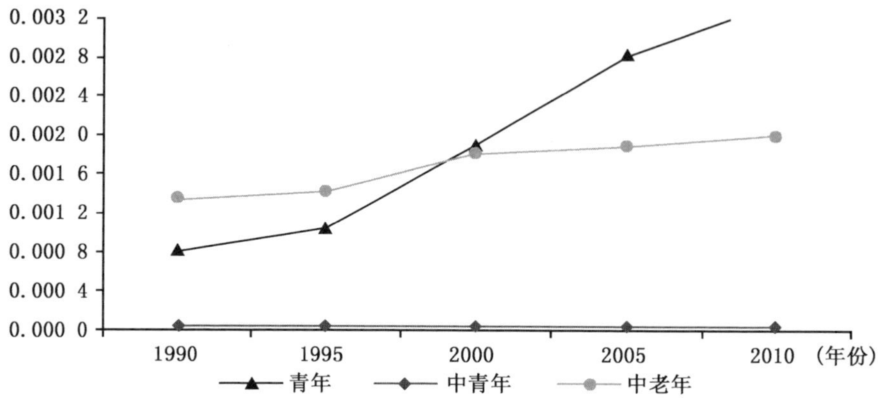

图 6—9 西部地区各年龄组边际劳动生产率纵向时间对比

第五节 结论与启示

一、主要结论

随着中国老龄化程度的加深，评估劳动人口老龄化的经济影响日益重要。本书利用 1990—2010 年历次人口普查数据与 1%抽样调查数据对中国整体劳动人口年龄结构和各地区劳动人口年龄结构的差异进行了细致分析。以此为基础，本书在柯布—道格拉斯生产函数中嵌套了刻画劳动者年龄结构的 CES 函数，考察了中国不同年龄段劳动者的劳动生产率情况及其动态演化，并进行了地区比较，主要结论如下：

第一，中国各地区劳动人口老龄化程度差异较大。总体来看，中部地区劳动人口老龄化程度相对较高，西部地区其次，而东部地区劳动人口老龄化程度相对较轻，造成地区人口老龄化程度差异的原因主要有两个：一是人口的自然增长带来的年龄结构变化；二是人口流动带来的人口年龄结构的机械变化。后一个因素是地区劳动人口老化差异的主要原因。

第二，在中国整体的劳动群体中，中青年劳动人口的边际劳动生产率最高，青年劳动人口的边际劳动生产率次之，中老年劳动人口的劳动生产率最低。从纵向时间层面来看，青年劳动人口组的边际劳动生产率保持快速上升的趋势；中青年劳动人口组的边际劳动生产率近 20 年来在波动中上升；中老年劳动人口组的边际劳动生产率最低，且变化不大。

第三，从区域层面来看，东部地区和中部地区的中青年劳动人口组的边际劳动生产率均较高，中老年劳动人口组的边际劳动生产率较低。对于西部地区而言，由于大量中青年劳动人口外迁，青年劳动人口组和中老年劳动人口组的边际劳动生产率要明显高于中青年劳动人口组。从纵向时间维度来看，各区域、各年龄组的边际劳动生产率均处于不断变化当中，其中，东部地区和中部地区的青年劳动人口组和中青年劳动人口组的边际劳动生产率持续上升，老年劳动人口组的边际劳动生产率则持续处于低位。对于西部地区而言，青年劳动人口组的边际劳动生产率持续快速上升，中青年劳动人口组的边际劳动生产率则一直徘徊在低位。

二、政策启示

以上的研究结果表明，中国老年劳动人口的边际劳动生产率远低于中年劳动人口和青年劳动人口。如果不改变这一现状，随着劳动人口年龄结构的不断老化，中国在未来将面临劳动生产率下降的压力，这将导致中国经济增长面临新的制约。为了更好地应对劳动人口老化问题，本书提出以下几点建议：

第一，提高劳动者的教育水平。教育和工作经验的结合是抵消劳动力老化带来的劳动生产率下降的关键因素。通过提高劳动者的受教育水平，可以有效地延长劳动人口达到生产率高峰的年龄，减缓由于年龄增长带来的劳动生产率下降，减轻劳动人口老龄化对经济增长的不利影响。由于预期寿命的延长是人口老龄化的一个重要特征，因此这为劳动者接受更长年限的教育和培训及在老年期仍然保持较高的劳动生产率提供了现实的可能性。由此可知，中国应当通过市场化改革破除人力资本投资障碍并提高人力资本的投资回报，通过教育改革来延长接受教育的时间，并建立终身学习型社会来提高劳动者的人力资本水平与劳动生产率，将原有的人口数量与年龄结构优势转化为现在和将来的“人口质量”优势。

第二,进一步完善计划生育政策。虽然人口老龄化的趋势不可逆转,但生育政策的适度放松能够提高生育率以及在未来改善劳动年龄人口结构,在一定程度上缓解人口老龄化趋势。近年来,中国加快了计划生育政策的调整,相继放开了所有家庭生育“二孩”与“三孩”的限制。如果未来生育政策的调整能够配合户籍制度、城镇化、就业、教育、医疗和社会保障等宏观政策的改革,那么就将有助于收获改革带来的制度红利,提高我国的劳动生产率和潜在经济增长率。

第三,放宽人口流动限制,调剂地区利益分配。研究结果显示,东部地区的青年劳动人口生产效率高,但东部地区的户籍人口老龄化已经十分严重,因此吸收外来人口补充年轻的劳动者群体是保持经济活力与发挥东部地区经济增长引擎作用的重要途径。然而,人口流动也导致了地区劳动人口年龄结构的差异化,加大了经济发展的不平衡。面对这种地区间发展不公平的现象,中央政府需要进行统筹规划,一方面要保持劳动力等生产要素流动与配置带来的增长效应,另一方面要兼顾地区的公平发展,特别是各地居民要公平地享受到经济发展带来的利益。

三、进一步研究方向

第一,数据的进一步分类。本书利用省级面板数据,将地区生产总值作为被解释变量,并将各年龄组劳动者人数作为研究的主要解释变量,基本反映了我国青年劳动人口、中年劳动人口和老年劳动人口的劳动生产率水平。但也存在着一些不足,例如在考虑劳动者年龄对劳动生产率影响的时候,劳动者从事的行业类型是一个比较关键的因素,如果能够将不同行业劳动者的数据分开,分别进行计量分析,就能够获得更为准确的结果。本书的模型可直接适用于分行业的研究,只需要将地区总产值分解为地区各行业产值,并对应各行业不同年龄段劳动者人数即可。本书之所以未能做此细分,主要原因是数据获得方面有较大难度,各行业分年龄段劳动人数统计资料不全。

劳动者的性别也是一个重要的影响因素。由于生理特征和社会文化等方面的影响,女性的“年龄—劳动生产率”曲线可能表现出不同于男性的特征。长期以来，我国女性的预期寿命要高于男性 4～5 岁，老年女性的健康水平也高于老年男性。但是，女性的劳动参与率却低于男性，特别是老年劳动者群体中女性的劳动参与率更低。造成这种现象的原因有：一是女性的法定退休年龄比男性早 5 岁；二是女性一般不作为家庭的主要经济来源，其必须参加工作的压力要小于男性；三是女性的工资水平普遍低于男性，特别是在老年劳动者群体中更为显著，老年女性劳动者放弃工作的机会成本小于老年男性劳动者。对比研究女性和男性在随年龄增长时劳动生产率变化的不同表现，将可能为我们发掘更多可供利用的劳动资源。

第二，微观层面的研究。本书采用的是宏观层面的数据研究。事实上，微观层面的研究也不可或缺。微观数据由于采用了一一对应的数据类型，因此每一个劳动者的产出都能区分反映，这在很大程度上可以避免由于生产函数模型设定带来的误差，同时因为这类数据通常采用调查问卷形式，所以可以收集到更加符合研究者需求的数据，对劳动者个人特征的信息挖掘比较深入。本研究之所以没有采用这一方法，最主要的原因是这种类型的数据获取成本非常大，需要较多的人力物力去实现社会调查和数据整理。另外，此类数据样本出现非随机性的风险较大，这是我们选择部分劳动者抽样调查时不可避免的。抽样经常以一个企业为单位，会存在研究者的行业偏好，而上文已经指出，行业类型对“年龄—劳动生产率”曲线有着不可忽视的影响。本书采用的宏观层面数据的覆盖面十分广泛，样本包含了我国所有省份的数据，基本覆盖到我国所有的劳动者群体，极大程度地减少了非随机样本所带来的误差。然而，要想对劳动者年龄和劳动生产率关系做更深入细致的研究，未来就不得不从微观层面切入分析。

第七章　人口老龄化与中国技术进步

第一节　引　言

当今时代，科学技术日新月异，发展迅速，国家间经济实力的竞争越来越依靠技术变革。然而，进入 21 世纪后，人口老龄化日益加深的挑战摆在人们面前。经济增长理论告诉我们，一个地区的经济发展除了受物质资本积累、劳动力供给等要素投入的影响之外，也受技术进步的影响，因为技术进步是一个地区经济发展的长期动力。Denison（1974）认为，要素投入对西欧经济增长贡献的占比为 40%，而技术进步的占比则是 60%；Kuznets（1966）认为，由技术进步引起的生产率提高占 50%～70%。技术进步对经济增长的重要性已经得到了众多学者的认可，而人口老龄化既可能通过减弱劳动者的身体机能和工作动机、影响劳动者人力资本积累、威胁企业的创新活动、加大企业用工成本及增加国家养老支出等方式阻碍技术进步，也可能通过促使人们更加重视人力资本投资、转变经济增长方式促进技术进步。因此，人口老龄化除了通过影响储蓄率、劳动力供给、产业结构等来影响经济增长之外，还可能通过影响技术进步来影响经济增长。厘清老龄化对技术进步的影响，有助于人们更加深刻地认识人口老龄化如何影响经济增长。在实践层面，后金融危机时代，世界各国都在积极寻求新的产业革命契机和新的经济增长点，谁能率先抢占科技创新的制高点，谁就能在新一轮的国际竞争中取胜。人口老龄化给科技的发展、创新的驱动带来了挑战，表现在人口年龄结构老化对技术进步和劳动生产率的影响上。日本人口学家直广雄川预言，人口年龄结构的老化将对日本的劳动生产率和技术进步产生不利影响，并由此引起经济增长速度下降。20世纪90年代以后，随着人口老龄化的加速发展，日本的经济增长率的确出现了大幅下降，从5%降到1%，甚至出现了零增长现象。众多研究表明，人口老龄化是日本经济出现“逝去的二十年”的重要原因。

人口老龄化是影响技术进步并进而影响经济增长的关键要素之一。当前，我国经济步入“新常态”和高质量发展阶段后，也更加强调技术创新对经济增长的驱动作用。因此，厘清人口老龄化对技术进步的影响机制，既对促进中国经济高质量发展具有重要的理论意义与现实意义，也有助于我国未雨绸缪，采取有效措施应对老龄化带来的挑战。

第二节 人口老龄化与技术进步的理论与文献综述

关于人口老龄化对技术进步的影响，已经有许多文献分别从个人、企业、国家（地区）层面开展了较为系统的研究，本节对国内外的研究前沿进行梳理。

一、国外相关文献

（一）人口老龄化对个人创新能力的影响

人口老龄化对个人的创新能力会产生影响。国外学者的研究主要从劳动者的身体脑力等客观条件、主观动机、人力资本积累等角度来展开，既有学者认为老龄化对个人创新能力具有消极影响，如 Hamermesh（1994）；也有学者得出了相反的结论，如 Marquié et al.（2002）。

1. 劳动者身体和脑力等客观条件变化角度的研究

学者们大多认为，伴随着逐渐衰老，劳动者的身体机能和认知能力等客观条件会发生不同程度的下降，个人的创新能力也会趋于下降。一方面，随着年龄的增长，劳动者的身体机能会发生一系列变化，表现为肌肉强度、有氧代谢能力、灵活性的不断下降。Mazzeo & Tanaka（2001）指出，对于20～60岁的人，平均的肌肉强度每十年大约下降10%，而对于60～80岁的人，每十年大约下降15%，而80岁之后的人大约每十年肌肉强度下降30%。DeZwart et al.(1995)研究发现，有氧代谢能力大约在20岁的时候达到顶峰，之后每年下降1%左右。Bosek et al.(2005)则认为，灵活性随着年龄的上升也在下降。身体机能的这些变化使得人在变老的过程中对于工作越来越力不从心，从而影响个人的创造性产出。另一方面，在衰老的过程中，人的认知能力等脑力条件也在下降，进而对个人的创新能力造成不利影响，并且由于经济的飞速发展，相比身体机能，工作中更加强调认知能力的重要性，因此认知能力下降造成的个人创新能力减损更加严重。Czaja & Lee(2007)总结了随着年龄增长而下降的认知能力主要有挑选信息能力、前瞻记忆能力、空间认知能力、多重任务处理能力和处理问题的速度。由于这些能力对于工作完成的速度和质量都十分重要，因此认知能力的下降直接影响了个人的劳动产出。

另外，有的学者发现，不同认知能力下降的程度不同。Schwartzman et al.(1987)发现，语言能力在年老时几乎保持不变，然而推理能力和速度从成年时期就开始下降。Blum et al.(1970)以双胞胎为样本展开研究发现，词汇量在人的一生中几乎保持不变，而其他认知能力在年老时出现下降态势。由于不同的工作需要的能力不同，伴随着人的衰老及认知能力的下降，不同岗位个人产出受到的影响也不同。Skirbekk(2004)指出，当工作需要更多解决问题能力、学习能力及速度时，老年人的工作效率下降较快；而如果需要更多经验、语言技能时，老年人的工作效率会比较高。因此，在研究个人创新能力受年龄的影响时，需要考虑劳动者的岗位特点及特定岗位需要的能力，不能一概而论。

2. 劳动者主观动机变化角度的研究

除了从身体机能、认知能力等客观条件开展研究之外，许多研究还从劳动者主观动机的角度来解释个人创新能力随年龄增长的变化。一些研究认为，随着年龄上升，个人的工作动机会减弱。在理论研究方面，Kanfer & Ackerman(2000)构造了一个生命周期中的工作动机演变模型，显示年龄与工作动机之间存在着倒U型曲线关系，并认为结合工作环境的变化及激励机制等因素，年龄增长可能会引起工作主动性的降低。而Hamermesh(1994)认为，经济学家发表文章的数量变化是对经济回报、自身变化的体能和智能等因素理性考虑的结果，与人力资本的最优投资模型特别是职业匹配模型是一致的，以此来解释经济学家年老时在顶尖刊物上发表文章的数量迅速下降的现象。

另外，有的学者还在提出理论解释的基础上，利用数据验证了老年人个体创新能力的下降。Levin & Stephan(1991)认为，老年研究人员会由于预期未来收益下降而减少产出。Levin & Stephan 还利用拥有博士学位的物理学家的产出数据进行验证，并发现产出是随年龄的下降而下降的。Dalton & Thompson (1971)认为，老年人对发明创造缺乏动机、不愿意冒险、难以跟上科技潮流，并对大约 2 500 个空间和化学领域的工程师的工作效率进行研究，发现他们的工作效率在 31～35 岁达到顶峰，之后不断下降。Oberg(1960)对老年人产出下降的观点与 Dalton & Thompson(1971)类似，并同样发现科研人员的工作效率在 31～35 岁达到顶峰。由于科研人员的劳动产出数据相对容易取得，因此目前对个人创新能力与年龄关系的研究多采用科研人员的发明创造数据，但科研人员的创新特点与其他劳动者并不相同，未来的研究或许应该纳入其他劳动者。

还有一些研究提出了不同意见，并不认为老年人的工作动机普遍较弱。Gibbons & Murphy(1992)观察发现，比起年轻人，老年人有着更强的自发动机(intrinsic motivation)，工作主动性较强。Solem(2006)针对挪威的研究指出，被调查的老年人认为自己虽然不能与年轻人相比，但是与处于同一年龄组的人相比，自身效率相差不大，从而显示老年人对自己的工作能力具有一定信心。Marquié et al. (2002)也指出，虽然老年人倾向于低估自己在计算机方面的能力，但是却不会低估自己的总体能力。老年人工作动机的强弱具有较大的个体异质性，认为老年人工作动机较强的观点为延迟退休及老年人在退休后寻求第二职业提供了理论支撑。

3. 劳动者人力资本水平变化角度的研究

一些研究发现，老年劳动者具有的人力资本特点使其个体创新能力不足。Rybash et al. (1986)发现，劳动者的人力资本越来越与其从事的某项工作相联系，难以在工作间转换，这样随着劳动者年龄上涨，老年劳动者难以适应不同的工作，从而个体创新能力趋于下降。Smith(1996)也得出了类似的结论。而 Myerson et al.(1990)则进一步指出，当面临复杂工作时，老年劳动者人力资本的缺陷性更强，年龄上升引致的效率下降随着工作的复杂性而提高。

也有学者提出了不同的观点，他们认为在人力资本积累层面，个人创新能力并不会随年龄增长而下降。Jones(2010)通过研究20世纪诺贝尔奖获得者及著名发明家的产出发现，人们取得重大科研进展的年龄在变大，获得诺贝尔奖及重大科技创新的平均年龄上升了6岁左右，并且老年人在发明创造方面更有优势。Jones还从知识积累的角度对这一现象进行了解释：由于科研工作者在进行发明创造之前需要累积前人的知识和经验，而前人创造的知识越多，后代科研工作者的学习时间就越长，可以用于创造发明的时间就越少，从而影响了年轻时的科研产出，但由于Jones是以诺贝尔奖获得者及著名发明家为研究样本，因此其研究结果可能受该群体的自身特点影响较大。

（二）人口老龄化对企业技术进步的影响

国外学者从员工人力资本水平、企业研发创新、用工成本、企业效率等角度来研究老龄化对企业技术进步的影响，但研究结论各不相同。

1. 人力资本水平角度的研究

许多研究发现，员工年龄结构老化威胁到企业人力资本水平的提高，进而对企业技术进步产生不利影响。一些研究从员工接受培训的角度讨论了老龄化对企业技术进步的消极影响。Asplund(2005)指出，私人企业为老年人提供的正规培训比年轻人要少得多，从而影响了老年人的工作效率。在此基础上，Behaghel & Greenan(2010)进一步利用双差分模型进行理论探讨，发现当公司采用先进的信息科技时，能力要求低的职位上的老年员工更不容易获得计算机应用和团队协作方面的培训，而能力要求高的职位上的老年员工则都可以获得计算机方面的培训进而提高效率。如今许多工作都是由计算机完成的，老年员工不能获得计算机方面的培训，势必会对工作效率造成极大影响。另外，基于当今许多工作都离不开团队协作这个客观事实，Kuhn & Hetze(2007)构建了一个两期世代交叠模型，从理论上探讨团队内年老劳动力向年轻劳动力进行培训，从而传递经验的问题，并认为人口老龄化对培训发生率的影响可以分解为人口效应和经济效应，且两个效应都为负，进而认为人口老龄化对培训发生率有不利影响。员工接受培训能够提高自身工作技能，老龄化对员工培训的消极影响势必会威胁到企业的技术进步。

高能力员工及老龄员工流失常常影响企业的技术进步，一些文献从这一角度揭示了老龄化对企业技术进步的消极影响。Noda(2011)以研发部门的员工作为有能力的员工(skilled worker)、以建设行业的员工作为无能力的员工，来构造理论模型进行研究，从而发现伴随着人口结构的变化，有能力的员工数量逐渐减少，企业研发部门的人力资本不足，进而影响创新效率。而 Ashworth(2006)以美国的电能行业为样本进行研究指出，老龄化时期，退休的老年员工越来越多，会给企业带来短期乃至长期的知识流失。研发类员工及老年员工具有的知识都是对企业技术进步十分重要的人力资本，这些员工的流失势必会对企业的技术进步产生消极作用。

2. 企业研发创新角度的研究

企业的研发创新活动是企业技术进步的基础。部分学者从企业产品创新、生产过程创新、对新技术应用等角度入手，研究了企业的研发创新活动伴随着企业员工年龄结构老化而发生的变化。研究结论均显示，老龄化对企业研发创新具有不利影响。例如，Schneider(2007)利用雇主—雇员数据来研究劳动力的年龄结构与德国生产企业的产品创新之间的关系，研究结果表明，劳动力的年龄结构与技术创新之间存在着倒 U 型曲线关系。又如，Rouvinen(2002)研究了芬兰生产部门的产品创新和生产过程创新，结果表明，员工的平均年龄越高，生产过程创新的可能性就越小。再如，Meyer(2009)利用 Probit 模型研究劳动力的年龄结构如何影响信息技术和知识密集型企业对新技术的应用。实证结果表明，拥有年轻员工多的公司更容易采用新技术，而拥有老年员工多的公司则相反。同时，Meyer 还发现信息技术与工作环境的改善(例如等级制度降低、员工更加有发言权、团队协作程度提高等)是互补的。此外，Meyer 还研究了年龄结构与工作环境改善的互动对于企业是否采用新技术的影响，并且发现对于拥有更多老年员工的企业，改善工作环境有助于企业采用新技术。

可见，企业的研发创新活动受到员工年龄结构老化影响较大，这可能是由于企业在老年员工较多时相对缺乏活力所致。另外,老龄化对企业研发创新的影响还需要关注企业管理环境的改善。

3. 用工成本角度的研究

部分学者考虑到了人口老龄化对企业用工成本的影响。在理论层面的研究中,Noda(2011)以提高的产品质量来代表技术进步,指出老龄化背景下,企业付给有能力的员工(以 R&D 员工来表示)的费用增多,加大了企业的研发成本,从而削弱了企业的研发动机及对有能力员工的引进,影响了企业的创新比率。但 Noda 揭示的仅仅是研发员工带来的成本效应,而在老龄化背景下,由于工资向老年员工倾斜,因此会造成企业用工成本普遍上升,所以对由此造成的对企业研发费用的挤出作用需要进一步研究。而 Ilmakunnas & Maliranta(2007)通过实证研究发现,企业雇佣老年员工并不会带来显著的成本效应。Ilmakunnas & Maliranta 依据劳动力的年龄段把劳动力分成年轻(30 岁以下)、中年(31～50 岁)、老年(50 岁以上)三类,并将企业的生产率、工资及利润率指标分解到个人层面,分析了个人的不同行为(包括离开企业、继续留任及新加入企业)对于企业生产率、工资、利润率的影响。Ilmakunnas & Maliranta 的研究发现,由于新雇佣的老年劳动力的工作效率与他们的工资水平相当,公司雇佣老年劳动力并不会带来额外的成本,所以不会对企业的利润造成影响。此外,Ilmakunnas & Maliranta 还发现老年劳动力离开企业对企业的利润有提升作用,特别是在信息技术行业,但其揭示的是新加入的老年员工的成本效应,因此还需要在企业生产模型中结合整个老年员工用工成本的不断增大来进一步探索企业成本对科研费用的挤出作用。

4. 企业效率角度的研究

虽然众多文献都从员工年龄结构老化对企业效率影响的角度进行了实证研究,但研究结论不尽相同,原因主要是不同行业与企业的特征不同。

Prskawetz et al.(2006)使用劳动生产率(人均产出)来代表企业效率,以瑞典和奥地利的企业为载体,发现年龄与劳动生产率的关系为"驼型",驼峰落在 30～49 岁左右,拥有老年员工越多,企业效率越低,同时年龄对生产率的影响有着行业间的不同:把行业分为 ICT(information communication technology)生产、ICT使用、其他行业三类。研究结果显示，除了年龄与其他行业生产率之间的关系为倒U型之外，年龄变化对“ICT生产”行业没有影响，年龄变化对“ICT使用”行业的生产率仅有轻微影响。另外，Henseke & Tivig(2009)也指出，年龄对生产率的影响有行业间的区别。Malmberg et al.(2008)以人均增加值取对数作为被解释变量，纳入员工数量、受教育程度、各年龄段比重等因素之后，发现如果不考虑企业的异质性，企业劳动生产率和壮年期劳动力比重均与年轻劳动力比重正相关，与老年劳动力比重负相关；当考虑到企业的异质性时，年老劳动力效率高而年轻劳动力效率低。可见，在评价老龄化对企业效率的影响时，不能一概而论，应当考虑企业自身特点和行业特点。

另外，Ilmakunnas et al.(2004)以Caves et al.(1982)引入的TFP指数(multilateral total factor productivity index)来衡量企业效率，从而证实了老龄化对企业效率具有消极影响。Ilmakunnas等人利用面板数据估计了芬兰企业的生产率与年龄、资历、教育程度之间的关系。研究结果显示，TFP指数随着年龄而上升，并直到40岁才开始下降。劳动力在31岁之前，TFP指数随着年龄增长而提高很快，而在31岁之后TFP指数提高速度变慢，并且在43岁之后，随着年龄增长而下降。但Ilmakunnas等人采用的方法在计算上较复杂，且由于方法独特，难以与其他学者的研究进行对比。Kotlikoff & Gokhale(1992)以工人期望工资现值代表效率，选择了单一的某个公司作为研究样本，证实工作效率随着年龄上升而下降。Kotlikoff & Gokhale还发现工资与效率之间存在差别：年轻人工资低于效率而老年人工资超过效率。但由于Kotlikoff & Gokhale的研究样本局限于该单个公司，因此该结论受该企业的特点影响较大，代表性不高。

（三）人口老龄化对一个国家（地区）技术进步的影响

国外学者从人口年龄结构老化、养老负担加重、经济增长方式转变等角度来研究老龄化对一个国家(地区)技术进步的影响，既有学者认为老龄化妨碍了一个国家(地区)的技术进步，如Werding(2008)等，也有学者得出了相反的结论，如Kurokawa et al.(2004)等。

1. 人口年龄结构老化角度的研究

不同年龄的人对应用新技术等创新活动会做出不同的反应，通常老年人口的增多会使得一个国家(地区)的创新活动越来越难以进行，一些研究支持了这一论点。在理论研究上，Lancia & Prarolo(2009)构建了一个三期世代交叠模型，证明老龄化社会下预期寿命的延长使得年轻人与中年人更加倾向于投票赞成某项新技术的应用，而老年人一般会投票否决应用新技术。Canto et al.(2002)也得出了类似的结论。但这两位学者的研究多假设新技术发挥成效需要时间，老年人由于自身寿命的限制，往往享受不到新技术带来的收益，因此倾向于抵制采用新技术。该结论的得出受模型本身假设影响较大，有待实际验证。

在实证设计上，许多研究从人口年龄结构变化的角度入手，利用能够代表技术进步的数据指标进行实证研究，力图从现有的数据中找到老龄化对一个国家(地区)技术进步影响的证据。一些学者以全要素生产率(TFP)来代表一个国家(地区)技术进步。例如，Feyrer(2007)使用包含发达国家和发展中国家在内的1960—1990年的面板数据，研究各年龄段劳动力的比重及其变化对TFP水平及其增长率的影响，并发现年龄与全要素生产率之间存在着倒U型曲线关系，且TFP增长率在40～49岁达到顶峰。又如，Werding(2008)在Feyrer(2007)的基础上进行了相似的研究，使用了1960—2000年共计106个国家(地区)的面板数据，同样发现TFP水平与年龄结构之间存在倒U型曲线关系。此外，Werding(2008)还发现人力资本对年龄与TFP之间的关系造成了影响。Feyrer(2007)和Werding(2008)的研究证实老龄化对一个国家(地区)的技术进步具有不利影响，但Kurokawa et al.(2004)针对日本的研究却得出了不同的结论。Kurokawa et al.在研究了日本1980—1998年高学历的老年劳动力比重、低学历的老年劳动力比重及信息科技(ICT)资本存量、净利润与成本总额的比重等指标对TFP的影响后认为，日本20世纪90年代经济状况的惨淡不能归结为老龄化，而是由于科技本身的特点发生了变化。但Kurokawa et al.是针对日本一个国家来进行研究的，结论可能受日本自身经济特点影响较大。上述学者利用生产函数计算TFP，把不属于投入的产出增加都归结为技术进步，但在使用这种方法时，生产函数的选择、资本份额被不合理地低估及内生问题都属于难点问题，从而对研究本身造成一定程度的影响(Griliches & Mairesse，1998；Ilmakunnas et al.，2004)。

此外，有学者利用专利数量来进行实证研究。例如，Froscb & Tivig(2009)以商业专利的数量来衡量创造力，研究了劳动力的年龄结构对创造力的直接影响，并把人力资本与年龄结构相结合，研究了不同年龄的人力资本对创造力的影响，结果发现，随着年轻人或者老年人比重的上升，专利的数目都会上升。Froscb & Tivig认为这是由于年轻人掌握的新知识较多，而老年人拥有相对丰富的工作经验，两者可以实现互补。此外，Froscb & Tivig还发现，以工作经验来衡量人力资本时，年轻人比重越大，专利数量越多，而50岁以上的老年人比重越多，专利却没有明显增加。

上述学者用来表示技术进步的指标不同，得到的结论也有差异，未来的研究或许应该把各种指标综合考虑进来加以对比，从而得出更稳健的研究结论。

2. 养老负担加重角度的研究

在理论层面，一些文献分析指出，人口老龄化会加重政府的养老负担，进而威胁到一个国家(地区)的技术进步。Gonzales-Eiras & Niepelt(2012)构造了世代交叠模型，研究了人口老龄化对政府预算及经济增长的影响，发现人口老龄化对经济增长的影响可以分解为直接效应和间接效应。直接效应是通过储蓄率、劳动力供给和资本深化实现的，而间接效应则是通过税率、政府预算支出及退休年龄的调整来实现的。Gonzales-Eiras & Niepelt构造的模型显示，社会保障支出对政府公共投资的挤出作用要区分不同的情形：当政府仅调整税率及政府支出却不延长退休年龄时，伴随着老龄化而上涨的社会保障费用会挤出政府公共投资；当政府在调整税率及政府支出的同时调整退休年龄时，社会保障支出及政府公共投资占GDP的比重都在上涨，社会保障支出对政府公共投资的挤出效应并不存在。而结合近年来许多国家都在推行延长退休年龄、更改退休条件等举措，Gonzales-Eiras & Niepelt认为同时调整退休年龄的情形更加具有说服力。另外，虽然不少学者都承认老龄负担加重对技术进步的阻碍作用，但究竟未来伴随着人口的演变、生产的发展及老龄负担的加重，技术进步会不会出现下降态势，还有赖于依靠技术手段进行预测，而且学者们的研究结果均显示老龄化不会对未来的技术进步产生重大消极影响。Izmirlioglu(2008)构建了考虑人口要素的多部门经济增长模型，推导出技术进步指标(表示为中间产品的多样性)，并利用美国数据对模型变量进行标准化，进而利用美国 1950—2000 年的数据对 2001—2050 年的技术进步指标进行了预测，显示尽管出现了人口年龄结构老化，但技术进步可以持续并且研发人员比例稳步上升。另外，Izmirlioglu 指出，考虑到社会保障及教育支出之后，将会使模型及研究结果更加复杂。Martins et al.(2005)考虑了三种“年龄—个体生产率”方案：第一种方案假设“年龄—个体生产率”曲线为倒 U 型；第二种方案假设个体生产率随着年龄提高而上涨，在 40 岁时到达顶峰，之后直到退休保持不变；第三种方案假设个人生产率变动幅度介于前两种方案之间。Martins et al. 在此基础上对 2000—2060 年 OECD 国家的总和生产率(aggregate productivity)进行了估计，除了第二种方案显示总和生产率在 2000—2020 年间上升之外，第一种方案和第三种方案都显示总和生产率下降。值得注意的是，这三种方案估计的总和生产率的变动幅度很小(±2.5%)，并且都会在某个时间点之后稳定，因此 Martins 等人认为，老龄化不会对总和生产率产生重大影响。另外，Martins 等人还指出，尽管增长的健康消费对公共支出(public finances)造成压力，但并未观察到总和生产率受到大的影响。Börsch-Supan(2003)也认为未来德国因老龄化引起的效率下降并不严重。上述学者对老龄负担的考虑更多的是体现在未来人口、生产等综合因素的变化中，能否构造更直观的模型和变量，把养老保障费用增多对科研经费的挤出作用体现出来，值得未来继续探索。

3. 经济增长方式转变角度的研究

人口老龄化给一个国家(地区)的财政支出、经济增长带来了巨大压力，也逼迫人们反思经济增长方式的转变：只有把经济增长方式转变到依靠提高劳动生产率和促进技术进步上来，才能有效应对老龄化带来的劳动力短缺等问题。经济增长方式的转变及人们对技术进步的日益重视，有可能引发社会资源向科技和创新倾斜，为一个国家(地区)的技术进步打开新的机会窗口，从而促进一个国家(地区)的技术进步。

老龄化带来的劳动力稀缺等问题可能使得全社会更加重视人力资本投资及技术进步。Fougère & Mérette(1999)利用考虑内生增长的世代交叠模型，从理论角度说明了老龄化会促使年轻一代增加人力资本投资。Fougère et al.(2009)

也得出了相似的结论。而 Habakkuk(1962)指出，创新的动机在劳动力稀缺时最为强烈。观念的转变是生产发展的重要动因，老龄化社会人们对人力资本投资及技术进步的重视有可能引发经济、技术领域的革新。Lee & Mason(2010)更是指出，在劳动力供给下降、社会转向提高人力资本投资的情况下，大量缺乏技能的劳动力被少量高技能的劳动力所取代，有可能对最终的经济增长产生积极影响。

在此基础上，许多学者提出了增加人力资本投资、提高劳动生产率、转变经济增长方式的政策建议。Börsch-Supan(2003)认为在老龄化社会中，劳动年龄人口的减少对经济增长具有负效应，而这一负效应是不能通过加大物质资本投资予以抵消的，而是应该利用教育、培训等手段提高人力资本水平，从而提高劳动生产率。Bloom et al. (2010a)认为，面对老龄化带来的劳动力短缺，应当加大设备投资，以提高劳动生产率。可以看出，老龄化社会经济增长方式的转变已经引起了众多学者们的思考。老龄化现象逼迫人们转变经济增长方式、重视技术进步，从而引发社会资源重新配置，催生出新的科技成果，促进一个国家(地区)的技术进步。

二、国内相关文献

1980 年中国社会科学院田雪原研究所发表的《关于人口“老化”问题》一文是国内最早开始注意人口老龄化问题的文献。但是当时中国人口的主要问题是人口数量问题，并非人口老龄化的影响问题。到了 20 世纪 80 年代，中国人口老龄化问题逐渐显现并受到人们的重视。国内学者对于人口老龄化对科技进步的影响问题持有不同意见。

（一）人口老龄化对个人创新能力的影响

国内学者对人口老龄化影响个人创新能力的研究主要集中在人力资本层面。向志强(2003)指出，人力资本有生命周期，而人力资本的生命周期表现为人力资本存量生命周期和人力资本质量生命周期。人力资本存量生命周期指的是人力资本存量在整个生命周期中的变化规律：首先随着年龄增长，人力资本存量逐步增加并在一定年龄达到顶峰，然后再逐渐下降直至耗竭殆尽。而人力资本质量生命周期大致可以分为两个时期：质量上升期和质量下降期。随着技术的进步和知识加速更新换代，人力资本的质量生命周期越来越短。老年人由于原先累积的人力资本存量几乎消耗殆尽，同时又不能有效地吸收新知识来提升自己的人力资本质量，因此难以跟上技术进步的速度。

此外，国内学者还指出，研究人口老龄化对个人创新能力的影响需要区分不同的学科，这是在以往研究基础上的有力补充。胡伟略(1991)指出，由于各个学科的特点不同，人才最佳创造年龄并不完全相同：艺术人才、体育人才创造的最佳年龄小；自然科学人才比社会科学人才最佳创造年龄要小；而自然科学中数学、物理学人才较早，化学人才其次，生物、医学人才较晚；政治家、领袖人才的最佳创造年龄最大。

（二）人口老龄化对企业技术进步的影响

关于人口老龄化对企业技术进步的影响，国内学者的研究主要集中在加大企业成本、影响企业团队氛围等方面。国内学者注意到，在可用资源有限的条件下，企业用工成本增大，在一定程度上会挤出企业的研发资金，进而威胁到企业的技术创新。田雪原等(1990)在理论层面指出，老龄化对企业成本造成影响有两种渠道：一种是通过工资制度；另一种是通过影响企业的社会保险费用支出。当今企业的工资制度普遍向老年员工倾斜，随着企业中老年员工比例的增大，企业将负担更多的工资成本，而退休职工的增加也会加大企业的社会保险费用支出。企业员工年龄结构老化带来的用工成本上升势必会加重企业研发和生产的负担。

另外，国内一些研究指出，人口老龄化可能通过影响企业的创新氛围，进而影响企业的技术进步。袁传攀和湛文倩(2011)指出，由于企业中新老员工在生活方式、成长环境上存在差异，因此在价值观和行为方式上多有不同，新老员工在沟通交流上的不便影响了团队协作及企业创新。此外，人口老龄化也可能促使企业积极创新来适应老龄化社会。年龄结构的老化对于企业来讲是一种压力，也是一种动力，促使企业转变创造产值的方式，由靠利用廉价劳动力压低成本创造利润向谋求利用技术创新创造利润转变，用“倒逼”的方式促进企业提升自己的技术水平（袁传攀和湛文倩，2011）。

（三）人口老龄化对一个国家（地区）技术进步的影响

在依靠实证手段验证人口年龄结构老化对我国技术进步影响的研究中，部分学者以专利授权数量来代表技术进步。李三希和姚东旻（2013）构造知识生产函数，并运用随机效应模型估计了中国30个省份的专利申请授权数受老龄化的影响，解释变量包括实际科研投入、人均GDP、人力资本存量、老龄化比例及贸易依存度等，结果显示，老龄化对中国的创新没有显著影响。李三希和姚东旻认为原因在于中国与发达国家在科研状况上的差异。姚东旻等（2017）以国内专利申请授权数作为科技创新的代理变量，使用2003—2012年的中国省际面板数据，证实老龄化通过影响人力资本进而对科技创新产生消极影响。这些研究都是以专利数量来作为技术进步的代理指标，但国外早有学者指出，由于并非所有的创新活动都可以申请专利，因此使用专利数量会造成研究范围狭窄（Griliches，1991）。另外，不同的专利对生产的指导作用不同，仅用数量指标也难以涵盖专利的贡献。

康建英（2010）的做法与上述学者不同。康建英将TFP作为技术进步的代理指标，借鉴Werding（2008）的方法，以中国1982—2007年28个省份的面板数据为研究对象，发现低年龄组（15～24岁）与高年龄组（55～64岁）的劳动力对于TFP的贡献为负值。在此基础上，康建英还分别考察了人力资本存量对产出的直接作用及人力资本存量的扩散作用。康建英通过研究认为，老年劳动力对技术的追赶效应不足。但TFP方法广受诟病，国内早有学者（徐瑛等，2006；周方，1994；冯英浚和吴江琴，1991）指出，把要素投入之外的产出增长都归结为技术进步太过宽泛。由此可见，采用不同的数据指标来开展实证设计，得到的研究结论会不尽相同，未来究竟采用何种数据指标代表我国的技术进步水平，值得进一步探索。另外，影响技术进步的因素很多，许多研究没有指出所纳入的控制变量的合理性或没有解释未采用其他控制变量的原因，贺京同和李峰（2007）曾利用经典估计贝叶斯平均（BACE）方法进行研究后发现本地区试验发展支出、人均

GDP、贸易依存度、邻接地区试验发展支出等因素都会影响创新产出，今后的研究或许应该纳入这些因素。

在人口老龄化加重政府养老负担层面，田雪原等（1990）、汪伟和姜振茂（2016）等从理论层面指出，伴随着老年人口所占比重的不断提高和数量的逐年增加，政府在养老保障方面的支出越来越多，这在一定程度上会对科研资源的投入形成挤出效应，从而不利于科技进步。而目前在此方面进行数据验证的文献较为缺乏，胡伟略（1991）曾用劳动生产率表示技术进步，证实了养老负担加重对技术进步的消极影响。胡伟略用离退休人数、社会保障费用表示人口老龄化及其所带来的社会负担，计算了劳动生产率、老年保障费用、离退休职工人数三个指标的增长速度，发现 20 世纪 80 年代后半期老年保障费用增长速度高于劳动生产率增长速度。胡伟略采用的方法较为简单，仅用增长速度也难以准确衡量养老费用的挤出效应。

国内学者也注意到人口老龄化背景下转变经济增长方式的重要性。蔡昉（2004）、汪伟（2012）认为，在知识经济不断发展的今天，物质资本的投资回报率不断下降，而人力资本的投资回报率却能持续维持在高水平。人口老龄化将诱发由重视物质资本投资向重视人力资本投资的转变，从而潜在地促进生产率提高。蔡昉（2013）指出，伴随着中国“人口红利”的消失和“刘易斯转折点”的到来，靠大规模政府投资以保持经济增长速度的方式不再可行，而应该依靠技术进步和体制改善，实现中国经济增长向全要素生产率支撑型模式的转变。在老龄化社会，只有重视人力资本投资和技术进步，才能有效应对老龄化压力及促进经济增长。

三、文献评述与本书创新

通过梳理人口老龄化与技术进步关系的相关文献，本书认为现有研究存在两个方面不足。第一，除了姚东旻（2017）分析了人口老龄化影响科技创新的人力资本路径之外，现有的研究并没有系统梳理人口老龄化对技术进步的作用机制，也没有进行深入的实证研究。第二，以往文献多用专利数量来代表技术创新，但地区层面的技术创新是一个动态的复杂过程。研究与开发机构、高等院校及工业企业利用政府、金融机构提供的资金等创新资源，充分利用当地的高素质劳动力、基础设施和通信条件，研发出专利、生产出新产品并投放市场，而新产品投放市场后得到一系列反馈，又催生出新的需求，从而可能反过来进一步促进一个地区的技术创新。由于一个地区的技术创新过程具有复杂性，而专利数量等单一指标难以衡量该地区技术创新的动态过程及各个因素的综合影响，因此需要更为细致和全面的度量技术创新。这给了本书进一步研究的空间。

基于以上种种不足，本书首次借助动态因子分析方法，从创新投入、创新产出、创新绩效、协同创新能力、创新环境五个方面着手，利用多重数据指标，测算各地区的技术创新综合能力指数，以此来衡量一个地区的技术创新能力。与以往的研究文献相比，本书测算的技术创新综合能力指数是一个衡量技术创新的新指标。本书从理论上系统探讨了人口老龄化影响技术进步的机制，提出了人口老龄化影响技术创新的三条可能路径，即“劳动效率效应”“人力资本效应”“老龄负担效应”，并进行了深入的实证研究。由于这些工作是在以往研究的基础上对人口老龄化影响技术创新机制的进一步探索和完善，因此可以说是构成了本书的边际贡献。

第三节　人口老龄化影响技术进步的理论机制

在涉及人口老龄化对经济增长影响的研究中，大部分文献都提到了老龄化会对经济增长的源泉——技术进步产生影响，然而谈及人口老龄化影响技术进步的理论机制，目前却尚未有系统的分析。通过对以往文献的梳理与总结，本书认为，人口老龄化可能通过以下中间渠道影响技术进步。

一、劳动效率效应

人口老龄化直接导致人口年龄结构发生质的改变。虽然老年劳动力富有经验，但老年人身体机能相较于年轻人较弱，认知能力、学习能力下降，难以适应新的工作要求，而且对新技术的接受能力较弱，创新能力与劳动生产率会随着老年劳动力的增加而下降,形成所谓“老龄衰竭”(Sturman,2001)。而科技进步在很大程度上依靠的是创新能力与劳动生产率的提高,故人口年龄结构的老化会对科技进步产生不利影响。但人口老龄化也可能对劳动者的劳动效率产生积极影响。不少学者注意到,在老龄化背景下,劳动力的稀缺会产生“倒逼机制”,使得企业等生产主体更加注重使用机器设备等手段来提高劳动效率。本书把上述综合效应称为“劳动效率效应”。在理论层面,Scarth(2002)和Lee & Mason(2010)均认为,在劳动力稀缺的情况下,为维持以往的经济发展速度,社会将转向依靠劳动技能的提高和以高技能的劳动力取代低技能的劳动力来促进劳动效率的提高;袁传攀和湛文倩(2011)认为,员工年龄结构老化会促使企业改变创造价值的方式,谋求技术创新,劳动力的稀缺成为企业创新的动力之一;Habakkuk(1962)也认为劳动力的稀缺会使得创新的动机更加强烈。而在实证研究层面,运用国家间宏观截面数据,Romer(1986、1987)、Feyrer(2007)均证明人口老龄化促进了劳动生产率的提高。由此可见,“倒逼机制”是存在的。综上所述,人口老龄化会通过影响劳动者的劳动效率和创新能力对技术进步产生积极或消极的影响。

二、人力资本效应

人口老龄化会影响劳动者的人力资本水平,从而对技术创新产生影响,本书把这种效应称为“人力资本效应”。现有研究多从技能培训、经验传导及知识流失的角度展开。在技能培训和经验传导层面,Kuhn & Hetze(2007)构建了一个两期世代交叠模型,研究了人口老龄化对新老员工之间传授经验的影响。其研究结果显示,人口老龄化对培训发生率的人口效应和经济效应均为负,因此人口老龄化不利于新老员工之间的培训和经验传导。Behaghel & Greenan(2010)构造了双差分模型进行研究并发现,当公司采用先进的信息科技时,高龄员工更不容易接受计算机应用和团队协作方面的培训。在老龄化造成的人才和知识流失层面,Noda(2011)以产品质量的提高作为技术创新和进步的代理指标进行研究后发现,老龄化带来的人口年龄结构转变,使得研发部门的高技能劳动力减少,从而对创新比率产生消极影响。Ashworth(2006)以美国的电能行业为研究样本进行研究后发现,退休的高龄员工的增多会给企业带来短期甚至长期的知识流失。但一些研究认为，老年人通过向中青年劳动者传授知识和经验，可以促进科技创新的快速发展，并将其称为"人力资本外溢效应"（蔡昉，2013）；与此同时，人口老龄化还将导致劳动力供给不足，诱发企业改变投资理念，使其由重视物质资本投资向重视人力资本投资转变，从而激励年轻人进行技术创新，以缓解劳动力老龄化带来的负效应，进而形成"人力资本投资效应"（蔡昉，2010）。综上所述，人口老龄化可能通过影响技能培训、经验传导及造成知识流失与溢出等途径对科研领域的人力资本水平产生积极或消极的影响。

三、老龄负担效应

随着人口老龄化的深入发展，政府的养老负担不断加大，养老保障支出的增加或许会对研发支出产生不利影响。与此类似，随着企业员工平均年龄的上升和退休人员的增加，企业需要支付的劳动者报酬和退休金等用工成本上升，养老负担加重，从而挤出研发资源，进而对技术创新产生消极影响。本书把这种效应称为"老龄负担效应"。在企业层面，Noda（2011）构建的理论模型显示，在老龄化背景下，企业用工成本的增大对企业研发动机具有削弱作用，不利于企业对高素质员工的引进；胡伟略（1991）同样指出，由于员工队伍的日渐老化，企业会付出更多的工资成本和社会保险费用，进而挤占企业的研发资金；而 Ilmakunnas & Maliranta（2007）则借助实证模型研究了劳动力新加入企业、继续留任及离职对企业利润、生产率和工资的影响，从而发现年老劳动力离开企业有助于提高企业利润，特别是在信息技术行业。在国家和政府层面，Gonzales-Eiras & Niepelt（2012）构造的世代交替模型显示，在政府调整税率和政府支出、退休年龄不变的情形下，社会保障费用对政府的公共投资具有挤出作用；田雪原等（1990）也认为，国家付出的养老保障支出增多，会挤占政府的科研经费投入。由此可见，老龄化程度的加深会造成养老支出增多，从而可能挤占科研资源，进而威胁技术创新。

综上所述，人口老龄化对技术进步的影响恰如一柄双刃剑，既有有利的一面，也有不利的一面。与此同时，人口老龄化对技术创新的影响也是多维度的，可能通过"劳动效率效应""人力资本效应""老龄负担效应"三条路径对技术创新产生影响。

第四节 我国区域技术创新综合能力的评价

一、区域技术创新能力的评价方法

现有研究主要从两个方面来考察区域技术创新能力：一是衡量区域技术创新的研发成果，如 Hsu et al.（2014）、吴玉鸣（2006）、付雷鸣等（2012）、李晓钟和张小蒂（2007）等众多学者就使用专利数量来衡量区域技术创新能力；二是衡量区域知识成果的经济转化情况，如牛泽东（2012）、肖文和林高榜（2014）、吴延兵（2014）等学者便使用新产品产值、新产品销售收入等指标来衡量区域技术创新能力。但无论是利用专利数量，还是新产品产值、新产品销售收入，都仅仅是从产出角度来衡量区域技术创新能力，而一个地区的技术创新水平之所以能够提高，却是多种因素综合作用的结果。

首先，从研发投入角度来讲，不同地区的研发投入力度不同，本身就造成了区域间研发资源的差距。其次，一个地区取得的专利等知识成果如果能够转化成现实的经济成果，反过来会对当地的技术创新起到促进作用，形成一个良性循环，因此衡量区域技术创新能力不仅要考虑研发的知识成果，也要考虑研发的经济成果。而由于不同地区有着不同的创新效率，即使投入相同的研发资源，取得的研发成果也不尽相同，因此衡量区域技术创新能力需要把创新绩效考虑在内。再次，一个地区技术创新水平的提高，是政府、高校、企业、科研机构等主体之间通力合作、协同创新的结果，而不同地区协同创新的程度不同，取得的技术创新成果也存在差异。最后，创新环境的不同也会影响技术创新水平，基础设施齐备、通信方便、经济发展水平高、劳动力素质普遍较高的地区能创造较好的创新环境，从而促进一个地区技术创新水平的提高。总之，考察一个地区的技术创新能力不能仅单一地考虑专利数量或者新产品产出，而是需要把创新投入、创新产出、创新绩效、协同创新能力、创新环境等不同因素考虑在内，从多个方面来综合考察一个地区的技术创新能力。

不少学者也注意到了这一点，因此采用主观赋权评价法和客观赋权评价法等多指标综合评价方法，来评价一个地区的技术创新能力。由于主观赋权评价法得出的结论主观性较强，目前采用该方法的研究较少。而客观赋权评价法（也称“主成分分析法”“因子分析法”等）相对具有较强的客观性，研究结论较为准确，目前在研究中得到了较多应用。例如，张宗和等（2009）使用因子分析法，研究了 2006 年我国各省份创新投入的差异；又如，周立和吴玉鸣（2006）使用因子分析法，对中国各省份的创新能力进行了排序和评价；再如，杨晔（2008）利用因子分析法对我国不同区域工业企业的自主创新能力进行了评价。但是，因子分析法等客观赋权方法不能反映研究结果随时间的变化情况，因此得出的评价结果不具有纵向可比性。

Coppi & Zannella（1978）提出的动态因子分析法，既能保证研究结果的客观性，又能进行跨期对比，目前在研究中得到了较为广泛的应用。例如，Federici & Mazzitelli（2005）利用动态因子分析法计算了 13 个 OECD 国家 1992—2000 年的创新指数，Forni et al.（2004）利用动态因子分析法计算了欧盟的一致性指数，胡日东和李颖（2011）利用动态因子分析法评价了我国房地产业的发展状况，贾智莲和卢洪友（2010）利用动态因子分析法计算了财政分权与教育民生类公共产品供给的有效性指数，崔敏和魏修建（2015）利用动态因子分析法考察了服务业内部结构演变及行业发展的异质性，靳宗振和刘海波（2015）利用动态因子分析法计算了北京、上海、天津和深圳 2008—2012 年的知财运营指数，成金华等（2015）利用动态因子分析法评价了我国生态文明发展水平的空间分布情况。

而纵观国内外文献，目前还没有利用动态因子分析法来计算我国区域技术创新能力指数的研究。本书参照 Federici & Mazzitelli（2005）给出的动态因子分析法的计算步骤来计算各地区技术创新综合能力指数，具体过程如下：

第一步，对样本数据 X_{ijt} 进行标准化处理，其中 i 为观测主体，$i=1,\cdots,I$；j 为观测指标，$j=1,\cdots,J$；t 为观测时期，$t=1,\cdots,T$。

第二步，计算数据指标 X_{ijt} 每年的协方差矩阵 $S_{(t)}$ 和平均协方差矩阵 S_T，$S_T=\frac{1}{T}\sum_{1}^{T}S_{(t)}$。

第三步，计算 S_T 的特征值及对应的特征向量、方差贡献率、累积方差贡献率。

第四步，计算各观测主体的平均得分矩阵：$c_{ih}=(\overline{z_i}-\overline{z_{\#}})'\cdot a_h$，其中 a_h 为特征向量，$\overline{z_i}=\frac{1}{T}\sum_{t=1}^{T}z_{it}$ 为单个主体的平均向量，$\overline{z_{\#}}=\frac{1}{I}\sum_{i=1}^{I}\overline{z_i}$ 为总体平均向量，$z_{it}'=(z_{i1t},z_{i2t},\cdots,z_{ijt})'$。

第五步，计算各观测主体的动态得分矩阵：$c_{iht}=(z_{it}-\overline{z_{\#t}})'\cdot a_h$，其中 $\overline{z_{\#t}}=\frac{1}{I}\sum_{t=1}^{I}z_{it}$，$\overline{z_{\#t}}$ 为第 t 年各观测指标的平均值。

第六步，参照崔敏和魏修建（2015）、贾智莲和卢洪友（2010）的研究方法，利用各特征值的方差贡献率 d_i 及各特征值的动态因子得分 f_i，计算加权平均因子得分 $E=\sum d_if_i$，作为技术创新综合能力指数。

二、评价指标说明及数据来源

本书从创新投入、创新产出、创新绩效、协同创新能力、创新环境五个方面挑选数据指标，计算区域技术创新综合能力指数，在参考其他学者研究成果的基础上，共考察了 16 个变量（见表 7—1）。

表 7—1　　区域技术创新综合能力度量指标

度量角度	度量指标	单位
创新投入	R&D 人员全时当量	亿元
	R&D 资本存量	人年
创新产出	专利	项
	新产品销售收入	万元
创新绩效	根据 DEA 模型测算得到	—
协同创新能力	技术市场成交额	万元
	政府在地区研发资金中的投资比重	%
	金融机构在地区研发资金中的投资比重	%
	企业在高校研发资金中的投资比重	%
	企业在科研机构资金中的投资比重	%

续表

度量角度	度量指标	单位
创新环境	人均国民生产总值	元/人
	电话普及率	部/百人
	私营企业数	户
	人均拥有公路里程	千米/万人
	人均邮电业务总量	元/人
	人均受教育年限	年

(一)创新投入指标

创新投入指标主要有研发人员投入和研发资金投入两个方面的指标。

在研发人员投入方面,本书利用 R&D 人员全时当量来进行衡量,具体数据采用《中国高技术产业统计年鉴》公布的"历年 R&D 活动人员折合全时当量"的数据。

在研发资金投入方面,本书借鉴 Henderson & Russell(2005)、白俊红和蒋伏心(2015)、吴延兵(2006)的研究,利用永续盘存法估算 R&D 资本存量来衡量研发资金投入。R&D 资本存量估算公式为:

$$K_{it}=(1-\delta)K_{i(t-1)}+E_{i(t-1)}$$

其中,K_{it} 为 t 期的 R&D 资本存量,$K_{i(t-1)}$ 为 $t-1$ 期的 R&D 资本存量,δ 为资本折旧率。[①] 由于估算 R&D 资本存量必须把名义的投资额转化为不变价格表示,因此本书利用 R&D 支出价格指数对名义 R&D 经费支出进行平减,得到实际的 R&D 经费支出 $E_{i(t-1)}$。[②]

基期 R&D 资本存量估算公式为:

$$K_{i0}=E_{i0}/(g+\delta)$$

其中,K_{i0} 为基期的 R&D 资本存量,E_{i0} 为基期的 R&D 经费支出额,g 为实际 R&D 经费支出的几何平均增长率。在得到基期 R&D 资本存量后,利用实际 R&D 经费支出、资本折旧率,就可以估算出各个省份每年的 R&D 资本存量。

① 借鉴吴延兵(2006),$\delta=15\%$。

② 借鉴朱平芳和徐伟民(2003),R&D 支出价格指数=0.55×消费价格指数+0.45×固定资产投资价格指数。

消费价格指数和固定资产投资价格指数、当年价格 R&D 经费支出来源于中经网统计数据库、《中国统计年鉴》及中国经济与社会发展统计数据库。

（二）创新产出指标

在选择创新产出指标时，本书不仅考虑了技术创新的知识成果，还考虑了技术创新的经济转化能力，因此采用了专利和新产品销售收入两个指标。专利为历年各个省份的专利授予数，来源于国家统计局、中国经济与社会发展统计数据库。新产品销售收入来源于中国经济与社会发展统计数据库公布的历年"大中型工业企业新产品销售收入"。

（三）创新绩效指标

创新投入和创新产出是对技术创新能力在水平层面的衡量，而创新绩效是对不同地区创新效率的测度。以往张江雪和朱磊(2012)、Guan & Chen(2010)、白俊红和蒋伏心(2015)等众多学者使用 DEA 方法测算了不同地区的创新绩效，结果显示创新投入和创新产出相对较高的地区，创新绩效不一定高。为了更全面地衡量区域技术创新的综合水平和能力情况，本书在创新投入和创新产出的基础上，使用 DEA 方法测算了不同地区的创新绩效，以衡量不同地区创新效率的差异和区域创新综合能力。计算过程中采用的创新投入指标为上文的研发资金投入和研发人员投入，创新产出指标为专利和新产品销售收入。

（四）协同创新能力指标

一个地区技术创新水平的高低，是企业、高校、科学研究机构等创新直接主体与政府、金融机构等创新间接主体通力合作的结果，因此本书把地区协同创新能力考虑在内，并借鉴白俊红和蒋伏心(2015)的研究，利用创新直接主体与创新间接主体之间的资金往来表示协同创新，采用了政府在地区研发资金中的投资比重、金融机构在地区研发资金中的投资比重、企业在高校研发资金中的投资比重、企业在研究机构研发资金中的投资比重这四个指标。另外，本书还把技术市场成交额也作为协同创新的衡量指标之一。

在上述五个协同创新能力指标中，政府在地区研发资金中的投资比重来源于《中国科技统计年鉴》公布的地区研究资金构成数据(由于 1990—1996 年数据缺失，因此 1990—1996 年数据以研究开发机构贷款情况代替）；金融机构在地区研发资金中的投资比重借鉴了白俊红和蒋伏心（2015）的研究成果，用地区研发资金减去政府、企业、国外支出来近似表示；企业在高校研发资金中的投资比重是根据《中国科技统计年鉴》公布的“各地区高等学校研究与发展经费拨入状况”计算得到；企业在研究机构研发资金中的投资比重用《中国科技统计年鉴》公布的“各地区研究与开发机构经费收入构成情况”中的其他收入金额除以收入总额的数值来近似代替。技术市场成交额可以由中国经济与社会发展统计数据库直接得到。

（五）创新环境指标

经济发展水平、市场活跃情况、劳动力素质等因素综合决定了一个地区的创新环境。本书考虑了人均国民生产总值、电话普及率、人均邮电业务总量、私营企业数、人均拥有公路里程、人均受教育年限这六个指标，分别涵盖一个地区的经济发展水平、通信水平、市场活跃情况、基础设施完备程度及劳动力素质情况。其中，人均国民生产总值、电话普及率、私营企业数可以直接由中经网统计数据库、《中国统计年鉴》、国家统计局得到，人均邮电业务总量、人均公路里程为各地区的邮电业务总量、公路里程数与本地区人口总数之比，邮电业务总量、公路里程数来源于国家统计局，人口总数来源于国家统计局公布的年末常住人口数据。人均受教育年限数据根据《中国人口统计年鉴》、国家统计局公布的人口受教育程度抽样调查数据并根据公式计算得到①，缺失年份的人均受教育年限根据陈钊等（2004）给出的方法测算补齐。

三、各地区技术创新综合能力指数测算结果

本部分对我国不同省份的区域技术创新综合能力进行动态评价，即根据上

---

①　借鉴徐瑛等（2006），人均受教育年限计算公式 $h_{i,t}=\frac{\sum_{j=1}^{5} edu_{itj}p_{itj}}{N_{it}}$。其中，$h_{it}$ 表示 t 年 i 省的平均受教育年限；p_{itj} 表示 t 年 i 省第 j 种教育层次的人口数；edu_{itj} 表示 t 年 i 省 j 种教育层次的受教育年限；N_{it} 表示 t 年 i 省 6 岁及以上人口数；$j=1$、2、3、4、5，分别代表教育层次为文盲、小学、初中、高中（包括中专）、大专及以上，对应的受教育年限 edu_{itj} 分别为 0 年、6 年、9 年、12 年、16 年。

文的方法和数据，计算我国 29 个省份 1990—2014 年的各地区技术创新综合能力指数。

表 7—2 是根据动态因子分析方法计算得到的 16 个特征值、各自的方差贡献率及累积方差贡献率。借鉴 Federici & Mazzitelli(2005)、崔敏和魏修建(2015)、贾智莲和卢洪友(2010)的研究，并根据特征值大于 1 的原则，挑选前 15 个特征值作为计算区域技术创新综合能力指数的计算因子，而从累积方差贡献率来看，这 15 个计算因子对总体方差的贡献率几乎达到 100%，解释力度良好。因此，本书以前 15 个特征值和各自的方差贡献率为基础，采用加权平均的方法计算各个地区的技术创新综合能力指数。

表 7—2　　各个特征值及其方差贡献率

因子	特征值	方差贡献率	累积方差贡献率
e1	87.84	0.29	0.293
e2	62.24	0.21	0.500
e3	26.02	0.09	0.587
e4	23.54	0.08	0.665
e5	20.67	0.07	0.734
e6	18.48	0.06	0.796
e7	17.56	0.06	0.854
e8	12.70	0.04	0.897
e9	9.07	0.03	0.927
e10	6.34	0.02	0.948
e11	5.97	0.02	0.968
e12	2.97	0.01	0.978
e13	2.37	0.01	0.986
e14	1.97	0.01	0.992
e15	1.72	0.01	0.998
e16	0.60	0.00	1

表 7—3 列示了通过计算得到的各个地区技术创新综合能力指数。从因子得分结果来看，各省份的技术创新综合能力指数差异较大，江苏、上海、广东、浙江、四川、山东、北京、辽宁、天津、湖北、湖南 11 个省份的技术创新水平较高(大于 0)，而河南、福建、陕西、河北、吉林、安徽、黑龙江、广西、江西、甘肃、云南、山

西、内蒙古、贵州、海南、新疆、宁夏、青海 18 个省份的技术创新水平较低（小于 0）。由此可见，截至 2014 年，我国处于技术创新前沿的省份相对较少，大多数省份还处于技术创新水平落后的状态。

表 7—3　　我国各省份的技术创新综合能力指数

省份	1990 年	1995 年	2000 年	2005 年	2010 年	2014 年	因子平均得分	排序
北京	－0.68	0.65	0.31	0.33	0.39	0.98	0.36	7
天津	－0.71	0.83	0.63	0.16	0.13	0.47	0.26	9
河北	－0.57	0.79	－0.09	0.23	－0.35	－0.16	－0.07	15
辽宁	－0.48	1.25	0.31	0.23	0.12	0.38	0.28	8
上海	－0.23	1.71	0.89	0.82	0.92	0.71	0.80	2
江苏	－0.21	－0.07	0.68	0.54	1.79	2.77	1.00	1
浙江	－0.29	－0.10	0.88	0.59	1.15	1.74	0.78	4
福建	－0.56	－0.60	0.51	0.12	－0.14	－0.42	－0.03	13
山东	－0.41	－0.56	0.47	0.53	0.94	1.10	0.42	6
广东	－0.28	－0.66	0.65	0.89	1.80	2.39	0.78	3
海南	－0.80	－0.78	－0.39	－0.44	－0.77	－1.39	－0.56	26
山西	－0.46	－0.74	－0.56	0.04	－0.38	－0.94	－0.37	23
吉林	0.01	－0.37	－0.34	0.35	－0.13	－0.87	－0.08	16
黑龙江	0.03	－0.19	－0.19	0.35	－0.35	－0.64	－0.14	18
安徽	0.19	－0.31	－0.36	0.51	－0.07	－0.29	－0.08	17
江西	0.01	－0.41	－0.35	－0.35	－0.16	－0.78	－0.26	20
河南	0.51	－0.25	－0.36	－0.51	0.15	－0.17	－0.03	12
湖北	0.53	－0.14	－0.13	－0.19	0.26	0.05	0.06	10
湖南	0.53	－0.01	－0.08	－0.24	0.23	0.08	0.02	11
内蒙古	0.42	－0.16	－0.45	－0.40	－0.22	－0.83	－0.39	24
广西	1.14	0.09	－0.41	－0.43	－0.32	－0.74	－0.16	19
四川	1.23	0.27	0.41	0.39	0.53	1.18	0.62	5
贵州	1.32	－0.38	－0.39	－0.55	－0.73	－0.62	－0.45	25
云南	1.68	－0.19	－0.35	－0.61	－0.65	－0.74	－0.35	22
陕西	2.15	0.23	－0.01	－0.24	－0.39	－0.18	－0.06	14
甘肃	－0.74	0.25	－0.19	－0.40	－0.56	－0.62	－0.32	21
青海	－1.11	－0.31	－0.54	－0.64	－1.41	－0.90	－0.84	29
宁夏	－1.22	－0.03	－0.37	－0.39	－0.89	－0.84	－0.59	28
新疆	－1.03	0.20	－0.18	－0.66	－0.90	－0.74	－0.59	27

表7—3的最后一列是对各省份的技术创新综合能力指数的排序，江苏省的平均因子得分最高，大于1，而青海省的平均因子得分最低，仅为—0.84。上海、江苏、浙江、广东等地区的技术创新综合能力指数排在前几位，技术创新能力优于大多数省份，而青海、宁夏、新疆、海南等省份的技术创新能力指数排在后几位，技术创新能力与大多数省份相比处于劣势。

另外，各省技术创新综合能力指数的排序情况大致与其经济发展水平相一致，经济发展水平较高的地区，相对具有较高的技术创新能力，而经济发展水平较低的地区，技术创新能力也较低。经济发展水平高的地区，能为技术创新提供相对较好的创新环境、吸引更多优秀的人才及高新技术企业，创新产出也更容易转化成现实的经济成果。由此可见，提高经济发展水平是增强技术创新能力的基础。

图7—1展示了各省份技术创新综合能力指数的逐年变化情况。从图7—1中可以看出，各省份技术创新综合能力指数呈现出动态变化的趋势。江苏、上海、广东、浙江、北京、山东、四川等省份的技术创新综合能力指数呈现出微弱上升的趋势，广西、内蒙古、新疆、黑龙江、吉林等省份呈现出略微下降的趋势，而其他省份的技术创新综合能力指数大致呈现出不断波动的状态。

近年来，我国大力促进技术研发和创新，提出了建设创新型国家的重大战略决策，并出台了一系列财政税收政策来支持我国科技创新事业的发展。创新型国家建设战略的提出及一系列财税支持措施的施行，极大地促进了我国科学事业的发展。中国生产力学会课题组(2015)研究发现，建设创新型国家的重大战略决策提出以来，我国科研费用和科技成果实现快速增长。与此同时，各地区响应党中央的战略决策，纷纷出台适应本地区经济发展和科技现状的政策措施，并增加研究与试验发展经费支出、安排科技支撑课题及成立各种研究中心和实验室，多渠道、多方式来促进本地区科学研究事业的发展。

地方政府重视科学技术创新，为各地区技术创新能力的提高创造了较好的条件，最终一个地区技术创新能力的大小，是政府的财力物力支持、科研直接主体和间接主体的通力合作、地区创新环境等因素综合作用的结果。技术创新能力的培育具备一定的复杂性，一个地区不同时期的技术创新能力更是处于动态

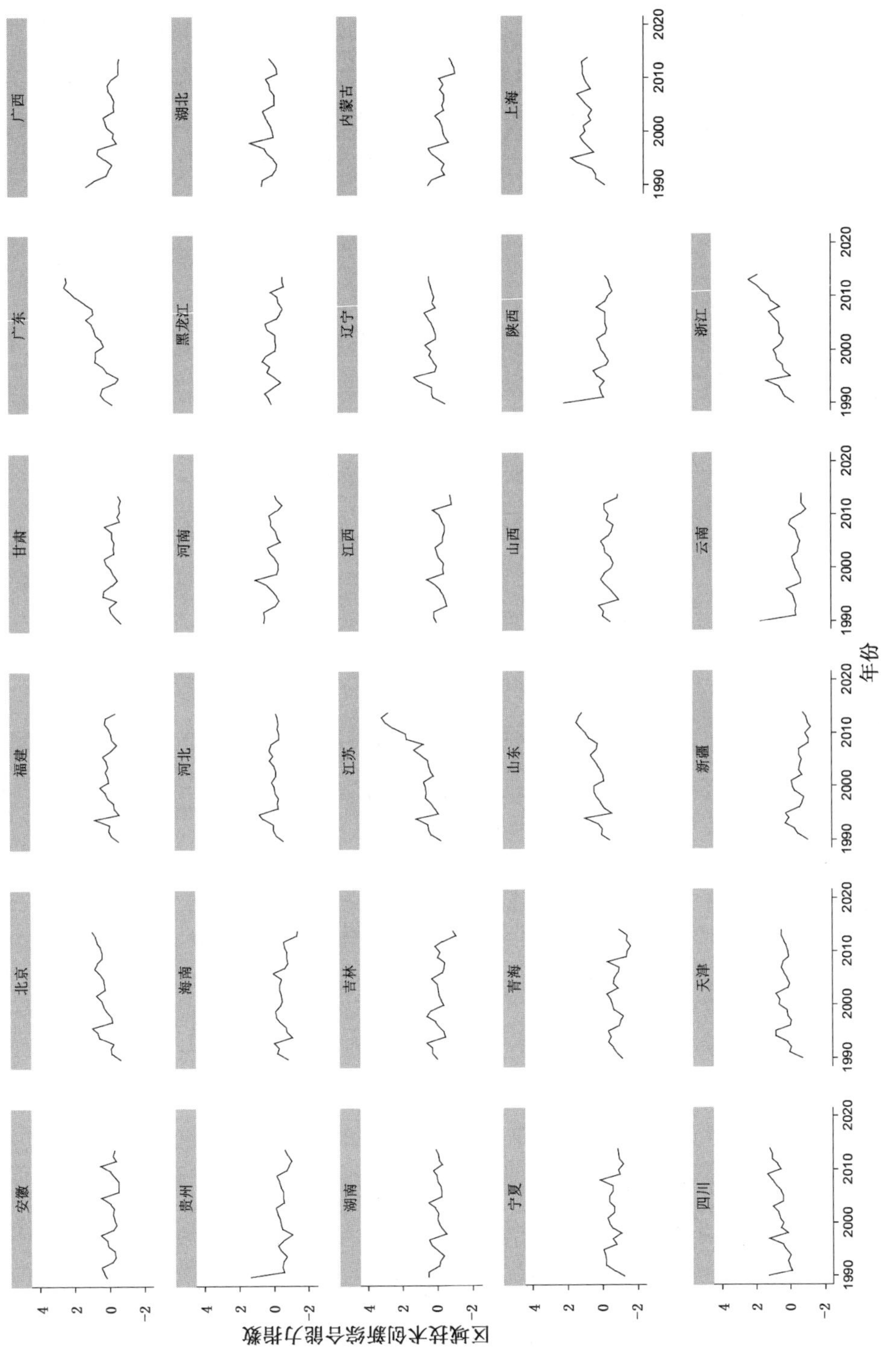

图7-1 各省份区域技术创新综合能力指数变化

的变化过程之中。技术创新能力的动态性和复杂性,决定了影响技术创新能力的因素的多样性。归结到人口老龄化层面,人口老龄化既可能通过劳动效率效应促进技术创新,也可能通过人力资本效应和老龄负担效应阻碍技术创新,究竟人口老龄化对技术创新具有积极影响还是消极影响,需要进一步借助实证模型进行检验。

第五节　人口老龄化对技术创新影响的实证研究

一、人口老龄化对技术创新影响的计量模型设定

基于前一节测得的我国1990—2014年的各地区技术创新综合能力指数,本节将对人口老龄化与技术创新之间的关系进行深入探讨。本部分构建如下三个计量模型,分别验证人口老龄化通过影响技术创新的人力资本水平、劳动者的劳动效率、加重老龄负担、挤占创新资源进而影响一个地区的技术创新综合能力。

$$I_{it}=\delta_0+\delta_1 I_{it-1}+\delta_2 olddep_{it}+\delta_3 olddep_{it}\cdot sp_{it}+\delta_4 X_{it}+\mu_i+\varepsilon_{it} \quad (7-1)$$

$$I_{it}=\phi_0+\phi_1 I_{it-1}+\phi_2 olddep_{it}+\phi_3 olddep_{it}\cdot y_{it}+\phi_4 X_{it}+\mu_i+\varepsilon_{it} \quad (7-2)$$

$$I_{it}=\eta_0+\eta_1 I_{it-1}+\eta_2 olddep_{it}+\eta_3 olddep_{it}\cdot br_{it}+\eta_4 X_{it}+\mu_i+\varepsilon_{it} \quad (7-3)$$

被解释变量 I_{it} 为上文计算得到的各省份的区域技术创新综合能力指数。由于一个地区的技术创新能力受到上一期技术创新能力的影响,因此在模型中加入了技术创新综合能力指数的滞后项 I_{it-1}。模型的核心解释变量为老年人抚养比 $olddep_{it}$,按照国际通用的指标,用65岁及以上老年人口与15～64岁劳动年龄人口的比值来度量。为了验证人口老龄化通过影响技术创新领域的人力资本水平、科研人员的劳动效率及加重养老负担、挤出科技资源从而影响一个地区的技术创新能力,本书引入老年抚养比与科技活动人员对数值的交互项 $olddep_{it}\cdot sp_{it}$、老年抚养比与科技活动人员创造的新产品价值的交互项 $olddep_{it}\cdot y_{it}$、老年抚养比与基本养老基金支出占GDP比重的交互项 $olddep_{it}\cdot br_{it}$,来验证本书提出的人口老龄化影响技术创新的人力资本效应、劳动效率效应和

老龄负担效应。其中，科技活动人员对数值 sp_{it} 由《中国科技统计年鉴》公布的历年科技活动人员数计算得到，科技活动人员创造的新产品价值 y_{it} 为新产品销售收入与科研活动人员总数之比，新产品销售收入的数据来源与表 7－1 的创新产出指标相同，基本养老基金支出占 GDP 比重 br_{it} 为中国经济和社会发展统计数据库公布的“基本养老保险基金支出”与当年本地区 GDP 之比。

X_{it} 为影响区域技术创新能力的一组控制变量，包括：

一是人均 GDP（$pgdp_{it}$）。经济发展水平是技术创新的根本，一个地区经济越发达，越能为该地区技术创新能力的提高提供良好的物质条件。本书使用人均 GDP（万元）作为地区经济发展水平的代理指标，并利用人均地区生产总值指数转化为 1990 年不变价格表示。人均地区生产总值指数来源于中经网数据库。

二是工业化率（$indratio_{it}$）。工业化率为工业产值占 GDP 的比重。工业化率对区域技术创新既可能有促进作用，也可能有阻碍作用。一方面，大量发明创造需要借助工业化手段才能生产出来，工业行业可以为技术创新提供良好的生产能力支撑；另一方面，如果一个地区过度强调工业生产，忽视技术研发等软实力，也可能对技术创新综合能力的提升产生不利影响。工业产值数据及 GDP 数据来源于中国经济与社会发展统计数据库。

三是地区间经济差距［$\ln(y_{max}/y_{it})$］。落后地区可以依靠直接引进先进地区的科技研发成果而获得发展，但如果一个地区的经济发展水平过低，那么发达地区的技术成果即使被落后地区引进，也难以被落后地区消化和吸收。本书用 $\ln(y_{max}/y_{it})$ 表示地区间经济发展差距，其中 y 为地区生产总值。一个地区与发达地区的经济差距越大，该指标取值就越高；如果某一年某省的地区生产总值最高，则该省该指标在这一年的取值为 0。地区生产总值数据为以 1990 年不变价格表示的实际 GDP。

四是贸易依存度（f_{it}）。贸易依存度为进出口贸易总额占国内生产总值（GDP）的比重。根据贺京同和李峰（2007）、李三希和姚东旻（2013）的研究成果，贸易依存度会对一个地区的创新产出产生影响，因此本书把贸易依存度纳入回归方程，作为影响区域技术创新的因素之一。其中，进出口贸易总额使用中经网数据库公布的数据，并使用美元兑人民币平均汇率转换成人民币表示。

五是人均拥有公路里程的对数(ic_{it})。该数值为各省份每年的人均公路里程的对数值,其中,人均公路里程为国家统计局公布的公路里程总量与年末常住人口之比。

此外,μ_i 代表不可观测的地区固定效应,ε_{it} 表示随机扰动项。

二、数据描述

表 7—4 列示了各个变量的描述性统计情况,共计 725 个观测值。从表中可以看出,我国区域技术创新综合能力指数 I_{it} 的均值为—0.000 2,最小值为—1.57,最大值为 3.2。这说明,截至 2014 年我国技术创新综合能力水平总体偏低,同时区域间技术创新水平差异较大。人口老龄化水平 $olddep_{it}$ 均值为 10.904 8,意味着 65 岁及以上老年人约占 15～64 岁劳动年龄人口的 10.904 8%。基本养老基金支出占 GDP 比重 br_{it} 均值为 2.198,变动范围从 0.48 到 10.06;科技活动人员对数值 sp_{it} 均值为 2.116,变动范围从—1.33 到 4.78;科技活动人员创造的新产品价值 y_{it} 均值为 88.6,变动范围从 2.3 到 640.4。

表 7—4　　变量的描述性统计

变量	观测值	均值	标准差	最小值	最大值
I_{it}	725	—0.000 2	0.647	—1.57	3.2
br_{it}	725	2.198	1.101	0.48	10.06
sp_{it}	725	2.116	1.061	—1.33	4.78
y_{it}	725	88.6	92.89	2.3	640.4
$olddep_{it}$	725	10.904 8	2.592	4.38	21.88
$indratio_{it}$	725	0.389 1	0.084	0.11	0.59
$\ln(y_{max}/y_{it})$	725	1.495 8	0.916	0	3.89
f_{it}	725	2.808 1	0.958	1.17	5.2
ic_{it}	725	19.288	16.281	1.67	121.28
$pgdp_{it}$	725	0.810 9	0.764	0.08	4.56

其他控制变量的描述性统计情况也列示在表 7—4 中:人均 GDP 均值为 0.810 9,变动范围从 0.08 到 4.56;工业化率 $indratio_{it}$ 均值为 0.389 1,变动范围从 0.11 到 0.59;反映地区经济发展差距的 $\ln(y_{max}/y_{it})$ 均值为 1.495 8,变动

范围从 0 到 3.89；贸易依存度 f_{it} 均值为 2.808 1，变动范围从 1.17 到 5.2，反映基础设施情况的人均拥有公路里程对数 ic_{it} 均值为 19.288，变动范围从 1.67 到 121.28。

三、人口老龄化对技术创新的直接影响

表 7—5 采用逐步加入解释变量的方式，考察了人口老龄化对技术创新的直接影响。由于模型中加入了技术创新综合能力指数的一阶滞后项，因此采用 GMM 方法进行估计，本书使用 3 阶技术创新综合能力指数的滞后项作为工具变量。在进行 GMM 估计时，要检验工具变量的有效性，从表 7—5 中可以看出，Sargan 统计量的 P 值均无法拒绝"所有工具变量均有效"的原假设，显示工具变量是有效的。另外，GMM 估计还要检验扰动项是否存在自相关，AR(1)的 P 值和 AR(2)的 P 值显示扰动项的差分存在一阶自相关且不存在二阶自相关，因此接受"扰动项不存在自相关"的原假设。

表 7—5　　人口老龄化对技术创新的直接影响①

	(1) 差分 GMM	(2) 差分 GMM	(3) 差分 GMM	(4) 差分 GMM	(5) 差分 GMM	(6) 差分 GMM
$L.i$	0.329***	0.321***	0.313***	0.291***	0.291***	0.305***
	(0.018 3)	(0.017 4)	(0.022 7)	(0.044 8)	(0.041 2)	(0.038 4)
$olddep_{it}$	−0.028 4***	−0.039 7***	−0.033 0***	−0.035 3***	−0.037 0***	−0.033 7***
	(0.005 90)	(0.006 11)	(0.009 07)	(0.009 61)	(0.009 93)	(0.010 6)
$pgdp_{it}$		0.197	0.297*	0.269**	0.268*	0.505**
		(0.121)	(0.166)	(0.125)	(0.148)	(0.218)
$indratio_{it}$			−0.092 6	−0.835	−1.431	0.523
			(1.615)	(1.522)	(1.610)	(2.005)
f_{it}				−0.040 0	−0.034 8	−0.096 4
				(0.050 2)	(0.038 6)	(0.065 5)
$\ln(y_{max}/y_{it})$					0.367	−0.151
					(0.833)	(0.897)
ic_{it}						−0.002 76***
						(0.000 991)
AR(1)P 值	0.000 0	0.000 0	0.000 0	0.000 0	0.000 0	0.000 0

① 这里只给出了差分 GMM 的结果。系统 GMM 的估计结果与差分 GMM 的结果相近。

续表

	(1) 差分 GMM	(2) 差分 GMM	(3) 差分 GMM	(4) 差分 GMM	(5) 差分 GMM	(6) 差分 GMM
AR(2)P 值	0.384 2	0.423 1	0.408 8	0.498 3	0.529 6	0.328 7
Sargan 检验 (P 值)	28.94 (1.000 0)	27.48 (1.000 0)	27.51 (1.000 0)	26.55 (1.000 0)	27.42 (1.000 0)	23.19 (1.000 0)
Wald 检验 (P 值)	368.79 (0.000 0)	545.01 (0.000 0)	434.66 (0.000 0)	164.05 (0.000 0)	209.96 (0.000 0)	107.72 (0.000 0)
样本量	667	667	667	667	667	667

注：***、**、*分别表示 P 值的显著性水平为1%、5%和10%，括号内为标准误。

从估计结果来看，六个模型均显示老年抚养比在1%水平上显著为负，人口老龄化对技术创新具有消极影响。技术创新综合能力指数的一阶滞后在1%水平上显著为正，如果上一期的技术创新能力较强，那么对本期的技术创新能力具有积极作用，技术创新是一个动态的过程。

模型6是加入所有变量之后的回归结果，显示老年抚养比每上升1个单位，技术创新综合能力下降0.033 7个单位。$pgdp_{it}$ 在5%水平上显著为正，$pgdp_{it}$ 每上升1个单位，技术创新综合能力指数上升0.505个单位。经济发展水平的提高对技术创新具有显著的促进作用，一个地区经济实力的增强有助于提高其技术创新能力，与各省份技术创新综合能力指数的排序情况相一致。本书以模型6的结果为基准，在此基础上考虑人口老龄化影响技术创新的人力资本效应、劳动效率效应和老龄负担效应。

四、人口老龄化对技术创新的影响机制的实证分析

本书在实证检验人口老龄化对技术创新的直接影响的基础上，对人口老龄化影响技术创新的人力资本效应、劳动效率效应、老龄负担效应进行检验。在检验时，本书不仅采用上文测算得到的技术创新综合能力指数来作为技术创新的代理指标，还从创新投入、创新产出、创新绩效、协同创新能力、创新环境五个方面入手，采用动态因子分析方法，计算得到创新投入指数、创新产出指数、协同创新能力指数、创新环境指数，进而验证人口老龄化对创新投入、创新产出、创新绩效、协同创新、创新环境的影响。

（一）人口老龄化对技术创新综合能力的影响

本部分以技术创新综合能力指数为被解释变量，对人口老龄化影响技术创新的人力资本效应、劳动效率效应、老龄负担效应进行检验。由于模型中加入了技术创新综合能力指数的一阶滞后项，因此采用GMM方法进行估计，使用3阶技术创新综合能力指数的滞后项作为工具变量。在进行GMM估计时，要检验工具变量的有效性，从表7—6中可以看出，Sargan统计量的P值均无法拒绝"所有工具变量均有效"的原假设，显示工具变量是有效的。另外，GMM估计还要检验扰动项是否存在自相关，AR(1)的P值和AR(2)的P值显示扰动项的差分存在一阶自相关且不存在二阶自相关，因此接受"扰动项不存在自相关"的原假设。

表7—6　人口老龄化对技术创新综合能力指数的影响

	人力资本效应		劳动效率效应		老龄负担效应	
	差分GMM	系统GMM	差分GMM	系统GMM	差分GMM	系统GMM
$L.i$	0.323***	0.423***	0.305***	0.464***	0.328***	0.426***
	(0.030 8)	(0.033 9)	(0.037 8)	(0.031 5)	(0.027 9)	(0.032 1)
$olddep_{it}\cdot sp_{it}$	−0.007 84***	0.002 84				
	(0.003 03)	(0.004 15)				
$olddep_{it}\cdot y_{it}$			0.000 054***	0.000 038***		
			(0.000 008 3)	(0.000 007 3)		
$olddep_{it}\cdot br_{it}$					−0.002 80***	−0.003 86***
					(0.001 03)	(0.001 03)
$olddep_{it}$	−0.021 7*	−0.035 5	−0.052 5***	−0.038 8***	−0.028 1***	−0.016 1
	(0.011 2)	(0.026 7)	(0.010 8)	(0.009 34)	(0.009 62)	(0.011 2)
$indratio_{it}$	0.593	−2.225*	−1.184	−0.910	1.254	−1.716*
	(2.126)	(1.231)	(1.722)	(0.969)	(2.001)	(0.954)
f_{it}	−0.089 0	0.201***	−0.027 9	0.079 0	−0.127*	0.174**
	(0.078 1)	(0.074 3)	(0.066 3)	(0.078 8)	(0.074 5)	(0.069 7)
$\ln(y_{max}/y_{it})$	0.535	−0.237***	0.237	−0.179**	0.296	−0.137
	(0.841)	(0.074 4)	(0.683)	(0.091 0)	(1.283)	(0.116)
$pgdp_{it}$	0.417*	0.237**	0.195	0.256	0.331	0.346*
	(0.238)	(0.120)	(0.153)	(0.161)	(0.241)	(0.208)
ic_{it}	−0.003 2***	−0.001 09	−0.002 12**	−0.002 28**	−0.003 6***	−0.001 81*
	(0.001 18)	(0.001 17)	(0.000 993)	(0.000 936)	(0.000 835)	(0.000 931)
AR(1)P值	0.000 0	0.000 0	0.000 0	0.000 0	0.000 0	0.000 0
AR(2)P值	0.419 2	0.128 9	0.441 7	0.088 6	0.432 6	0.151 5

续表

	人力资本效应		劳动效率效应		老龄负担效应	
	差分 GMM	系统 GMM	差分 GMM	系统 GMM	差分 GMM	系统 GMM
Sargan 检验	27.20	25.56	27.54	24.84	25.51	26.07
（P 值）	(1.000 0)	(1.000 0)	(1.000 0)	(1.000 0)	(1.000 0)	(1.000 0)
Wald 检验	284.58	122.59	104.27	2 416.75	451.54	1 739.34
（P 值）	(0.000 0)	(0.000 0)	(0.000 0)	(0.000 0)	(0.000 0)	(0.000 0)
样本量	667	696	667	696	667	696

注：***、**、* 分别表示 P 值显著性水平为 1%、5%和 10%，括号内为标准误。

从表 7－6 的估计结果来看，技术创新综合能力指数的滞后一期均在 1%水平上显著为正，因此上一期的技术创新能力对本期的技术创新具有积极作用。表中前两列是对人力资本效应的估计结果，差分 GMM 估计结果显示 $olddep_{it} \cdot y_{it}$ 的系数在 1%水平上显著为负，系统 GMM 的估计结果显示 $olddep_{it} \cdot sp_{it}$ 的系数也为负值，但不显著。人口老龄化通过降低技术创新领域的人力资本水平，对一个地区的技术创新产生消极影响。中间两列是对劳动效率效应的检验结果，差分 GMM 和系统 GMM 均显示 $olddep_{it} \cdot y_{it}$ 的结果在 1%水平上显著为正，人口老龄化通过促进人均科研产出而对提高一个地区的技术创新能力产生积极影响。最后两列是对老龄负担效应的检验结果，差分 GMM 和系统 GMM 均显示 $olddep_{it} \cdot br_{it}$ 的估计结果在 1%水平上显著为负，人口老龄化通过加重养老负担、挤出科研资源进而对一个地区的技术创新产生不利影响。

（二）人口老龄化对创新投入的影响

本部分采用动态因子分析方法，利用表 7－1 给出的创新投入数据，计算得到创新投入指数，并检验人口老龄化对创新投入的人力资本效应、劳动效率效应、老龄负担效应。本部分同样采用 GMM 方法进行估计，使用 3 阶创新投入指数的滞后项作为工具变量。在进行 GMM 估计时，要检验工具变量的有效性，从表 7－7 中可以看出，Sargan 统计量的 P 值均无法拒绝“所有工具变量均有效”的原假设，显示工具变量是有效的。另外，GMM 估计还要检验扰动项是否存在自相关，AR(1)的 P 值和 AR(2)的 P 值显示扰动项的差分存在一阶自相关且不存在二阶自相关，因此接受“扰动项不存在自相关”的原假设。

表 7—7　　人口老龄化对创新投入的影响

	人力资本效应		劳动效率效应		老龄负担效应	
	差分 GMM	系统 GMM	差分 GMM	系统 GMM	差分 GMM	系统 GMM
$L.input$	0.285***	0.278***	0.283***	0.277***	0.288***	0.277***
	(0.007 88)	(0.007 94)	(0.044 1)	(0.041 3)	(0.042 7)	(0.007 35)
$olddep_{it} \cdot sp_{it}$	−0.020 6*	−0.016 9				
	(0.012 4)	(0.010 8)				
$olddep_{it} \cdot y_{it}$			−0.000 060 1	−0.000 064 1		
			(0.000 081 4)	(0.000 058 2)		
$olddep_{it} \cdot br_{it}$					0.011 5	0.007 50
					(0.014 5)	(0.005 11)
$olddep_{it}$	0.055 7	0.061 4*	0.031 6	0.031 9	−0.017 5	−0.007 08
	(0.041 7)	(0.035 9)	(0.075 3)	(0.075 8)	(0.093 2)	(0.037 2)
$indratio_{it}$	2.051	−1.039	−0.055 2	−1.478	0.046 9	−0.960
	(4.852)	(1.338)	(5.507)	(2.066)	(4.511)	(1.661)
f_{it}	−0.478**	−0.251	−0.398	−0.262	−0.342	−0.253
	(0.223)	(0.209)	(0.417)	(0.309)	(0.431)	(0.218)
$\ln(y_{max}/y_{it})$	0.750	−0.246	0.115	−0.307	0.670	−0.018 2
	(2.434)	(0.313)	(3.293)	(0.543)	(3.653)	(0.566)
ic_{it}	−0.002 91*	−0.000 322	−0.002 21	0.000 198	−0.001 75	0.000 066 0
	(0.001 70)	(0.001 11)	(0.002 67)	(0.002 50)	(0.002 24)	(0.001 31)
$pgdp_{it}$	0.688	0.221	−0.187	0.309	−0.205	−0.237
	(1.459)	(0.717)	(1.484)	(1.452)	(1.617)	(0.670)
AR(1)P 值	0.000 0	0.000 0	0.000 0	0.000 0	0.000 0	0.000 0
AR(2)P 值	0.655 9	0.695 1	0.709 0	0.731 6	0.618 4	0.682 6
Sargan 检验	27.72	27.14	27.70	27.25	28.02	27.33
(P 值)	(1.000 0)	(1.000 0)	(1.000 0)	(1.000 0)	(1.000 0)	(1.000 0)
Wald 检验	7 925.03	3 270.40	50.18	88.93	52.25	3 054.12
(P 值)	(0.000 0)	(0.000 0)	(0.000 0)	(0.000 0)	(0.000 0)	(0.000 0)
样本量	667	696	667	696	667	696

注：***、**、*分别表示 P 值显著性水平为 1%、5%和 10%，括号内为标准误。

从表 7—7 的估计结果来看，差分 GMM 估计结果显示 $olddep_{it} \cdot sp_{it}$ 在 10%水平上显著为负，基本证实本书提出的人力资本负效应。而差分 GMM 和系统 GMM 估计结果均显示 $olddep_{it} \cdot y_{it}$ 不显著，因此劳动效率效应不明显。对 $olddep_{it} \cdot br_{it}$ 的差分 GMM 和系统 GMM 估计结果也显示老龄负担效应不明显。人口老龄化对创新投入存在人力资本效应，但劳动效率效应和老龄负担效应不明显。

（三）人口老龄化对创新产出的影响

本部分采用动态因子分析方法测算得到创新产出指数，并以创新产出指数为被解释变量，对人力资本效应、劳动效率效应、老龄负担效应进行检验。由于模型中加入了创新产出指数的一阶滞后项，因此采用 GMM 方法进行估计，使用3 阶创新产出指数的滞后项作为工具变量。在进行 GMM 估计时，要检验工具变量的有效性。从表 7－8 中可以看出，Sargan 统计量的 P 值均无法拒绝“所有工具变量均有效”的原假设，显示工具变量是有效的。另外，GMM 估计还要检验扰动项是否存在自相关，AR(1)的 P 值和 AR(2)的 P 值显示扰动项的差分存在一阶自相关且不存在二阶自相关，因此接受“扰动项不存在自相关”的原假设。

表 7－8　　人口老龄化对创新产出的影响

	人力资本效应		劳动效率效应		老龄负担效应	
	差分 GMM	系统 GMM	差分 GMM	系统 GMM	差分 GMM	系统 GMM
$L.output$	0.998***	1.050***	0.977***	1.035***	0.992***	1.040***
	(0.008 08)	(0.030 8)	(0.006 82)	(0.005 49)	(0.008 67)	(0.008 06)
$olddep_{it} \cdot sp_{it}$	−0.005 68***	0.002 44				
	(0.001 73)	(0.005 67)				
$olddep_{it} \cdot y_{it}$			0.000 073***	0.000 067***		
			(0.000 002)	(0.000 003)		
$olddep_{it} \cdot br_{it}$					−0.005 61***	−0.008 42***
					(0.001 3)	(0.002 16)
$olddep_{it}$	−0.019 2***	−0.037 6***	−0.057 6***	−0.057 8***	−0.010 6*	−0.001 98
	(0.004 54)	(0.013 2)	(0.003 77)	(0.004 06)	(0.005 86)	(0.009 54)
$indratio_{it}$	−1.452***	−1.533	−1.631***	−1.075***	−1.621***	−1.353**
	(0.172)	(1.854)	(0.200)	(0.338)	(0.215)	(0.559)
f_{it}	−0.010 5	−0.003 67	0.039 4***	0.027	−0.011	−0.009 03
	(0.017 1)	(0.059 3)	(0.009 78)	(0.017 5)	(0.015 6)	(0.013 8)
$\ln(y_{max}/y_{it})$	0.091 9	−0.153	0.272	−0.113***	0.233	−0.089 6***
	(0.280)	(0.153)	(0.243)	(0.024)	(0.309)	(0.033 9)
ic_{it}	−0.003 1***	−0.005 67**	−0.003 2***	−0.006 63***	−0.003 50***	−0.005 39***
	(0.000 684)	(0.002 35)	(0.000 629)	(0.000 673)	(0.000 607)	(0.000 83)
$pgdp_{it}$	0.126***	0.067 3	0.059 4***	0.069 0***	0.132***	0.153***
	(0.0180)	(0.097 7)	(0.015 8)	(0.013 5)	(0.025 6)	(0.024 8)
AR(1)P 值	0.006 5	0.008 9	0.003 6	0.005	0.009 1	0.010 4
AR(2)P 值	0.985 7	0.919 7	0.708 7	0.633 3	0.854 9	0.774 8

续表

	人力资本效应		劳动效率效应		老龄负担效应	
	差分 GMM	系统 GMM	差分 GMM	系统 GMM	差分 GMM	系统 GMM
Sargan 检验 (P 值)	25.28 (1.000 0)	24.07 (1.000 0)	26.1 (1.000 0)	27.81 (1.000 0)	25.895 (1.000 0)	24.35 (1.000 0)
Wald 检验 (P 值)	213 922.43 (0.000 0)	17 419.02 (0.000 0)	232 071.89 (0.000 0)	1.08e+06 (0.000 0)	311 412.88 (0.000 0)	873 375.43 (0.000 0)
样本量	667	696	667	696	667	696

注：***、**、* 分别表示 P 值显著性水平为 1%、5%和 10%，括号内为标准误。

从表 7－8 的估计结果来看，创新产出指数的滞后一期均在 1%水平上显著为正，上一期的创新产出对本期的技术创新具有积极作用。表中前两列是对人力资本效应的估计结果，差分 GMM 估计结果显示 $olddep_{it} \cdot sp_{it}$ 的系数在 1%水平上显著为负，系统 GMM 的估计结果显示 $olddep_{it} \cdot sp_{it}$ 的系数不显著。人口老龄化通过降低技术创新领域的人力资本水平，对一个地区的技术创新产生消极影响。中间两列是对劳动效率效应的检验结果，差分 GMM 和系统 GMM 均显示 $olddep_{it} \cdot y_{it}$ 的结果在 1%水平上显著为正，人口老龄化通过促进人均科研产出而对一个地区的技术创新产出产生积极影响。最后两列是对老龄负担效应的检验结果，差分 GMM 和系统 GMM 均显示 $olddep_{it} \cdot br_{it}$ 的估计结果在 1%水平上显著为负，人口老龄化通过加重养老负担、挤出科研资源进而对一个地区的技术创新产出产生不利影响。人口老龄化对创新产出的人力资本效应、劳动效率效应和老龄负担效应均通过检验。

（四）人口老龄化对创新绩效的影响

本部分对人口老龄化影响创新绩效的人力资本效应、劳动效率效应、老龄负担效应进行检验。创新绩效为表 7－1 中采用 DEA 方法测算得到的指标。与上文的研究过程相似，表 7－9 报告了对“扰动项自相关”的 AR(1)检验和 AR(2)检验，显示扰动项不存在自相关，对工具变量有效性的 Sargan 检验显示工具变量是有效的。

表 7—9　　人口老龄化对创新绩效的影响

	人力资本效应		劳动效率效应		老龄负担效应	
	差分 GMM	系统 GMM	差分 GMM	系统 GMM	差分 GMM	系统 GMM
$L.te$	0.300***	0.352***	0.324***	0.420***	0.285***	0.389***
	(0.033 3)	(0.051 2)	(0.030 4)	(0.045 6)	(0.036 9)	(0.044 1)
$olddep_{it} \cdot sp_{it}$	−0.001 37	−0.000 687				
	(0.000 916)	(0.000 602)				
$olddep_{it} \cdot y_{it}$			0.000 007***	0.000 011***		
			(0.000 002)	(0.000 001 6)		
$olddep_{it} \cdot br_{it}$					−0.000 067 8	−0.000 261
					(0.000 266)	(0.000 386)
$olddep_{it}$	−0.024 3***	−0.016 9***	−0.028 1***	−0.022 2***	−0.027 0***	−0.018 8***
	(0.002 58)	(0.001 56)	(0.001 67)	(0.001 49)	(0.002 34)	(0.002 19)
$indratio_{it}$	0.791***	0.370**	0.704***	0.251*	0.712***	0.154
	(0.109)	(0.151)	(0.109)	(0.139)	(0.144)	(0.153)
f_{it}	0.043 7***	0.072 4***	0.053 8***	0.076 1***	0.047 5***	0.067 4***
	(0.011 0)	(0.009 91)	(0.009 40)	(0.009 31)	(0.008 00)	(0.009 48)
$\ln(y_{max}/y_{it})$	−0.150***	−0.147**	−0.107*	−0.066 3	−0.134**	−0.057 9
	(0.056 3)	(0.073 7)	(0.060 3)	(0.064 8)	(0.068 3)	(0.038 9)
ic_{it}	−0.000 649***	−0.000 081 8	−0.000 489***	0.000 195	−0.000 680***	0.000 024 0
	(0.000 101)	(0.000 169)	(0.000 132)	(0.000 196)	(0.000 177)	(0.000 215)
$pgdp_{it}$	0.080 7***	0.051 7***	0.066 6***	0.048 1***	0.070 7***	0.057 8***
	(0.010 2)	(0.009 99)	(0.007 99)	(0.007 55)	(0.009 14)	(0.006 48)
AR(1)P 值	0.004 9	0.007 2	0.004 2	0.004 4	0.006 0	0.004 9
AR(2)P 值	0.500 6	0.558 0	0.488 0	0.571 6	0.482 6	0.611 1
Sargan 检验	24.745 68	23.102 75	24.091 98	25.105 77	23.904 22	23.750 97
(P 值)	(1.000 0)	(1.000 0)	(1.000 0)	(1.000 0)	(1.000 0)	(1.000 0)
Wald 检验	49.18	3 360.61	1 227.43	1 247.17	490.52	1 343.45
(P 值)	(0.000 0)	(0.000 0)	(0.000 0)	(0.000 0)	(0.000 0)	(0.000 0)
样本量	667	696	667	696	667	696

注：***、**、* 分别表示 P 值显著性水平为 1%、5%和 10%，括号内为标准误。

从估计结果来看，$olddep_{it} \cdot sp_{it}$ 差分 GMM 和系统 GMM 的估计结果均不显著，差分 GMM 和系统 GMM 的估计结果均显示 $olddep_{it} \cdot y_{it}$ 在 1%水平上显著，而 $olddep_{it} \cdot br_{it}$ 差分 GMM 和系统 GMM 的估计结果也均不显著。因此，估计结果支持人口老龄化对创新绩效的劳动效率效应，但不支持人力资本效应和老龄负担效应。

（五）人口老龄化对协同创新能力的影响

本部分按照动态因子方法，使用表 7－1 中协同创新的数据指标，计算了各个地区 1990—2014 年的协同创新能力指数，用来表示这个地区的协同创新能力，并对人口老龄化影响协同创新能力的人力资本效应、劳动效率效应、老龄负担效应进行检验。与上文的研究过程相似，表 7－10 报告了对"扰动项自相关"的 AR(1)检验和 AR(2)检验，显示扰动项不存在自相关，对工具变量有效性的 Sargan 检验显示工具变量是有效的。

表 7－10　　人口老龄化对协同创新能力的影响

	人力资本效应		劳动效率效应		老龄负担效应	
	差分 GMM	系统 GMM	差分 GMM	系统 GMM	差分 GMM	系统 GMM
$L.ci$	0.226***	0.218***	0.209***	0.234***	0.236***	0.204***
	(0.042 9)	(0.040 5)	(0.048 6)	(0.044 6)	(0.039 1)	(0.025 6)
$olddep_{it} \cdot sp_{it}$	0.012 4	0.009 27*				
	(0.008 85)	(0.005 61)				
$olddep_{it} \cdot y_{it}$			−0.000 07***	−0.000 04***		
			(0.000 019 5)	(0.000 013 0)		
$olddep_{it} \cdot br_{it}$					−0.002 47	−0.001 78
					(0.002 82)	(0.001 33)
$olddep_{it}$	−0.032 7	−0.002 28	0.022 3	0.045 4*	0.024 9	0.046 7**
	(0.022 8)	(0.019 3)	(0.028 2)	(0.024 4)	(0.018 6)	(0.020 2)
$indratio_{it}$	3.858	0.978	3.404	1.678	2.238	1.344
	(2.751)	(1.144)	(2.239)	(1.494)	(2.025)	(1.685)
f_{it}	−0.145	−0.024 3	−0.255	−0.083 2	−0.010 6	−0.062 1
	(0.141)	(0.072 3)	(0.164)	(0.073 4)	(0.125)	(0.091 8)
$\ln(y_{max}/y_{it})$	2.604	−0.065 3	2.549	−0.061 3	0.902	−0.104
	(2.317)	(0.122)	(2.384)	(0.134)	(2.271)	(0.127)
ic_{it}	−0.002 08	−0.000 479	−0.001 51	0.000 608	0.000 172	−0.000 838
	(0.002 12)	(0.001 12)	(0.002 33)	(0.002 02)	(0.002 20)	(0.002 22)
$pgdp_{it}$	0.385	0.021 9	1.259	−0.004 01	0.154	−0.051 0
	(0.869)	(0.341)	(0.918)	(0.392)	(1.034)	(0.230)
AR(1)P 值	0.000 0	0.000 0	0.000 3	0.000 0	0.000 0	0.000 0
AR(2)P 值	0.342 0	0.584 2	0.229 2	0.462 8	0.423 1	0.608 9
Sargan 检验	23.574 19	23.875 06	24.519 09	25.429 63	24.767 69	25.559 08
(P 值)	(1.000 0)	(1.000 0)	(1.000 0)	(1.000 0)	(1.000 0)	(1.000 0)
Wald 检验	106.17	172.28	97.33	246.23	154.14	166.15
(P 值)	(0.000 0)	(0.000 0)	(0.000 0)	(0.000 0)	(0.000 0)	(0.000 0)

续表

	人力资本效应		劳动效率效应		老龄负担效应	
	差分 GMM	系统 GMM	差分 GMM	系统 GMM	差分 GMM	系统 GMM
样本量	667	696	667	696	667	696

注：***、**、*分别表示 P 值显著性水平为 1%、5%和 10%，括号内为标准误。

从估计结果来看，$olddep_{it} \cdot sp_{it}$ 差分 GMM 估计结果不显著，系统 GMM 的估计结果仅在 10%水平上显著，差分 GMM 和系统 GMM 的估计结果均显示 $olddep_{it} \cdot y_{it}$ 在 1%水平上显著，但符号与预计相反，而 $olddep_{it} \cdot br_{it}$ 差分 GMM 和系统 GMM 的估计结果也均不显著。可以看出，人口老龄化对协同创新的劳动效率效应、人力资本效应、老龄负担效应均不明显。

（六）人口老龄化对创新环境指数的影响

本部分按照动态因子方法，使用表 7－1 中创新环境的数据指标，计算了各个地区 1990—2014 年的创新环境指数，用来表示这个地区的创新环境状况，并对人口老龄化影响创新环境的人力资本效应、劳动效率效应、老龄负担效应进行检验。与上文的研究过程相似，表 7－11 报告了对“扰动项自相关”的 AR(1)检验和 AR(2)检验，显示扰动项不存在自相关，对工具变量有效性的 Sargan 检验显示工具变量是有效的。

表 7－11　　人口老龄化对创新环境的影响

	人力资本效应		劳动效率效应		老龄负担效应	
	差分 GMM	系统 GMM	差分 GMM	系统 GMM	差分 GMM	系统 GMM
$L.cir$	0.425***	0.456***	0.413***	0.454***	0.423***	0.454***
	(0.013 5)	(0.011 1)	(0.017 1)	(0.015 5)	(0.040 5)	(0.025 9)
$olddep_{it} \cdot sp_{it}$	−0.008 61	0.001 87				
	(0.006 31)	(0.005 89)				
$olddep_{it} \cdot y_{it}$			0.000 024 9	−0.000 01		
			(0.000 02)	(0.000 01)		
$olddep_{it} \cdot br_{it}$					0.006 05	0.005 39
					(0.006 80)	(0.007 22)
$olddep_{it}$	0.035 0	0.017 0	0.018 6	0.015 3	−0.005 96	0.000 029 2
	(0.025 1)	(0.019 1)	(0.017 3)	(0.020 9)	(0.044 9)	(0.044 2)
$indratio_{it}$	1.410	−1.709	−3.094	−0.965	0.682	0.695
	(3.730)	(4.637)	(5.438)	(2.535)	(6.410)	(3.219)

续表

	人力资本效应		劳动效率效应		老龄负担效应	
	差分 GMM	系统 GMM	差分 GMM	系统 GMM	差分 GMM	系统 GMM
f_{it}	0.010 9	0.264*	0.133	0.211***	0.012 8	0.187
	(0.109)	(0.146)	(0.188)	(0.071 8)	(0.312)	(0.190)
$\ln(y_{max}/y_{it})$	−0.306	0.097 3	−0.476	0.080 1	−0.465	0.075 5
	(1.869)	(0.293)	(1.844)	(0.090 2)	(5.366)	(0.160)
ic_{it}	−0.004 2***	−0.002 01	−0.002 42	−0.002 00	−0.003 66	−0.002 90
	(0.001 52)	(0.002 38)	(0.002 36)	(0.001 97)	(0.003 33)	(0.003 70)
$pgdp_{it}$	0.052 8	−0.231	−0.986	0.270	−0.345	−0.060 0
	(0.500)	(0.454)	(1.099)	(0.594)	(1.059)	(1.251)
AR(1)P 值	0.000 0	0.000 0	0.000 0	0.000 0	0.000 0	0.000 0
AR(2)P 值	0.286 0	0.205 1	0.184 5	0.204 2	0.255 0	0.221 8
Sargan 检验	28.331 53	28.420 68	27.444 89	28.509 6	28.018 48	28.343 6
(P 值)	(1.000 0)	(1.000 0)	(1.000 0)	(1.000 0)	(1.000 0)	(1.000 0)
Wald 检验	4 897.82	5 052.44	4 774.87	1 972.70	309.57	492.49
(P 值)	(0.000 0)	(0.000 0)	(0.000 0)	(0.000 0)	(0.000 0)	(0.000 0)
样本量	667	696	667	696	667	696

注：***、**、* 分别表示 P 值显著性水平为 1%、5%和 10%，括号内为标准误。

从估计结果来看，差分 GMM 和系统 GMM 的估计结果均显示 $olddep_{it} \cdot sp_{it}$、$olddep_{it} \cdot y_{it}$、$olddep_{it} \cdot br_{it}$ 不显著。由此可见，人口老龄化对创新环境的劳动效率效应、人力资本效应、老龄负担效应均不明显。

（七）人口老龄化对技术创新的影响机制总结

综上所述，老龄化影响技术创新综合能力指数的三个效应均通过了检验。本书的回归结果显示，老龄化通过降低技术创新领域的人力资本水平、加重养老负担、挤出科研资源从而对一个地区的技术创新产生消极影响，同时通过“倒逼机制”等促进科研人员提高劳动效率，从而对一个地区的技术创新产生积极影响。

在人口老龄化影响技术创新的内在构成方面，本书运用动态因子分析方法测算了创新投入指数、创新产出指数、协同创新能力指数、创新环境指数，连同使用 DEA 方法测算得到的创新绩效，验证了人口老龄化对这五个方面的人力资本效应、劳动效率效应和老龄负担效应。研究证实，人口老龄化对创新投入存在人力资本效应，但劳动效率效应、老龄负担效应不明显；人口老龄化对创新产出的人力资本效应、劳动效率效应、老龄负担效应均通过检验；人口老龄化对创新绩效的劳动效率效应通过检验，但不支持人力资本效应、老龄负担效应；人口老龄化对协同创新及创新环境的劳动效率效应、人力资本效应、老龄负担效应均不明显。经过分析，本书认为人口老龄化通过影响人力资本水平、劳动效率及加重老龄负担，能够显著影响一个地区的技术创新成果，因此在考虑使用创新产出和创新绩效及区域经济创新综合能力这类可以表示创新成果的变量作为被解释变量时，人力资本效应、劳动效率效应、老龄负担效应能够通过检验，而由于创新投入、协同创新及创新环境更多的是反映一个地区对创新的支持力度，以及市场自发调节的结果，受政策因素影响较大，并不是技术创新的成果，因此在这类变量作为被解释变量时，人口老龄化影响技术创新的人力资本效应、劳动效率效应、老龄负担效应并不明显。

第六节　结论与启示

我国自 2000 年进入老龄化社会以来，人口年龄结构老化现象愈发严重，对经济、社会各方面的影响逐渐明显。技术创新作为经济发展的源泉，也开始受到了老龄化的影响，这其中既有积极因素，也有消极因素。

本书借助动态因子分析方法，首次计算得到了中国 29 个省份 1990—2014 年的技术创新综合能力指数，以此作为技术创新能力的代理指标，并对人口老龄化影响技术创新的机制进行了实证检验。通过实证检验，本书发现人口老龄化会通过拉低技术创新领域的人力资本水平及加重老龄负担、挤占创新资源从而对技术创新产生消极影响，但同时会通过提高科研工作者的劳动效率进而对技术创新产生积极影响。此外，本书还对人口老龄化对创新投入指数、创新产出指数、协同创新能力指数、创新环境指数、创新绩效的影响机制进行了检验。

人口老龄化已经成为新常态下我国经济发展的重要背景。未来几十年，人口老龄化程度将会加速推进，这一人口转变特征将对中国经济增长方式由投资向创新驱动转变产生重要影响。本书的研究发现，人口老龄化对技术创新的影响是多维度的，而且并不都是负面的，人口老龄化对技术创新既是挑战又是机遇。中国应当顺应人口发展趋势，抓住老龄化带来的机遇，在宏观经济政策上做好顶层设计，充分利用人口老龄化的“倒逼机制”，发挥其对技术创新的积极作用，规避其对技术创新的消极影响，让技术创新成为缓解老年人口压力、促进经济持续增长的强劲动力。

第八章　人口老龄化、养老保障制度变革与中国经济增长

第一节　引　言

提供养老福利是政府决策与公共支出的重要内容。20 世纪 90 年代中期以前，现收现付制（pay-as-you-go）的养老体制因其具有强烈的代际财富再分配效应和照顾弱势群体的功能而受到中国政府的青睐。尽管现收现付的养老体制存在诸多好处，但其赖以实施的前提是经济中存在有利的人口结构。随着生育率的下降、人口老龄化程度的提高和养老压力的加大，养老账户收支不平衡的问题日益突出，现收现付制的未来偿付能力在人口结构的变化态势下可能存在很大隐患，并严重威胁着这一养老体制的运行。基金制养老模式（fully-funded）由于具有强制个人储蓄的功能，并能帮助政府摆脱不利的人口结构变动带来的财政困扰，因而在避免支付风险问题上存在优势。但基金制也存在缺少财富再分配功能等诸多问题（封进，2004）。在这样的背景下，中国城镇养老保险制度在 1995—1997 年间开始了一次重大的改革，主要内容是建立多支柱的养老保险体系，从单一的现收现付制向现收现付与个人账户相结合的模式转变。①

---

① 中国目前实行的是三级支柱的混合制养老保险制度：第一支柱为强制的现收现付制（pay-as-you-go），建立社会统筹账户，对当前工作一代收缴养老保险税用于支付给退休一代，收入在代际之间发生转移，具有再分配功能；第二支柱为强制性的基金制（fully-funded），当前工作一代通过个人账户为自己退休时期积累养老基金，收入在个人生命周期（工作时期和退休时期）发生转移；第三支柱为自愿性储蓄，居民以自愿积累的方式为自己提供养老支持。

从规范经济学的观点来看，现收现付制和基金制各有利弊。迄今为止，对选择何种养老体系这一问题的争论尚未达成共识。研究者们由于看待问题的角度不同，因此所得到的结论自然也不尽相同。但问题的关键是，这两种不同的制度安排对于宏观经济增长的作用孰优孰劣。因此，对养老保险制度的增长效应进行深入的研究对理解这一制度的改革走向至关重要。这也引发了笔者对这一问题的思考：在中国当前生育受到约束、寿命延长和人口日益老龄化的背景下，养老保险制度的变革会不可避免地改变经济中的家庭所面临的预算约束与经济激励，进而对家庭的消费和储蓄选择、教育投资行为产生影响，而正是家庭的微观决策会影响物质资本积累、人力资本形成及人均收入增长的路径。在中国当前的参数环境下，政府通过混合模式的养老保障体系来融资社会养老资源将对家庭的教育投资和养老储蓄产生什么样的影响？不同的养老保险制度对经济增长产生的影响有何不同？中国的养老保险制度改革将走向何方？这些都是需要深入探讨的问题。

基于对以上问题的思考和人口老龄化背景，本书通过构建一个三期世代交替模型来讨论混合养老保障体制对物质资本和人力资本形成的作用机制及其对中国经济增长的影响。本书的研究发现：从现收现付制向基金与统筹混合的模式转变，使得高统筹税率下降而个人账户税率上升，有助于增加物质资本和人力资本的积累并促进经济增长。在当前寿命延长、养老压力增大的态势下，为了保持经济增长并解决养老账户的财务困境，需要提高人力资本的积累速度和人力资本在生产中的效率。本书的理论分析与数值模拟结果，从经济增长的视角为我国养老保险体制改革方向的确立提供了解释逻辑。

第二节　养老保障制度与经济增长关系的相关文献

社会养老保障作为最大的公共支出计划，可以使社会资源在代际之间进行再分配，从而影响收入增长的路径。Diamond(1965)在一个增长模型中分析了国民账户和社会保障问题，这被视作研究社会保障如何影响经济增长问题的开山之作。此后,社会保障如何影响生育、储蓄、资本积累和经济增长已经成为过去几十年来政策争论的焦点问题。Feldstein(1974)认为现收现付制的养老体制会抑制私人储蓄,从而降低人均收入。但 Barro(1974)却指出,当父母具有利他动机和存在私人代际转移时,养老保险对私人储蓄和经济增长是中性的。但 Feldstein(1974)和 Barro(1974)等早期的研究可能忽视了人力资本积累对未来生产力的影响,作为直接对 Feldstein 的回应,Pogue & Sgontz(1977)从人力资本投资的角度提出了不同看法,他们认为现收现付制的社会保险体系对个人或集体创造了为年轻一代的教育进行投资的激励。此外,他们指出数据中的一部分消费的增加,事实上应当看作人力资本投资。① 因此,他们认为引入现收现付制的社会保障体系导致了人力资本对物质资本的替代。

自 Lucas(1988)的开创性论文以后,人力资本作为经济增长的引擎已在文献中得以广泛讨论,学者们在理论方面开始重视社会保障制度、人力资本投资与经济增长关系的研究。Becker & Murphy(1988)较早就注意到现收现付制的养老体制对公共教育投资提供激励,这一观念成为在各种背景下分析代际转移的一个共识。Zhang(1995)认为,当父母非常关心孩子的福利时,现收现付的社会保障制度通过降低生育率和增加人力资本投资而并不影响储蓄率,因此可以提高长期经济增长率。Zhang & Zhang(1998)发现,当存在生育与人力资本投资的交互效应时,现收现付制的社会保险计划可以提高经济增长的速度。Zhang & Zhang(2004)则进一步通过 62 个国家 1960—2004 年的面板数据找到了支持他们结论的经验证据。Pecchenino & Utendorf(1999)在外生生育假设下,通过一个教育完全由私人融资的模型却得到了与 Zhang & Zhang(1998)相反的结论:现收现付制的养老制度会同时减少物质资本和人力资本的积累,从而对经济增长不利。这是由于在社会保障缴费的回报低于私人储蓄回报的假设下,社会保障税会带来负的收入效应。Kaganovich & Zilcha(1999)、Glomm & Kaganovich(2008)、Köthenbürger & Poutvaara(2006)在现收现付制的社会保障制度下,分析了公共和私人教育投资、社会保障资金对经济增长的影响。他们发现,社会保

① 在 Feldstein(1974)的研究中被作为由预期的养老转移支付所引发的负储蓄的证据。

障税会促进人力资本投资从而具有正的增长效应。Docquier & Paddison(2003)在个人投资教育的激励下，比较了现收现付制与基金制的社会保障体系对经济增长的含义，并认为，在一些条件下，基金制社会保障制度对经济增长的影响是正的，但现收现付制的社会保障制度对经济增长的影响则是负的。Lambrecht et al.(2005)认为，当私人的遗赠动机不起作用时，上述关于现收现付制的社会保险制度对经济增长的负面影响的结论将会反转。最近的包括 Kemnitz(2000)、Boldrin & Montes(2005)、Poutvaara(2006)、Soares(2006)、Kaganovich & Zilcha(2008)在内的文献从政治经济学和代际合同的角度探讨了公共教育与现收现付制社会保障体制的关系。他们的研究发现，在一个完全封闭的经济中，引入现收现付制的社会保障导致的物质资本积累降低所产生的增长负效应超过了提高人力资本积累所产生的增长正效应。Kaganovich & Meier(2008)则在一个小国开放经济模型中说明可能出现相反的结果。总之，以往文献中关于社会保障、人力资本投资对经济增长的影响出现了不同的结论，而这主要是由于对保险制度的选择方式、生育率是否内生选择、对未来一代的教育投资是私人提供还是政府提供、教育投资的目的是利己还是利他、经济的开放程度及模型的参数取值等方面的不同选择所导致的。

以上关于养老保障制度对经济增长影响的国际研究，无疑对我国研究社会保障制度变革如何影响中国的经济增长是具有启发意义的。然而，目前国内学者关于这方面的研究还相当欠缺。值得一提的是，柏杰(2000)运用 OLG 模型比较了两种不同的养老保险制度对经济增长的影响，他得到的结论是两种保险制度对经济增长孰优孰劣依赖于模型的参数，但他主要是从储蓄与物质资本积累的角度讨论养老保险制度对经济增长的影响，而没有注意到人力资本的作用。彭浩然和申曙光(2007)分析了现收现付制与储蓄率、生育率、人力资本投资和经济增长的相互关系。他们的理论和实证表明，现收现付制会降低储蓄率和人力资本投资占居民收入的份额，从而不利于经济增长。但他们的模型存在两个方面的明显缺陷：其一，他们将生育率当作可以内生选择的变量，这不符合中国当时执行独生子女政策的现实；其二，他们的模型并没有考虑人口老龄化如何影响养老保障体系的运行及对经济增长的影响。黄莹和林金忠(2009)的实证研究得到了与彭浩然和申曙光相反的结论。他们发现现收现付制能够促进经济增长,但他们的结论缺乏理论性建模支持。张璐琴和景勤娟(2007)则通过建模认为可以通过合理的养老制度设计激励人力资本积累和提高经济增长率。她们的模型与彭浩然和申曙光一样没有考虑中国特殊的人口政策和人口老龄化的现实背景。

据笔者所知,目前尚无文献研究混合养老保险体制下社会保险和人力资本投资如何影响经济增长。另外,在人口老龄化大潮及混合养老保障体系转轨的过程中,为了应对养老金统筹账户的财政困境,个人账户常常成为名义账户,如何在理论上刻画中国混合养老体系的这一现实目前也无文献进行尝试。基于对以往文献的考察,本书考虑了一个简单的框架,在具有个人账户挪用特征的混合养老体系下去讨论家庭决策对养老储蓄、教育融资和经济增长的影响,以及去特征化养老保险计划变革的含义。本书主要从两个方面展开工作:首先,本书在生育受到约束的制度环境及人口老龄化的背景下,通过构造一个考虑双向代际转移的三期世代交替模型,来讨论具有个人账户挪用特征的混合养老保障体制对物质资本和人力资本形成的作用机制及其对中国经济增长的影响;其次,本书通过中国经济的参数校准来数值模拟本书的理论模型,并通过模拟结果进行政策评价。

第三节　“统账结合”养老保障制度与中国经济增长理论模型

一、基本假设

本书考虑一个简单的三期世代交替模型来刻画本书界定的经济环境。假设经济中只生产单一产品,它既可以用来消费也可以用来投资。代表性行为人的一生经历少年期、成年期和老年期。在计划生育政策的约束下,代表性行为人在成年期不能选择生育的数量,生育率外生给定,假设每个成年人生育 n_t 个子女,并且都能存活到成年期。假设成年人以 $p_t(0<p_t<1)$ 的概率存活到老年期。生

育率 n 和老年存活率 p（寿命）都是影响人口结构和人口分布的两个重要变量，随着生育率 n 的下降和老年存活率 p（寿命）的上升，未来工人数量在总人口中的比重将下降，老年人在总人口中的比重将上升。

假设经济中只有成年人工作，并且他们无弹性地供给一单位劳动，他们获得的工资收入为 w_t。根据混合制养老保障体系的设计，代表性成年人向政府缴纳社会保障税，其工资收入在以一个固定比例 τ 进入个人账户的同时，以另一个固定比例 η 进入统筹账户。按照现行社会统筹与个人账户相结合的养老保险模式，在这一制度建立前参加工作并且已经退休的职工由于没有建立个人账户，也就没有为自己的养老保险基金进行积累，在现收现付制向基金积累制过渡的过程中，他们退休后需要获得社会平均的养老金水平，从而会形成养老保险金的“隐性债务”（袁志刚，2001）。社会统筹基金常常被政府用来消化制度转轨的成本，导致社会统筹账户基金入不敷出，特别是在人口老龄化的大潮下，这一问题尤为突出，政府只得挪用个人账户基金来应对统筹账户收不抵支的财政困境，从而造成了名义性的个人账户，即所谓“空账”问题（袁志刚，2001；孙祁祥，2001）。为了刻画中国养老保险制度转轨过程中的这一现实，本书假设个人账户被政府挪用的比率为 $\gamma(0\leqslant\gamma\leqslant1)$。

代表性行为人对每个孩子的教育支出为 q_t，为养老而进行的自愿储蓄为 s_t。如果代表性行为人在老年期还活着，其老年资源来自其自己的养老储蓄回报和社会养老保障福利。其中，养老储蓄回报为 $R_{t+1}s_t$（式中的 R_{t+1} 是将资产从 t 期持有到 $t+1$ 期的利率因子）；在个人账户被挪用的情况下，社会保障福利则由两个部分构成：一部分是其没有被挪用的个人账户本金及投资收益的返还 $R_{t+1}(1-\gamma)\tau w_t$；另一部分是社会统筹给付 $T_{t+1}=\omega_{t+1}w_t$（式中的 ω_{t+1} 为 $t+1$ 期社会统筹的养老金替代率）。

为简化起见，本书假设代表性行为人在老年期全部消费其养老资源，而不刻意留有遗产。如果代表性行为人在进入老年期时死亡，其工作时期用于维持老年生活的储蓄及个人账户社会保险资金将成为意外遗产由其子女继承。[①]

二、代表性行为人的决策

代表性行为人在时期 t 的生命周期预算约束为：

$$c_{1t}+n_tq_t+\tau w_t+\eta w_t+s_t=w_t+(1-p_{t-1})R_t(s_{t-1}+(1-\gamma)\tau w_{t-1})/n_{t-1} \tag{8-1}$$

$$c_{2t+1}=R_{t+1}s_t+R_{t+1}(1-\gamma)\tau w_t+T_{t+1} \tag{8-2}$$

式中，c_{1t}、c_{2t+1} 分别是代表性行为人在成年期和老年期的消费。根据中国的利他性文化传统，假设父母关心子女，并且从子女的培养上获得效用，则代表性行为人的个人效用函数为：

$$U=\log c_{1t}+p_t\beta\log c_{2t+1}+n_t^{1-\varepsilon}\varphi\log q_t \tag{8-3}$$

式中，β 表示时间贴现因子，参数 φ 表示父母对子女教育支出效用的贴现率，$1-\varepsilon$ 表示子代数量权重指数因子，假定参数 $\varepsilon>0$，它表示随着子女数量的增加，子女在父母效用函数中的权重是递减的。假设年轻一代的人力资本 h_{t+1} 取决于父母的教育投入 q_t 和父母自身的人力资本存量状况 h_t，则人力资本的积累具有如下形式：

$$h_{t+1}=Aq_t^{\alpha}h_t^{1-\alpha},0<\alpha<1 \tag{8-4}$$

式中，A 是一个表示人力资本生产技术的参数。

代表性行为人将自己的人力资本、工资、储蓄的回报和社会保障税率当作给定，在预算约束(8—1)与(8—2)下，通过选择自愿养老储蓄 s_t 和子女的教育支出 q_t，极大化一生的效用(8—3)。

---

① 我们这里假定老年人不刻意留有遗产，而是一种“意外的死亡遗赠”。本书的代际遗产处理方法类似于 Pecchenino & Pollard(2002)、刘永平和陆铭(2008b)的方法，即在老年人死后，其遗留的财产平均分配给子女。这种遗产处理方式不同于 Zhang et al.(2001)、Li et al.(2007)等文献中的遗产处理方式。在这些文献中，假设经济中有一个完美的养老保险市场，活着的老年人均分意外死亡老年人的养老保险金及投资收益。本书假定进入老年期意外死亡的代表性行为人的自愿养老储蓄及其收益作为遗产由其子女继承，无论是从我国的法律方面看还是从习俗方面看，这都是一种恰当的遗产处理方式。另外，我国的法律规定，个人账户养老金在投保人死后由其子女继承，而统筹账户的养老金由于其缴费的性质，由活着的老年人共同分享，故本书采取了文中的养老金遗产处理方式。

三、企业

本研究假设经济是完全竞争的,企业的生产函数为柯布—道格拉斯生产函数:$Y_t=DK_t^{\theta}(h_tN_t)^{1-\theta}$,$D>0$、$0<\theta<1$。$Y_t$ 为总产出,K_t 为资本存量,N_t 为劳动投入,D 是一个表示生产技术的参数。为简化起见,假设资本在一期内全部折旧,所有生产要素均获得其边际产品,即有:

$$w_t=(1-\theta)De_t^{\theta}h_t,R_t=\theta De_t^{\theta-1} \tag{8—5}$$

式中,$e_t=k_t/h_t$,$k_t=K_t/N_t$。

四、政府

假设政府的预算约束是平衡的,即政府将从年轻一代征得的统筹账户税收收入全部用于当期活着的老年人的养老金给付,同时政府将挪用的个人账户资金也用于养老金的给付,政府的预算约束满足:

$$T_{t+1}=\omega_{t+1}w_t=(\eta+\gamma\tau)n_tw_{t+1}/p_t \tag{8—6}$$

预算约束表示的意思是活着的老年人按照替代率 ω_{t+1} 分享年轻一代工作人口的社会统筹缴费。在柯布—道格拉斯生产函数形式假设下,$\eta(1-\theta)$就是社会统筹账户资金占总产出(收入)的比例。由式(8—6)可得:$\omega_{t+1}=(\eta+\gamma\tau)n_tw_{t+1}/p_tw_t=(\eta+\gamma\tau)(1+g_{t+1})n_t/p_t$,这里 g_{t+1} 是人均收入增长率。在生育率 n_t 下降和人口日益老龄化(p_t 上升)的态势下,要维持养老金替代率 $\omega_{t+1}=\bar{\omega}$ 不变,如果统筹缴费税率 η、个人账户税率 τ 及挪用比率 γ 都不变,则需要依赖于人均收入增长率 g_{t+1} 的上升;如果人均收入增长率 g_{t+1} 不变或下降,则需要将缴费税率 η、τ 或挪用比率 γ 提高。

五、市场出清

产出等于劳动收入和资本收入的总和,即 $Y_t=N_tw_t+R_tK_t$。活着的老年人及死去老年人的子女获得资本收入,因此 t 期老年人获得的资本收入为 $N_{t-1}p_{t-1}R_t[s_{t-1}+(1-\gamma)\tau w_{t-1}]$,死去老年人子女继承的总遗产为 $N_{t-1}(1-$

$p_{t-1})R_t[s_{t-1}+(1-\gamma)\tau w_{t-1}]$，资本的总收入为 R_tK_t，由于 $N_t/N_{t-1}=n_{t-1}$，从而可得：

$$R_t[s_{t-1}+(1-\gamma)\tau w_{t-1}]=R_tK_t/N_{t-1}=R_tk_tn_{t-1} \tag{8-7}$$

第四节　模型的分析

一、社会保障税与最优私人储蓄率、社会储蓄率

求解代表性行为人的最大化问题可得各年龄期的最优消费与对子女的最优教育投入为：

$$q_t=n_t^{-\varepsilon}\phi c_{1t} \qquad c_{2t+1}=p_t\beta R_{t+1}c_{1t} \tag{8-8}$$

$$c_{1t}=\Gamma_{c,t}\left[w_t(1-\eta-\gamma\tau)+\frac{(1-p_{t-1})R_t[s_{t-1}+(1-\gamma)\tau w_{t-1}]}{n_{t-1}}+\frac{(\eta+\gamma\tau)n_tw_{t+1}}{p_tR_{t+1}}\right] \tag{8-9}$$

$$s_t+(1-\gamma)\tau w_t=\Gamma_{s,t}\left[w_t(1-\eta-\gamma\tau)+\frac{(1-p_{t-1})R_t[s_{t-1}+(1-\gamma)\tau w_{t-1}]}{n_{t-1}}\right.$$
$$\left.-\frac{1+n_t^{1-\varepsilon}\phi}{p_t\beta}(\eta+\gamma\tau)n_tw_{t+1}/p_tR_{t+1}\right] \tag{8-10}$$

式中，$\Gamma_{c,t}=1/(1+p_t\beta+n_t^{1-\varepsilon}\phi)$、$\Gamma_{s,t}=p_t\beta/(1+p_t\beta+n_t^{1-\varepsilon}\phi)$。$\Gamma_{c,t}$ 是终生资源中投入成年期的消费，$\Gamma_{s,t}$ 是终生资源中用于老年期储蓄的比例。当孩子的数量 n_t 减少时，相对于父母消费水平的每个孩子教育培养支出将上升，但年轻一代的教育培养总支出相对父母的消费水平将下降。

将式(8—7)代入式(8—10)中，可得：

$$s_t+(1-\gamma)\tau w_t=\Gamma_{s,t}\left[w_t(1-\eta-\gamma\tau)+(1-p_{t-1})R_tk_t\right.$$
$$\left.-\frac{1+n_t^{1-\varepsilon}\phi}{p_t\beta}(\eta+\gamma\tau)n_tw_{t+1}/p_tR_{t+1}\right] \tag{8-11}$$

由式(8—5)中的 $w_t=(1-\theta)De_t^{\theta}h_t$、$R_t=\theta De_t^{\theta-1}$ 可得 $R_tk_t=\theta w_t/(1-\theta)$，因

此上式可进一步写成：

$$s_t+(1-\gamma)\tau w_t=\Gamma_{s,t}\left[w_t(1-\eta-\gamma\tau)+\frac{w_t(1-p_{t-1})\theta}{1-\theta}-\frac{1+n_t^{1-\varepsilon}\varphi}{p_t\beta}\frac{(1-\theta)}{\theta}\frac{(\eta+\gamma\tau)n_tk_{t+1}}{p_t}\right] \tag{8-12}$$

由(8—7)式可得$[s_t+(1-\gamma)\tau w_t]=k_{t+1}n_t$，将其代入式(8—11)可得：

$$s_t+(1-\gamma)\tau w_t=\Gamma_{s,t}\left[w_t(1-\eta-\gamma\tau)+\frac{w_t(1-p_{t-1})\theta}{1-\theta}-\frac{1+n_t^{1-\varepsilon}\phi}{p_t\beta}\frac{(1-\theta)}{\theta}\frac{(\eta+\gamma\tau)(s_t+(1-\gamma)\tau w_t)}{p_t}\right] \tag{8-13}$$

定义资本与劳动的产出弹性比$\theta/(1-\theta)=\delta$，求解上式可得：

$$s_t=\left\{\frac{\Gamma_{s,t}[(1-\eta-\gamma\tau)+(1-p_{t-1})\delta]}{1+(1-\Gamma_{s,t})(\eta+\gamma\tau)/\delta p_t}-(1-\gamma)\tau\right\}w_t \tag{8-14}$$

式中，$\Gamma_{s,t}=p_t\beta/(1+p_t\beta+n_t^{1-\varepsilon}\varphi)$。定义家庭最优自愿储蓄率$sr_t=s_t/w_t$，因此稳态时家庭的最优自愿储蓄率为：

$$sr=\left\{\frac{\Gamma_s[(1-\eta-\gamma\tau)+(1-p)\delta]}{1+(1-\Gamma_s)(\eta+\gamma\tau)/\delta p}-(1-\gamma)\tau\right\} \tag{8-15}$$

社会总储蓄率ssr是家庭自愿储蓄率与个人账户缴费率之和：

$$ssr=sr+(1-\gamma)\tau=\frac{\Gamma_s[(1-\eta-\gamma\tau)+(1-p)\delta]}{1+(1-\Gamma_s)(\eta+\gamma\tau)/\delta p} \tag{8-16}$$

下面依托上面的论述证明本章命题1。

命题1　统筹账户缴费税率越高，家庭最优自愿储蓄率越低，社会总储蓄率也越低，即$\partial(sr)/\partial\eta<0$、$\partial(ssr)/\partial\eta<0$；个人账户缴费税率越高，家庭最优自愿储蓄率越低，即$\partial(sr)/\partial\tau<0$；在个人账户没有被挪用的情况下($\gamma=0$)，个人账户缴费税率对社会总储蓄率的影响是中性的，即$\partial(ssr)/\partial\tau=0$；在个人账户被挪用的情况下($0<\gamma\leqslant1$)，个人账户缴费率越高，社会总储蓄率越低，即$\partial(ssr)/\partial\tau<0$。个人账户被挪用比率$\gamma$越高，社会总储蓄率也越低，即$\partial(ssr)/\partial\gamma<0$，个人账户被挪用率$\gamma$对家庭最优自愿储蓄率的影响是模糊的，$\partial(sr)/\partial\gamma$的符号不确定，具体取决于模型中的参数。

证明：因为 Γ_s 并不依赖于 τ 和 η，而且 sr 和 ssr 与 η 相关的项为 $\frac{\Gamma_s[(1-\eta-\gamma\tau)+(1-p)\delta]}{1+(1-\Gamma_s)(\eta+\gamma\tau)/\delta p}$，其分子为 η 的减函数，分母为 η 的增函数，因此 $\partial(sr)/\partial\eta<0$、$\partial(ssr)/\partial\eta<0$ 是显而易见的。同理，$\frac{\Gamma_s[(1-\eta-\gamma\tau)+(1-p)\delta]}{1+(1-\Gamma_s)(\eta+\gamma\tau)/\delta p}$ 是 τ 的非增函数，而 $(1-\gamma)\tau$ 是 τ 的增函数，因此 $\partial(sr)/\partial\tau<0$。

当个人账户没有被挪用的情况下（$\gamma=0$），$ssr=\frac{\Gamma_s[(1-\eta)+(1-p)\delta]}{1+(1-\Gamma_s)\eta/\delta p}$ 与 τ 无关，因此 $\partial(ssr)/\partial\tau=0$。当存在个人账户被挪用的情况下（$0<\gamma\leqslant 1$），$ssr=\frac{\Gamma_s[(1-\eta-\gamma\tau)+(1-p)\delta]}{1+(1-\Gamma_s)(\eta+\gamma\tau)/\delta p}$ 是 τ 的减函数，因此 $\partial(ssr)/\partial\tau<0$。

同理，$ssr=\frac{\Gamma_s[(1-\eta-\gamma\tau)+(1-p)\delta]}{1+(1-\Gamma_s)(\eta+\gamma\tau)/\delta p}$ 是 γ 的减函数，因此 $\partial(ssr)/\partial\gamma<0$；由于 $(1-\gamma)\tau$ 也是 γ 的减函数，因此 $sr=\left\{\frac{\Gamma_s[(1-\eta-\gamma\tau)+(1-p)\delta]}{1+(1-\Gamma_s)(\eta+\gamma\tau)/\delta p}-(1-\gamma)\tau\right\}$ 的符号不确定，具体取决于模型中的参数。①

两种不同的社会保障税率对家庭最优自愿储蓄率与社会总储蓄率的影响存在差异。社会统筹税率 η 是成年子代向老年父代的代际转移比例。一方面，这一转移税率越高，会降低成年子代收入中用于储蓄的资源，从而降低家庭最优自愿储蓄率，同时这部分资源直接被当期的老年人消耗掉，并不进入国民储蓄账户，因而也会降低社会总储蓄率，这体现在预算约束式（8－1）左边的第四项上；另一方面，子代向父代的转移税率越高，父代的养老资源越多，由于预期到这一点，因此会促使代表性成年人倾向于降低储蓄，这体现在预算约束式（8－2）右边的第三项上。因此，社会统筹税率越高，储蓄率就越低，这也非常符合经济学直觉，也与经典文献（Feldstein，1974）得到的结论相一致。本书将上述两种储蓄效应统称为社会养老对私人与社会总储蓄的挤出效应。

① 具体取决于 $1-\frac{\Gamma_s[1+(1-\Gamma_s)(1+(1-p)\delta)/\delta p]}{[1+(1-\Gamma_s)(\eta+\gamma\tau)/\delta p]^2}$ 的符号，如果上述表达式大于、小于或等于零，则 $\partial(sr)/\partial r$ 大于、小于或等于零。

个人账户缴费税率 τ 对家庭的最优自愿储蓄率及社会总储蓄率的影响，与个人账户是否被挪用有关。如果个人账户没有被挪用，个人账户税率的变化对储蓄率的影响符合标准的李嘉图等价定律，即家庭在没有个人账户社会保障税的情况下有一个最优储蓄率，当个人账户税率没有超过个人账户没有被挪用情况下的自愿储蓄率水平，而个人账户社会保障税的回报率等于私人自愿储蓄的回报率时，家庭必然会减少储蓄，以维持原来的最优，而且这种影响是一对一的，即个人账户缴费税率每增加1%，储蓄率就会相应降低1%。主要原因是：虽然个人账户缴费具有强制性，但由于代表性行为人预期到这一账户在老年期获得本金和收益的返还，因此他们会等额地降低私人自愿储蓄部分，并且不会改变其消费计划，从而当政府提高个人账户缴费税率 τ 时，这部分家庭计划降低的储蓄被“强制性”地储蓄下来了，因此从社会的整体来看，总储蓄率不变，这时存在自愿储蓄与非自愿储蓄的等价效应，个人账户对社会总储蓄率是中性的(Zhang，1995)。

如果个人账户被挪用，李嘉图等价定律将不再成立，个人账户对社会总储蓄率的影响也不再是中性的，这时与Zhang(1995)所得到的基金制对总储蓄率的影响是中性的结论并不一致。其原因是：当个人账户缴费被挪用时，被挪用的部分实际上被充入统筹账户作为养老金被消费掉，这会使得社会总储蓄率下降，而没有被挪用的部分对社会总储蓄率是中性的，因此其净效应使得社会总储蓄率下降，但个人账户税率的变化对家庭最优自愿储蓄率的影响也不再是一对一。其原因是：没有被挪用的个人缴费部分会使得家庭最优自愿储蓄率下降相应的比率，被挪用的部分会像统筹账户的税率变化一样降低家庭最优自愿储蓄率，但不是一对一的影响。个人账户被挪用比率 γ 越高(相当于统筹税率上升)，社会总储蓄率就越低。

个人账户被挪用比率 γ 的上升对家庭最优自愿储蓄率存在三个方面的影响：首先，个人账户被挪用的比率越高，代表性行为人预期到这一账户在老年期获得的本金和收益的返还将等量减少，从而会促使代表性成年人倾向于增加储蓄，这体现在预算约束式(8－2)右边的第二项上；其次，个人账户被挪用的比率越高，代表性行为人从老年一代的个人账户获得的意外遗赠减少，从而会促使代表性行为人减少储蓄，这体现在预算约束式（8－1）右边的第二项上；最后，个人账户被挪用到统筹账户的比率越高，代表性行为人预期到从统筹账户获得的养老金替代率越高，从而倾向于降低储蓄，这体现在预算约束式（8－2）右边的第三项上。因此，个人账户被挪用率 γ 对家庭最优自愿储蓄率的影响是模糊的，具体取决于这三种效应的相对状况。

二、社会保障税与教育投资率

t 期代表性家庭的教育总投资 E_t 为：

$$E_t = n_t q_t = n_t^{1-\varepsilon}\phi\Gamma_{c,t}[(1-\eta-\gamma\tau)w_t + (1-p_{t-1})\delta w_t + (\eta+\gamma\tau)(s_t + (1-\gamma)\tau w_t)/\delta p_t] \tag{8-17}$$

将式（8－14）代入上式并化简，可得：

$$E_t = n_t q_t = n_t^{1-\varepsilon}\phi\Gamma_{c,t}\left\{(1-\eta-\gamma\tau)w_t + (1-p_{t-1})\delta w_t + (\eta+\gamma\tau)\frac{\Gamma_{s,t}[(1-\eta-\gamma\tau)+(1-p_{t-1})\delta]}{1+(1-\Gamma_{s,t})(\eta+\gamma\tau)/\delta p_t}w_t/\delta p_t\right\}$$

$$E_t = n_t q_t = \Gamma_{q,t}\frac{(1+(\eta+\gamma\tau)/\delta p_t)[(1-\eta-\gamma\tau)+(1-p_{t-1})\delta]}{1+(1-\Gamma_{s,t})(\eta+\gamma\tau)/\delta p_t}w_t \tag{8-18}$$

式中，$\Gamma_{q,t} = n_t^{1-\varepsilon}\phi\Gamma_{c,t} = n_t^{1-\varepsilon}\phi/(1+p_t\beta+n_t^{1-\varepsilon}\phi)$。由此可得代表性家庭的教育投资率和每个孩子的教育投资率分别为：

$$\frac{E_t}{w_t} = \Gamma_{q,t}\frac{(1+(\eta+\gamma\tau)/\delta p_t)[(1-\eta-\gamma\tau)+(1-p_{t-1})\delta]}{1+(1-\Gamma_{s,t})(\eta+\gamma\tau)/\delta p_t} \tag{8-19}$$

$$\frac{q_t}{w_t} = n_t^{-\varepsilon}\phi/(1+p_t\beta+n_t^{1-\varepsilon}\phi)\frac{[1+(\eta+\gamma\tau)/\delta p_t][(1-\eta-\gamma\tau)+(1-p_{t-1})\delta]}{1+(1-\Gamma_{s,t})(\eta+\gamma\tau)/\delta p_t} \tag{8-20}$$

稳态时经济中的总教育投资率和每个孩子的教育投资率分别为：

$$\frac{E}{w} = \Gamma_q\frac{[1+(\eta+\gamma\tau)/\delta p][(1-\eta-\gamma\tau)+(1-p)\delta]}{1+(1-\Gamma_s)(\eta+\gamma\tau)/\delta p} \tag{8-21}$$

$$\frac{q}{w} = n^{-\varepsilon}\phi/(1+p\beta+n^{1-\varepsilon}\phi)\frac{[1+(\eta+\gamma\tau)/\delta p][(1-\eta-\gamma\tau)+(1-p)\delta]}{1+(1-\Gamma_s)(\eta+\gamma\tau)/\delta p} \tag{8-22}$$

下面依托上面的论述证明本章命题 2。

命题 2　统筹账户缴费税率对家庭和每个孩子教育投资率的影响都是模糊的，即$\partial(E/w)/\partial\eta$、$\partial(q/w)/\partial\eta$ 的符号不确定；在个人账户没有被挪用的情况下($\gamma=0$)，个人账户缴费税率对家庭和每个孩子的教育投资率的影响均是中性的，即$\partial(E/w)/\partial\tau=0$、$\partial(q/w)/\partial\tau=0$；在个人账户被挪用的情况下($0<\gamma\leqslant 1$)，个人账户缴费税率对家庭和每个孩子教育投资率的影响都是模糊的，即$\partial(E/w)/\partial\tau$、$\partial(q/w)/\partial\tau$ 的符号不确定。个人账户被挪用比率 γ 对家庭和每个孩子的教育投资率的影响也都是模糊的，即$\partial(E/w)/\partial\gamma$、$\partial(q/w)/\partial\gamma$ 的符号不确定。

证明：显然 Γ_q 不依赖于 τ。$\dfrac{(1+(\eta+\gamma\tau)/\delta p)[(1-\eta-\gamma\tau)+(1-p)\delta]}{1+(1-\Gamma_s)(\eta+\gamma\tau)/\delta p}$ 可看作由 $\dfrac{[(1-\eta-\gamma\tau)+(1-p)\delta]}{1+(1-\Gamma_s)(\eta+\gamma\tau)/\delta p}$ 和 $[1+(\eta+\gamma\tau)/\delta p]$ 两部分组成，$\dfrac{[(1-\eta-\gamma\tau)+(1-p)\delta]}{1+(1-\Gamma_s)(\eta+\gamma\tau)/\delta p}$ 是统筹税率 η 的减函数，而 $1+(\eta+\gamma\tau)/\delta p$ 是统筹税率 η 的增函数，因此统筹税率 η 对家庭总教育投资率的影响是模糊的；类似地，对每个孩子的教育投资率也是模糊的。

当统筹税率 η 对家庭教育投资或每个孩子的教育投资率有正的影响，即$\partial(E/w)/\partial\eta>0$ 或$\partial(q/w)/\partial\eta>0$ 时，η 需满足以下二次不等式：

$$(1-\Gamma_s)(\eta+\gamma\tau)^2+2\delta p(\eta+\gamma\tau)+[\delta^2p^2-\Gamma_s p(1-p)\delta^2-\Gamma_s\delta p]<0$$

求解上面的不等式，可得：

$$\eta<\frac{-\delta p+\sqrt{\delta^2p^2-(1-\Gamma_s)[\delta^2p^2-\Gamma_s p(1-p)\delta^2-\Gamma_s\delta p]}}{(1-\Gamma_s)}-\gamma\tau$$

η 的临界值由上式右边决定，具体取决于模型中的参数。

在个人账户没有被挪用的情况下($\gamma=0$)，$\dfrac{E}{w}=\Gamma_q\dfrac{(1+\eta/\delta p)[1-\eta+(1-p)\delta]}{1+(1-\Gamma_s)\eta/\delta p}$ 与 τ 无关，即 $\partial(E/w)/\partial\tau=0$；同理，我们有：$\partial(q/w)/\partial\tau=0$。因此，个人账户缴费税率对家庭和每个孩子教育投资率均是中性的。

在个人账户被挪用的情况下($0<\gamma\leqslant 1$)，个人账户税率 τ 与被挪用比率 γ 对

家庭教育投资率或每个孩子的教育投资率的影响不是中性的。如果$\partial(E/w)/\partial\eta>0$或$\partial(q/w)/\partial\eta>0$，那么$\eta$与$\gamma$需要满足以下条件：

$$\gamma\tau<\frac{-\delta p+\sqrt{\delta^2 p^2-(1-\Gamma_s)[\delta^2 p^2-\Gamma_s p(1-p)\delta^2-\Gamma_s\delta p]}}{(1-\Gamma_s)}-\eta$$

两种不同的社会保障税率对家庭和每个孩子的教育投资率的影响也是不同的。社会统筹税率η对家庭和每个孩子教育投资率的影响体现在以下两个方面：一方面，这一转移税率越高，即成年子代向老年父代的代际转移比例越高，降低了家庭收入中用于教育投资的资源，这体现在预算约束式(8－1)左边的第四项上，本书将这种效应称为社会养老对教育投资的挤出效应；另一方面，社会统筹账户的设立，使得教育具有投资品的性质，子代未来成年后的工资收入中的一部分通过政府的社会保障税收成为父母将来的养老资源，因此父代倾向于增加每个孩子的教育投入，这体现在预算约束式(8－2)右边第三项上，本书将这种效应称为教育投资的养老回报效应。因此，社会统筹税率对家庭每个子女的教育投资率影响的净效应是模糊的，取决于模型中的参数。

个人账户缴费税率τ对人力资本投资的影响与个人账户是否被挪用有关。如果个人账户没有被挪用，个人账户缴费税率τ上升不会影响家庭和每个孩子的教育投资率，即个人账户缴费税率τ对家庭人力资本投资是中性的。在个人账户没有被挪用的情况下，由于个人账户缴费对私人储蓄存在李嘉图等价效应，因此不会改变家庭的消费与教育投资计划。如果个人账户被挪用，被挪用的部分相当于提高了统筹账户税率，其对教育投资的影响机制与统筹税率的变化相同，因此无论是提高个人账户税率，还是提高挪用比率，或者二者双管齐下，个人账户对人力资本投资的影响都不再是中性的。

三、社会保障税与经济增长率

t期经济中的总财富W_t等于所有成年人的自愿私人储蓄加上个人账户养老储蓄，即$W_t=N_t[s_t+(1-\gamma)\tau w_t]=N_t\dfrac{\Gamma_{s,t}[(1-\eta-\gamma\tau)+(1-p_{t-1})\delta]}{1+(1-\Gamma_{s,t})(\eta+\gamma\tau)/\delta p_t}w_t$。如果经济处于封闭状态，资本市场的均衡条件为$K_{t+1}=W_t$，即$K_{t+1}=W_t=N_t(s_t+$

$(1-\gamma)\tau w_t)=N_t\ \dfrac{\Gamma_{s,t}[(1-\eta-\gamma\tau)+(1-p_{t-1})\delta]}{1+(1-\Gamma_{s,t})(\eta+\gamma\tau)/\delta p_t}w_t$，因此劳均物质资本的动态方程为：

$$
\begin{aligned}
k_{t+1}n_t &= D(1-\theta)\frac{\Gamma_{s,t}[(1-\eta-\gamma\tau)+(1-p_{t-1})\delta]}{1+(1-\Gamma_{s,t})(\eta+\gamma\tau)/\delta p_t}e_t^{\theta}h_t \\
&= D(1-\theta)\frac{\Gamma_{s,t}[(1-\eta-\gamma\tau)+(1-p_{t-1})\delta]}{1+(1-\Gamma_{s,t})(\eta+\gamma\tau)/\delta p_t}k_t^{\theta}h_t^{1-\theta} \qquad (8-23)
\end{aligned}
$$

我们用 $g_{k,t}$ 表示劳均物质资本的增长率，则劳均物质资本的增长率有下面的关系：

$$
\begin{aligned}
k_{t+1}/k_t &= 1+g_{k,t} \\
&= D(1-\theta)\frac{\Gamma_{s,t}[(1-\eta-\gamma\tau)+(1-p_{t-1})\delta]}{1+(1-\Gamma_{s,t})(\eta+\gamma\tau)/\delta p_t}e_t^{\theta-1}/n_t \qquad (8-24)
\end{aligned}
$$

我们用 $g_{h,t}$ 表示人力资本的增长率，由式(8—4)和式(8—18)有：

$$
\begin{aligned}
& h_{t+1}/h_t=1+g_{h,t}=A(q_t/h_t)^{\alpha} \\
&= A\left\{\frac{n^{-\varepsilon}\phi}{1+p_t\beta+n_t^{1-\varepsilon}\phi}\frac{[1+(\eta+\gamma\tau)/\delta p_t][(1-\eta-\gamma t)+(1-p_{t-1})\delta]}{1+(1-\Gamma_{s,t})(\eta+\gamma t)/\delta p_t}w_t/h_t\right\}^{\alpha} \\
&= A\Gamma_{q,t}^{\alpha}\left\{\frac{[1+(\eta+\gamma\tau)/\delta p_t][(1-\eta-\gamma\tau)+(1-p_{t-1})\delta]}{1+(1-\Gamma_{s,t})(\eta+\gamma\tau)/\delta p_t}\right\}^{\alpha}D^{\alpha}(1-\theta)^{\alpha}e_t^{\alpha\theta}/n_t^{\alpha}
\end{aligned}
$$

(8—25)

由式(8—24)、式(8—25)可以得到物质资本和人力资本之比 e_t 的演化方程：

$$
e_{t+1}=\frac{D^{1-\alpha}(1-\theta)^{1-\alpha}\Gamma_{s,t}[(1-\eta-\gamma\tau)+(1-p_{t-1})\delta]e_t^{\theta(1-\alpha)}}{A\Gamma_{q,t}^{\alpha}n_t^{1-\alpha}\{(1+(\eta+\gamma\tau)/\delta p_t)[(1-\eta-\gamma\tau)+(1-p_{t-1})\delta]\}^{\alpha}[1+(1-\Gamma_{s,t})(\eta+\gamma\tau)/\delta p_t]^{1-\alpha}}
$$

(8—26)

在稳态时，$e_{t+1}=e_t=e^*$，从而可得稳态的物质资本和人力资本之比：

$$
e^*=\left\{\frac{D^{1-\alpha}(1-\theta)^{1-\alpha}\Gamma_s[(1-\eta-\gamma\tau)+(1-p)\delta]}{A\Gamma_q^{\alpha}n^{1-\alpha}\{(1+(\eta+\gamma\tau)/\delta p)[(1-\eta-\gamma\tau)+(1-p)\delta]\}^{\alpha}[1+(1-\Gamma_s)(\eta+\gamma\tau)/\delta p]^{1-\alpha}}\right\}^{1/(1-\theta(1-\alpha))}
$$

(8—27)

从而稳态的增长率为：

$$
\begin{aligned}
1+g=&A^{(1-\theta)/[1-\theta(1-\alpha)]}D^{\alpha/[1-\theta(1-\alpha)]}(1-\theta)^{\alpha/[1-\theta(1-\alpha)]}\\
&\Gamma_s^{\alpha\theta/[1-\theta(1-\alpha)]}\Gamma_q^{\alpha(1-\theta)/[1-\theta(1-\alpha)]}\{(1+(\eta+\gamma\tau)/\delta p)\}^{\alpha(1-\theta)/[1-\theta(1-\alpha)]}\\
&[(1-\eta-\gamma\tau)+(1-p)\delta]^{\alpha/[1-\theta(1-\alpha)]}\\
&[1+(1-\Gamma_s)(\eta+\gamma\tau)/\delta p]^{-\alpha/[1-\theta(1-\alpha)]}n^{-\alpha/[1-\theta(1-\alpha)]}
\end{aligned}
\tag{8-28}
$$

下面依托上面的论述证明本章命题3。

命题3 统筹账户缴费税率对经济增长的影响是模糊的,即$\partial g/\partial\eta$的符号不确定;在个人账户没有被挪用的情况下($\gamma=0$),个人账户缴费税率对经济增长没有影响,即$\partial g/\partial\tau=0$;在个人账户被挪用的情况下($0<\gamma\leqslant 1$),个人账户缴费税率对经济增长的影响是模糊的,即$\partial g/\partial\tau$的符号不确定。个人账户被挪用比率$\gamma$对经济增长的影响也是模糊的,即$\partial g/\partial\gamma$的符号不确定。

证明:式(8—28)中,与η有关的$[(1-\eta-\gamma\tau)+(1-p)\delta]^{\alpha/[1-\theta(1-\alpha)]}$、$[1+(1-\Gamma_s)(\eta+\gamma\tau)/\delta p]^{-\alpha/[1-\theta(1-\alpha)]}$两式是$\eta$的减函数,$[1+(\eta+\gamma\tau)/\delta p]^{\alpha(1-\theta)/[1-\theta(1-\alpha)]}$是$\eta$的增函数,因此$\partial g/\partial\eta$的符号不确定。

当统筹税率η对经济增长率有正的影响时,即$\partial g/\partial\eta>0$时,$\eta$需满足以下二次不等式:

$$
(1-\theta)(1-\Gamma_s)(\eta+\gamma\tau)^2+[(2-\theta)\delta p+\theta(1-\Gamma_s)(1+(1-p))\delta](\eta+\gamma\tau)+[\delta^2p^2-(\Gamma_s-\theta)(p(1-p)\delta^2+\delta p)]<0
$$

求解上面的不等式可得:

$$
\eta<\Big\{-[(2-\theta)\delta p+\theta(1-\Gamma_s)(1+(1-p))\delta]/(1-\theta)(1-\Gamma_s)+\sqrt{[(2-\theta)\delta p+\theta(1-\Gamma_s)(1+(1-p))\delta]^2-4(1-\theta)(1-\Gamma_s)[\delta^2p^2-(\Gamma_s-\theta)(p(1-p)\delta^2+\delta p)]}\Big/(1-\theta)(1-\Gamma_s)\Big\}-\gamma\tau
$$

在本书的模型中,社会统筹税率η对经济增长的影响是模糊的。社会统筹税率对经济增长的影响主要通过以下两个方面起作用:其一,社会统筹税率会影响物质资本的积累(通过储蓄),根据命题1,社会统筹税率在两个方面影响储蓄率,并且净效应是负的,因此过高的社会统筹税率会减少物质资本积累从而降低经济增长率;其二,社会统筹税率会影响人力资本的投资与积累(通过教育),命题 2 的分析告诉我们，社会统筹税率也通过两个渠道影响家庭和每个孩子的教育投资率，其带来的净效应是模糊的，因而对经济增长的影响不确定。总之，社会统筹税率对经济增长的净效应取决于模型中的参数设定。

个人账户缴费税率 τ 对经济增长的影响与个人账户是否被挪用有关。当挪用比率为 0 时，式(8－28)中的各项均与 τ 无关，因此 $\partial g/\partial\tau=0$，这时个人账户对经济增长是中性的，其原因是：当个人账户没有被挪用时，个人账户缴费税率 τ 的变化对社会总储蓄与人力资本投资都是中性的，即它既不影响物质资本积累，也不影响人力资本积累，因此也就不会改变经济增长率。如果个人账户被挪用，被挪用的部分相当于提高了统筹账户税率，其对社会总储蓄与人力资本投资都会产生影响，个人账户对经济增长的影响不再是中性的。

第五节　混合养老体系演变对经济增长的影响分析

本节将进一步拓展第三节的基本理论模型，以便讨论中国的混合养老保障体系从现收现付制(pay-as-you-go)向完全基金制(fully-funded)转轨过程中，储蓄率、教育投资率与经济增长率等主要经济变量是如何变化的。

我们假设政府征收的社会保障税税率为 τ_s(等同于第三节模型中的 τ 与 η 的和)。政府仍然设置统筹与个人两个养老账户，政府可以灵活地将税率 τ_s 在两个账户进行分配，$\lambda\tau_s$ 进入统筹账户，$(1-\lambda)\tau_s$ 进入个人账户，其中 $\lambda\in[0,1]$。本书将这里的 λ 称为社会统筹比例。如果 $\lambda=1$，此时的社会保障制度就是完全的现收现付制；如果 $\lambda=0$，则正好是完全基金制。中国政府对养老保险制度的改革，就是要让政策参数 λ 从 1 下降到 0。在修改的模型中，本书不再考虑个人账户被挪用问题，因为此时个人账户的挪用相当于政府选择提高统筹账户的比率，即将 λ 提高。模型的其他假设均与第三节模型相同。此时，养老金替代率为 $\omega_{t+1}=\lambda\tau_s n_t w_{t+1}/p_t w_t=\lambda\tau_s(1+g_{t+1})n_t/p_t$。与第三节模型的推导类似，我们可以得到稳态时家庭最优自愿储蓄率和社会总储蓄率分别为：

$$sr=\left\{\frac{\Gamma_s[(1-\lambda\tau_s)+(1-p)\delta]}{1+(1-\Gamma_s)\lambda\tau_s/\delta p}-(1-\lambda)\tau_s\right\} \tag{8—29}$$

$$ssr=sr+(1-\lambda)\tau_s=\frac{\Gamma_s[(1-\lambda\tau_s)+(1-p)\delta]}{1+(1-\Gamma_s)\lambda\tau_s/\delta p} \tag{8—30}$$

总教育投资率和每个孩子的教育投资率分别为：

$$\frac{E}{w}=\Gamma_q\frac{(1+\lambda\tau_s/\delta p)[(1-\lambda\tau_s)+(1-p)\delta]}{1+(1-\Gamma_s)\lambda\tau_s/\delta p} \tag{8—31}$$

$$\frac{q}{w}=n^{-\varepsilon}\phi/(1+p\beta+n^{1-\varepsilon}\phi)\frac{(1+\lambda\tau_s/\delta p)[(1-\lambda\tau_s)+(1-p)\delta]}{1+(1-\Gamma_s)\lambda\tau_s/\delta p} \tag{8—32}$$

经济增长率为：

$$\begin{aligned}1+g=&A^{(1-\theta)/[1-\theta(1-\alpha)]}D^{\alpha/[1-\theta(1-\alpha)]}(1-\theta)^{\alpha/[1-\theta(1-\alpha)]}\\&\Gamma_s^{\alpha\theta/[1-\theta(1-\alpha)]}\Gamma_q^{\alpha(1-\theta)/[1-\theta(1-\alpha)]}\{(1+\lambda\tau_s/\delta p)\}^{\alpha(1-\theta)/[1-\theta(1-\alpha)]}\\&[(1-\lambda\tau_s)+(1-p)\delta]^{\alpha/[1-\theta(1-\alpha)]}\\&[1+(1-\Gamma_s)\lambda\tau_s/\delta p]^{-\alpha/[1-\theta(1-\alpha)]}n^{-\alpha/[1-\theta(1-\alpha)]}\end{aligned} \tag{8—33}$$

与第三节类似，可以证明如下的命题 4（证明过程略）。

命题 4 社会保障税中的统筹比率 λ 越高，社会总储蓄率越低，即 $\partial ssr/\partial\lambda<0$；统筹比率 λ 对家庭最优自愿储蓄率、人力资本投资及经济增长的影响都是模糊的，即 $\partial sr/\partial\lambda$、$\partial(E/w)/\partial\lambda$、$\partial(q/w)/\partial\gamma$、$\partial g/\partial\lambda$ 的符号均不确定。

第六节 参数校准与数值模拟

一、参数校准

为了能够解释和预测人口老龄化、养老保障体制改革给中国经济增长、家庭自愿储蓄、社会储蓄和人力资本投资带来的影响，本节将校准中国经济的相关参数并对上两节的理论分析结果进行数值模拟。本书根据已有文献研究结论来确定模型中的参数，这样可以避免参数设置的随意性并使参数的取值接近现实，从而使模拟的结果更可靠。王小鲁和樊纲（2000）对劳动和资本的产出弹性的估计值分别为 0.4 与 0.6，张军和施少华(2003)估计的劳动和资本的产出弹性分别为 0.39 与 0.61，张军(2002)的资本劳动产出弹性分别为 0.5 与 0.5。中国资本的产出弹性不可能长期维持在高水平上，故本书将资本产出弹性 θ 的取值设为 0.4，这也是很多文献中对发展中国家资本产出弹性的通常取值(Mankiw et al.，1992)。类似于刘永平和陆铭(2008)的做法，本书将代表性成年人的老年期消费的时间偏好因子取值为 0.78(相当于每年的折现率取 0.01)。尽管对当前中国的总和生育率下降到了何种程度看法不一，但总和生育率大致在 1.22～1.8 的区间内可以确定，本书假定目前 $n=1.68$。[①] 同时，我们假定代表性行为人进入老年期的存活概率 $p=0.76$，这与瞿德华(2003)推算的 60 岁及以上老人的死亡概率为 24%相一致，也与刘永平和陆铭(2008b)的参数设置相同。根据中国制度设计之初的个人和社会统筹账户的费率规定，缴费占工资总额的 28%，其中 11%进入个人账户，用于在职职工养老金的积累；17%进行代际转移，用于支付退休职工的养老金。因此，本书设定个人账户缴费率的基准值 $\tau=0.11$，统筹账户缴费率的基准值 η 为 0.17。根据混合保险制度的缴费税率设置，统筹账户约占总缴费比例的六成，因此本书假定 $\lambda=0.6$。本书还将在后文通过这一参数的变化来考察混合养老体系演变对经济增长的影响。尽管一些文献认为中国的个人账户被严重挪用，甚至是“空账”，但本书认为个人账户被挪用的比率可能是一个动态变化过程，在转轨的初期，为了消化转轨成本，挪用比率可能很高，但随着这一转轨成本的逐渐消化，这一比率将趋于下降，因此本书取一个适中的假设，将个人账户被挪用比率 γ 设为 0.5，并且还将在后文对其进行参数测试来考察其对主要经济变量的影响。与刘永平和陆铭(2008b)参数设置相同，本书将物质资本对于人力资本的产出弹性 α 的值取为 0.628。目前，关于子代效用贴现因子

① 在中国，关于生育率下降程度的辩论还在继续，普遍认为世纪之交生育率已经正好下降到了替代率的水平(总和生育率为 2.1)。根据国家统计局的数据，2000 年总和生育率是 1.22，但官方认为这个数字偏低，真实的数字应当是 1.8 左右，这主要是“计划生育一票否决制”导致在调查和普查中低报或漏报生育现象(Sharping，2003)。郭志刚(2009)对 2006 年人口和计划生育调查结果公布数据进行了校正，认为总和生育率按保守估计也应当在 1.497 以下。Zhang & Zhao(2006)给出了一个关于中国在过去 20 年里生育率下降的详细文献调查，并得到了中国的总和生育率在 2000 年左右可能下降到了 1.6 左右。邬沧萍等(2003)也对中国的总和生育率进行过估计，他们认为，在近 30 年中，中国的总和生育率从 5.81 降到了 1.68。而学界普遍认可的数据为 1.5 左右，与上述数据比较接近。

ϕ、代表性成年人的子代数量权重指数 $1-\varepsilon$ 的参数设定的参考文献非常有限，并且在有限的几个文献中的参数设定也不一致。如在 Becker et al.(1990)采用的王朝效用函数的数值试验中，ε 取值为 0.25，ϕ 取值为 0.3(在他们的论文中对应的参数为 α)；Pecchenino & Pollard(2002)选用父母只关心自己子女利他效用函数形式，但他们并没有考虑子代数量在父母效用函数中的权重变化，这相当于 ε 取值为 0，ϕ 所设定的基准值为 0.98(在他们的文中对应的参数为 δ)。考虑到中国传统文化中可能具有更多的利他性元素，本书假定父母将子女教育支出与自己成年期的消费同等看重，故对教育贴现因子 φ 取值为 1，高于以上文献中的取值。同时，由于中国家庭的生育受到计划生育政策的约束，生育孩子的数量很可能没有达到合意水平，故将 ε 取为 0.1，其取值小于 Becker et al.(1990)的取值。最后，本书设定 $A=D=7.47$，以得到一个与中国现实相符的经济增长率($0.096\times25=2.40$，即经济增长率以每年 9.6%的速度增长)。各参数的基准取值列示在表 8—1 中。

表 8—1　　参数校准

参数	表示意义	取值
θ	产品生产函数中物质资本的产出弹性	0.4
α	人力资本生产函数中物质资本产出弹性	0.628
τ_s	个人与统筹账户总税率	0.28
τ	个人账户税率	0.11
η	社会统筹账户税率	0.17
λ	社会统筹比率	0.6
γ	个人账户被挪用比例	0.5
n	生育率	1.68
p	寿命	0.76
β	时期贴现因子	0.78
ϕ	子代教育贴现因子	1
$1-\varepsilon$	子代数量权重因子	0.9
A	人力资本生产技术参数	7.47
D	物质资本生产技术参数	7.47

二、模拟结果

在当前的参数下，数值模拟显示，统筹账户缴费率越高，家庭储蓄率、家庭和每个孩子的教育投资率、经济增长率就越低(见图 8－1 至图 8－3)。主要原因是:随着人口老龄化的深化，政府通过提高社会统筹税率来融资社会养老资源将会降低家庭的储蓄率和教育投资率，由于过多的资源需要向老年一代转移，从而在很大程度上挤出了储蓄与教育投资，降低了物质资本和人力资本的积累，虽然统筹税率的提高也具有人力资本投资的激励功能，但其对教育资源的挤出效应起到了主导作用，从而对经济增长的净效应为负。特别是在生育受到约束的情况下，随着生育率的下降，未来年轻一代工作人口数量减少，在经济增长率趋于下降的情况下，社会统筹账户可能会遇到严重的财务困境而难以为继。在图 8－4 至图 8－9 中，本书通过数值模拟对比分析了个人账户没有被挪用的情况下和被挪用的情况下储蓄、人力资本投资及经济增长的差异。当个人账户没有被挪用时，个人账户缴费税率的变化并不会影响社会总储蓄率、家庭和每个孩子的教育投资率及经济增长率，并且个人账户缴费税率与家庭最优自愿储蓄率是完全替代的;当个人账户资金被挪用时，这部分资源实际上进入统筹账户，对储蓄率、人力资本投资率与经济增长率都会形成净的负效应，这与本书的理论预期及前面的模拟结果相一致。图 8－10 至图 8－12 给出的是个人账户挪用比率变化如何影响主要经济变量的模拟结果。本书发现，个人账户挪用率的上升对社会总储蓄率、人力资本投资率与经济增长率都会形成类似统筹税率上升带来的净负效应。但有意思的是，个人账户挪用率的上升会提高家庭自愿储蓄率，这是因为当个人账户被挪用时，个人预计到不能从个人账户获得一对一的养老回报，从而促使他们提高自愿储蓄来应对个人账户的损失。由于现收现付养老体制的净效应降低了物质资本和人力资本积累，对经济增长不利，而完全基金制对经济增长的影响是中性的，因此从现收现付制向基金与统筹混合的模式转变，使得高统筹税率下降而个人账户税率上升，家庭的最优自愿储蓄率将趋于下降，而社会总储蓄率上升有助于增加社会物质资本并降低中国家庭的防老储蓄，同时人力资本的投资也会趋于上升，从而促进经济增长率提高。图 8－13 至图 8－15 通过统筹比率变化对主要经济变量影响的模拟验证了本书的这一理论推断。同时，由于经济增长率上升，社会统筹账户的财务困境也会在一定程度上得到缓解，故有“一石二鸟”之功。本书的理论模型与数值模拟结果，从经济增长的视角为我国养老保险体制改革方向的确立提供了解释逻辑。

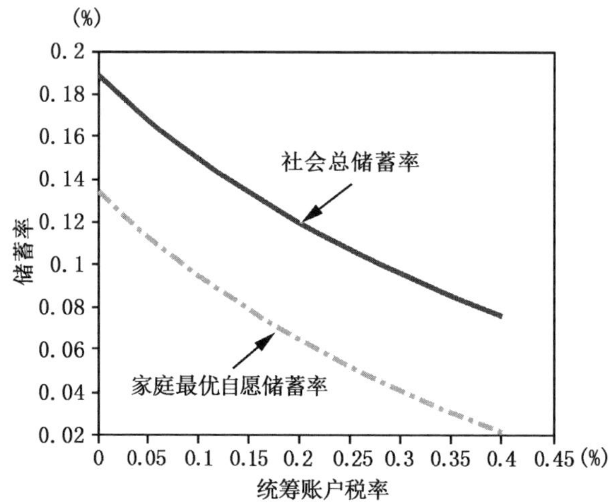

图 8—1　统筹账户税率与储蓄率

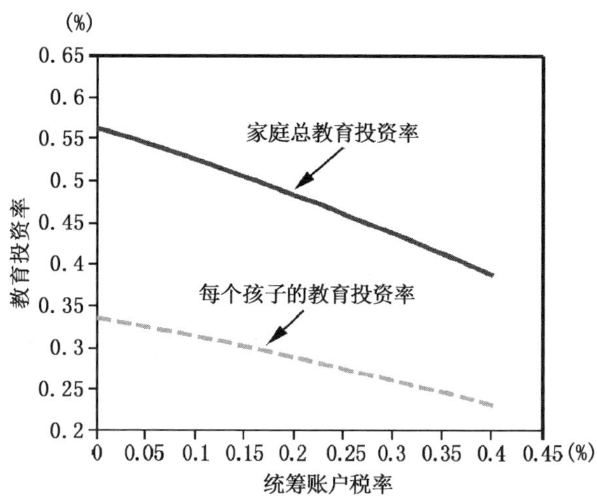

图 8—2　统筹账户税率与教育投资率

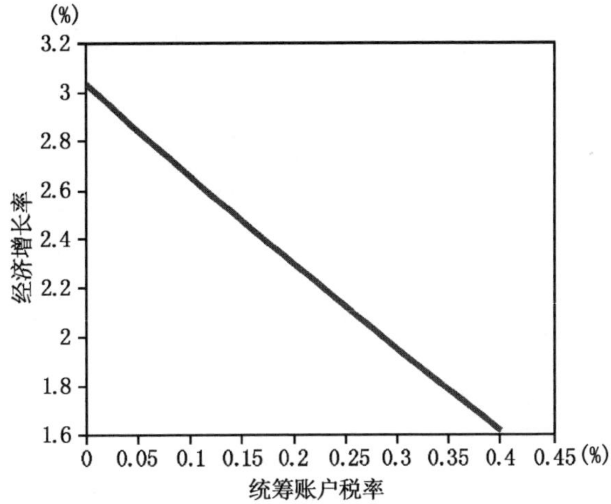

图 8—3　统筹账户税率与经济增长率

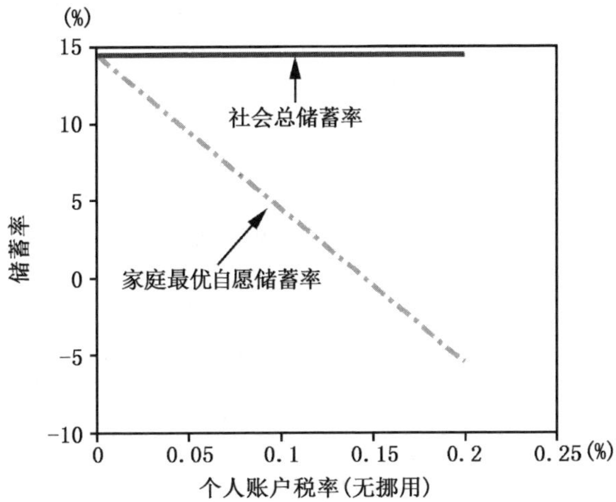

图 8—4　个人账户税率与储蓄率(无挪用)

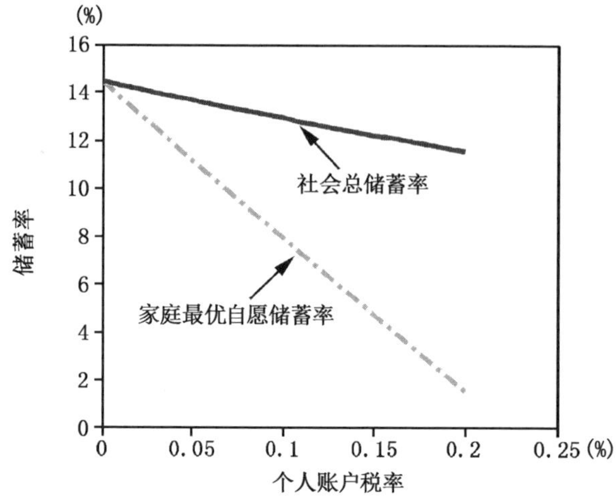

图 8—5 个人账户税率与储蓄率(挪用 50%)

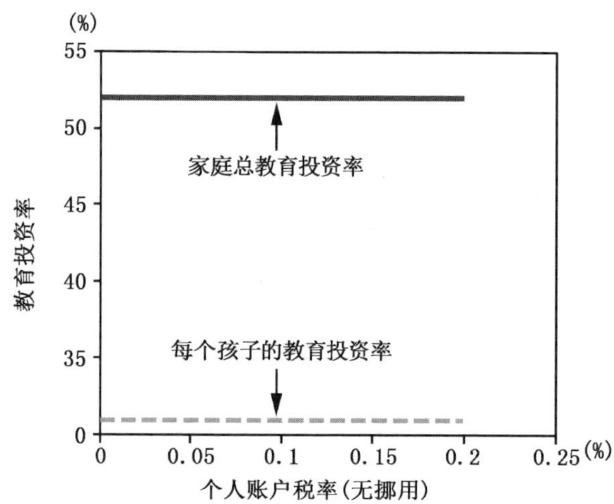

图 8—6 个人账户税率与教育投资率(无挪用)

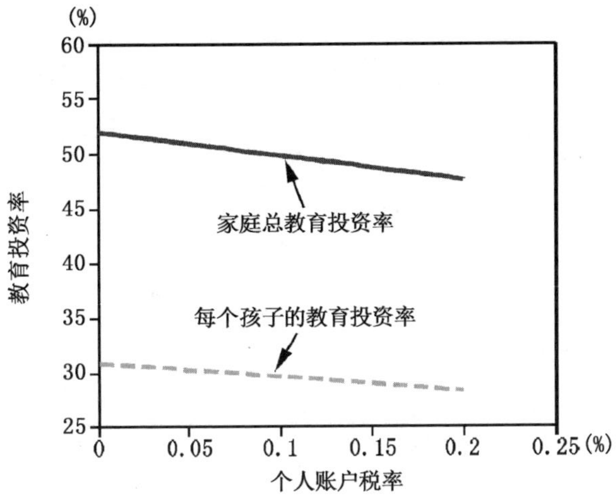

图 8—7　个人账户税率与教育投资率(挪用 50%)

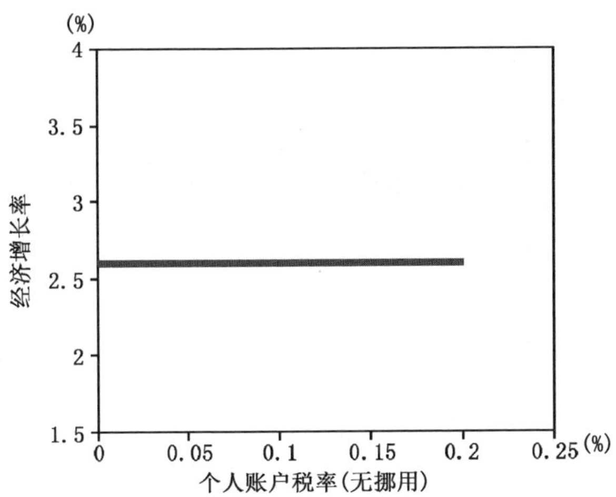

图 8—8　个人账户税率与经济增长率(无挪用)

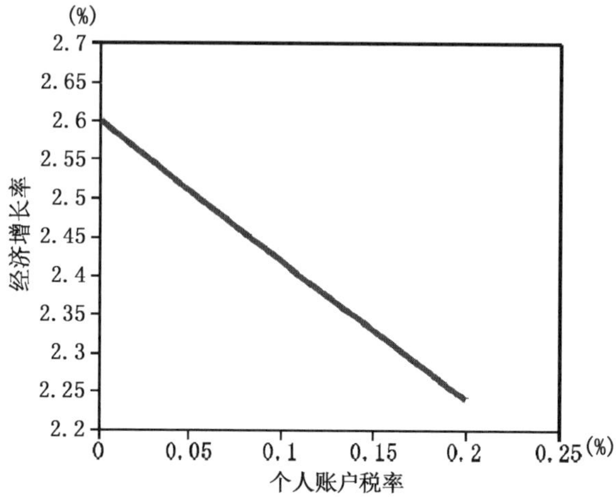

图 8—9 个人账户税率与经济增长率(挪用 50%)

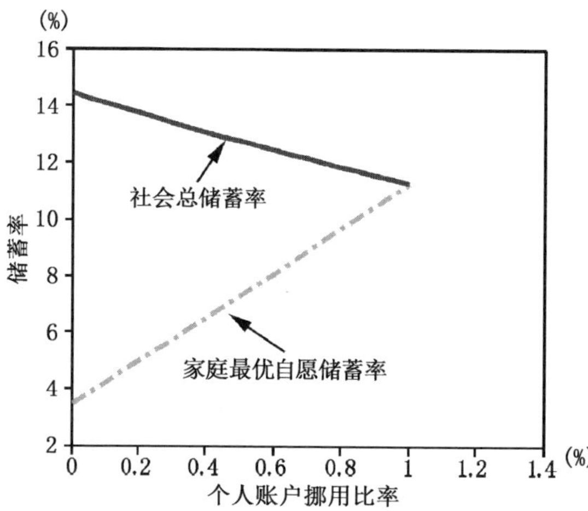

图 8—10 个人账户挪用比率与储蓄率

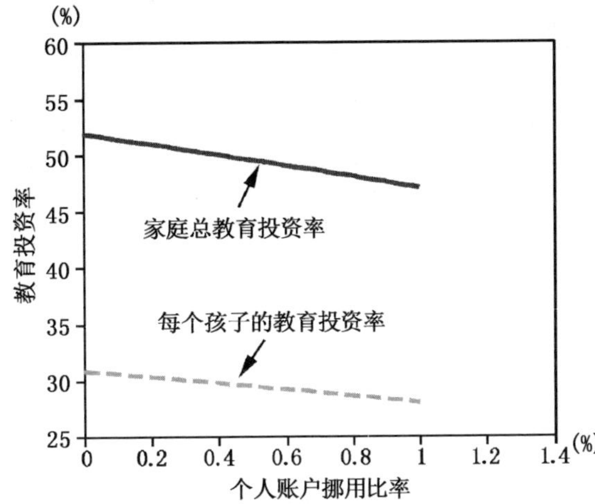

图 8—11　个人账户挪用比率与教育投资率

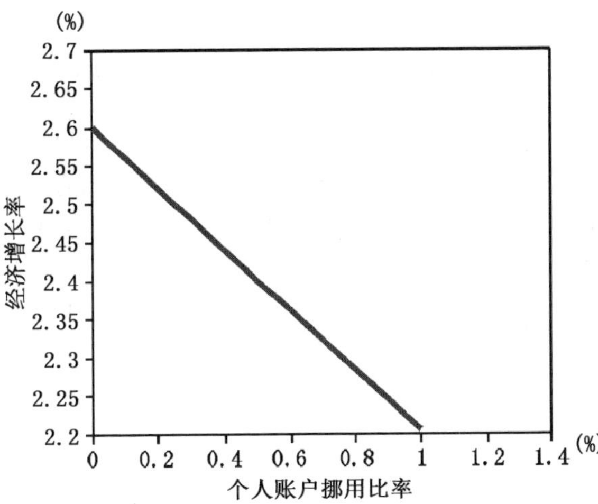

图 8—12　个人账户挪用比率与经济增长率

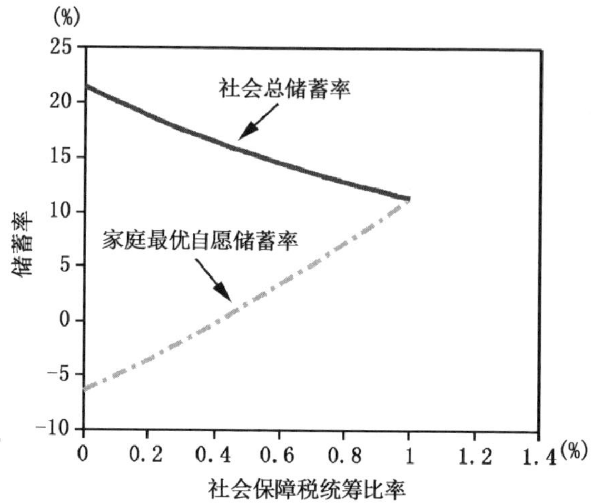

图 8—13　社会保障税统筹比率与储蓄率

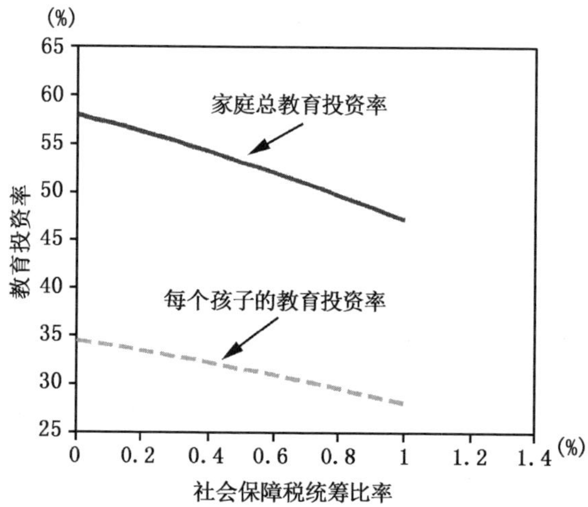

图 8—14　社会保障税统筹比率与教育投资率

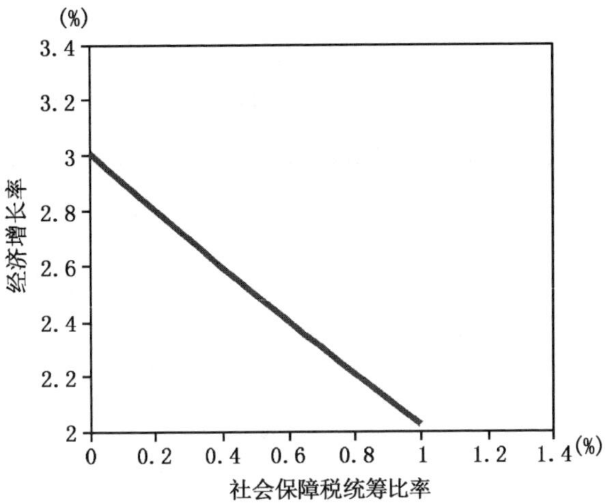

图 8—15　社会保障税统筹比率与经济增长率

三、政策参数测试

在表 8—2 中，本书进行一些政策参数试验。第 2 行至第 12 行给出的是人口日益老龄化情形下，通过调整社会保障税率来保证经济增长的模拟结果。第 2 行报告的是基准参数取值下的模拟结果，在基准参数取值下经济增长率是 2.40，替代率是 1.69。[①] 如果老年存活概率上升至 $p=0.84$，社会保障税率、生育率、个人账户挪用比率和其他参数均不变，此时经济增长率会下降至 2.34，替代率会降至 1.50(第 3 行)。如果将个人账户挪用比率从 0.5 提高到 0.86(其他参数不变，第 4 行)，或者将统筹账户缴费率提高至 0.21(其他参数不变，第 5 行)，可将替代率维持在 1.69，但经济增长会进一步降至 2.20。如果为了保持 2.40 的经济增长率，在其他参数均不变时，则需要将个人账户挪用比率从 0.5 下调至 0.34(第 6 行)，或将统筹账户缴费率降至 0.152(第 7 行)，此时对应的替代率将大幅降至

① 本节中的替代率来自上文中通过政府预算约束得到的替代率公式 $\omega_{t+1}=\eta n_t w_{t+1}/p_t w_t=\eta(1+g_{t+1})n_t/p_t$ 计算得到，由于没有考虑到缴费年限和历史遗留的转轨成本及收入分配方面的因素，数值模拟中的替代率与当前退休工人普遍得到的 58.5%的养老金替代率并不可比。本书之所以计算这个替代率的原因，是为了说明在人口老龄化的情形下，替代率与经济增长率之间存在权衡。

1.41。在其他参数不变时，如果老龄化程度更高一些，老年存活概率上升至 $p=0.90$，经济增长率与替代率分别降至 2.28 与 1.38(第 8 行)。此时，即使将个人账户的资金全部挪用，也只能使替代率恢复到 1.61，经济增长则大幅下滑至 2.08(第 9 行)。在其他参数不变时，如果要恢复原有的 1.69 的替代率，则需将统筹账户税率进一步提高至 0.246，此时经济增长率将降至 2.01(第 10 行)；如要保增长，则需将个人账户挪用率降至 0.18(第 11 行)，或将统筹税率降至 0.135(第 12 行)。此时带来的问题是替代率大幅降至 1.21。因此在其他条件不变时，政府需要在统筹替代率与经济增长率之间进行权衡取舍。

表 8—2　　不同参数取值下的模拟比较

参数取值	替代率	经济增长率	家庭储蓄率	社会储蓄率	家庭教育投资率	每个孩子教育投资率
$\theta=0.4,\alpha=0.628,\tau=0.11,\eta=0.17,n=1.68,p=0.76,\gamma=0.5$	1.69	2.40	0.073	0.128	0.496	0.295
$\theta=0.4,\alpha=0.628,\tau=0.11,\eta=0.17,n=1.68,p=0.84,\gamma=0.5$	1.50	2.34	0.080	0.135	0.459	0.273
$\theta=0.4,\alpha=0.628,\tau=0.11,\eta=0.17,n=1.68,p=0.84,\gamma=0.86$	1.69	2.20	0.108	0.123	0.442	0.263
$\theta=0.4,\alpha=0.628,\tau=0.11,\eta=0.21,n=1.68,p=0.84,\gamma=0.5$	1.69	2.20	0.068	0.123	0.442	0.263
$\theta=0.4,\alpha=0.628,\tau=0.11,\eta=0.17,n=1.68,p=0.84,\gamma=0.34$	1.41	2.40	0.067	0.140	0.467	0.278
$\theta=0.4,\alpha=0.628,\tau=0.11,\eta=0.152,n=1.68,p=0.84,\gamma=0.5$	1.41	2.40	0.085	0.140	0.467	0.278
$\theta=0.4,\alpha=0.628,\tau=0.11,\eta=0.17,n=1.68,p=0.90,\gamma=0.5$	1.38	2.28	0.083	0.138	0.432	0.258
$\theta=0.4,\alpha=0.628,\tau=0.11,\eta=0.17,n=1.68,p=0.90,\gamma=1$	1.61	2.08	0.123	0.123	0.408	0.243
$\theta=0.4,\alpha=0.628,\tau=0.11,\eta=0.246,n=1.68,p=0.90,\gamma=0.5$	1.69	2.01	0.062	0.117	0.399	0.237
$\theta=0.4,\alpha=0.628,\tau=0.11,\eta=0.17,n=1.68,p=0.90,\gamma=0.18$	1.21	2.40	0.059	0.150	0.447	0.266
$\theta=0.4,\alpha=0.628,\tau=0.11,\eta=0.135,n=1.68,p=0.90,\gamma=0.5$	1.21	2.40	0.094	0.149	0.447	0.266
$\theta=0.4,\alpha=0.582,\tau=0.11,\eta=0.17,n=1.68,p=0.84,\gamma=0.71$	1.69	2.40	0.096	0.128	0.449	0.267

续表

参数取值	替代率	经济增长率	家庭储蓄率	社会储蓄率	家庭教育投资率	每个孩子教育投资率
$\theta=0.387,\alpha=0.628,\tau=0.11,\eta=0.17,$ $n=1.68,p=0.84,\gamma=0.71$	1.69	2.40	0.093	0.125	0.447	0.266
$\theta=0.4,\alpha=0.582,\tau=0.11,\eta=0.17,$ $n=1.68,p=0.84,\gamma=0.5$	1.69	2.40	0.073	0.128	0.449	0.267
$\theta=0.387,\alpha=0.628,\tau=0.11,\eta=0.194,$ $n=1.68,p=0.84,\gamma=0.5$	1.69	2.40	0.070	0.125	0.447	0.266
$\theta=0.4,\alpha=0.547,\tau=0.11,\eta=0.211,$ $n=1.68,p=0.90,\gamma=0.88$	1.69	2.40	0.113	0.126	0.414	0.247
$\theta=0.376,\alpha=0.628,\tau=0.11,\eta=0.17,$ $n=1.68,p=0.90,\gamma=0.88$	1.69	2.40	0.109	0.122	0.413	0.246
$\theta=0.4,\alpha=0.547,\tau=0.11,\eta=0.211,$ $n=1.68,p=0.90,\gamma=0.5$	1.69	2.40	0.071	0.126	0.415	0.247
$\theta=0.376,\alpha=0.628,\tau=0.11,\eta=0.211,$ $n=1.68,p=0.90,\gamma=0.5$	1.69	2.40	0.067	0.122	0.413	0.246
$\theta=0.4,\alpha=0.491,\tau=0.11,\eta=0.17,n=2,$ $p=0.90,\gamma=0.5$	1.69	2.40	0.072	0.127	0.465	0.233
$\theta=0.356,\alpha=0.628,\tau=0.11,\eta=17,n=2,$ $p=0.90,\gamma=0.5$	1.69	2.40	0.065	0.120	0.463	0.231

当保持其他条件不变时，经济增长率随着 θ 和 α 的减小而提高，这符合经济学直觉。在本书的模型中，θ 表示产品生产中物质资本的产出弹性，而 α 表示人力资本生产函数中物质资本的产出弹性。这两个参数值的变小，意味着物质资本在生产过程中的作用下降，而人力资本在生产过程中的贡献上升，这有助于提高经济增长率。第 13 行至第 16 行给出的是人口日益老龄化情形下，θ 和 α 的变化及政府进行生育政策调整或改变统筹账户缴费税率或调整个人账户挪用率的参数试验结果。如果老年存活概率 p 上升至 0.84，政府为应对老龄化所带来的统筹账户财务问题，将个人账户挪用率提高至 0.71(或统筹税率提高至 0.194)，在生育率和其他参数均不变时，如果人力资本生产函数中的物质资本产出弹性 α 能从 0.628 降至 0.582，或者物质资本的产出弹性 θ 从 0.4 降至 0.387，则既能维持 2.40 的经济增长率，也能维持原来 1.69 的替代率。如果老龄化程度更高一些，老年存活概率 p 上升至 0.90，为维持原有的经济增长率和替代率，此时则需

要将个人账户挪用率提高至 0.88(或统筹税率提高至 0.211)，α 从 0.628 降至 0.547 或 θ 从 0.4 降至 0.376(第 17 行至第 20 行)。如果老年存活概率 p 为 0.90，政府不改变缴费率，而是通过放松计划生育政策来应对人口老龄化带来的养老账户财务问题。比如将生育率 n 从 1.68 提高到 2.0(第 21 行至第 22 行)，则需要 α 从 0.628 降至 0.491，或 θ 从 0.4 降至 0.356，此时方可维持原有经济增长率和替代率。这说明，无论是提高统筹账户缴费率，还是通过放松计划生育政策来应对人口老龄化和养老压力，为了维持原有的经济增长率和老年人的生活水平，前提条件是需要人力资本自身的生产和人力资本在产品生产中具有更高的效率。而且本书发现，经济增长率对参数 θ 的变化比对参数 α 的变化更为敏感，因此提高产品生产中的人力资本的贡献对于提高经济增长率尤为重要。

第七节　结论与启示

在人口老龄化背景下，本书通过构建一个三期世代交替模型讨论了混合养老保障体制下家庭的消费、储蓄和教育投资决策及其对中国经济增长的影响。本书的研究发现：从现收现付制向基金与统筹混合的模式转变，使得高统筹税率下降而个人账户税率上升，有助于增加物质资本和人力资本的积累并促进经济增长。在当前寿命延长、养老压力增大的态势下，为了保持经济增长并解决养老账户的财务困境，需要提高人力资本的积累速度和人力资本在生产中的效率。本书的理论分析与数值模拟结果，从经济增长的视角为我国养老保险体制改革方向的确立提供了解释逻辑。

“统账”结合的养老保险模式是一种具有中国特色的制度安排，在其实施的过程中也面临着如何消化历史遗留的转轨成本问题(袁志刚，2001；孙祁祥，2001)。在人口老龄化程度不断加深的现实背景下，为了维持退休一代的养老金水平和政府养老金账户的财务平衡，需要提高工作一代的统筹税负，这会伤害到经济增长，政府的困境在于如何在效率与公平之间进行权衡并找到平衡点。但只要人力资本积累速度和人力资本在生产中的效率得以提高，上述问题就会迎刃而解。

根据本书的理论分析与数值模拟所得的结果，目前中国养老保险从现收现付制向“统账结合”的混合养老模式转轨的改革方向无疑是正确的。未来的养老保障制度改革始终要坚持保障与激励相结合的原则。具体来说，老年人所得到的养老金应随着经济的发展不断调整，使得老年人可以分享经济增长的好处，这也是当前构建和谐社会的题中要义。养老保险制度调节机制的建立，会使老年人退休后的生活更有保障，由于能够分享到对未来一代的人力资本投资的收益，从而促使他们更加关心年轻一代的教育，这会使得人力资本的积累速度加快，并保证了每一代人对人力资本投资的持续性，从而促进未来一代劳动生产率的提高，这又有利于经济增长，使得经济处于一个良性循环之中。

应当看到，本书只是对混合养老保险制度的增长效应进行了一个粗略分析，分析中还存在诸多可以拓展的空间。本书的模型是一个代表性消费者模型，即经济中的所有行为人是同质的。事实上，经济中的行为人通常是异质的，而且不同收入阶层的群体对养老保障的要求是不同的，其消费、储蓄和人力资本投资的决策也存在很大差异，因此贫富差距对养老保险改革也提出了新的课题。如何通过合理的制度设计既能更好地照顾到弱势群体的利益，又能更好地促进经济快速增长应当成为研究重点，从这方面建立异质性代表性消费者模型的讨论还相当欠缺，这可以作为未来的研究方向。

第九章　人口老龄化、生育政策调整、人力资本投资与中国经济增长

第一节　引　言

近十几年来，中国超低生育率的持续、寿命延长和人口老龄化可能对经济增长产生的负面影响引起了政府与学界的忧虑（袁志刚和宋铮，2000；蔡昉，2001；都阳，2004、2005；陈友华，2005；刘永平和陆铭，2008a、2008b；汪伟，2009、2010），调整计划生育政策的呼声也从未停止过。[①] 在这样的背景下，为了应对"低生育率陷阱"与人口老龄化的挑战、促进人口均衡发展，中国政府加快了生育政策调整的步伐，2014 年开始逐渐允许"单独家庭"生育"二孩"，2016 年进一步允许"非独家庭"生育"二孩"，并且由于"二孩"政策的执行效果低于预期，中国进一步放松生育政策，于 2021 年 8 月 20 日起正式立法施行"一对夫妻可以生育三个子女"。

"三孩"政策实施后，所有家庭被允许生育三胎，生育率会有所回升。面对人口政策的这一重要变化，家庭面临的预算约束与经济激励必然会发生改变，进而对家庭的储蓄、子女培养与养老决策产生影响，而家庭这个微观经济单元的决策会影响人均收入增长的路径，由此衍生出以下问题：当前政府放松计划生育政策

① 关于经济学家和人口学家对于当前是否有必要放松计划生育政策辩论的有关文献综述，参见刘永平和陆铭（2008b）。

会产生什么样的经济影响？如果要将计划生育政策进一步放松又不至于损害经济增长，需要什么样的前提条件？

由于中国的人口老龄化与过去30多年的独生子女政策的严格执行有着很大的关系，因此，要回答前面提出的问题，预测未来日益严重的老龄化如何影响中国的储蓄、人力资本投资与增长并评估生育政策调整的政策效果，显然需要建立适合中国国情的理论框架并进行分析与探讨。基于对以往文献、数据与中国经济现实的考察，本书主要展开两方面工作：首先，在父母的自利与利他双重动机假设下，本书通过构建一个考虑双向代际转移的三期世代交替模型，来讨论人口老龄化与生育政策调整如何影响中国家庭的储蓄、人力资本投资决策与经济增长；其次，本书通过对中国经济的参数校准来数值模拟本书的理论模型，并通过模拟结果进行不同生育政策调整尺度的政策评价。

第二节 相关文献与研究现状

要讨论人口老龄化与计划生育政策调整对经济增长的影响，首先需要追溯孩子在人力资本投资与经济增长中的作用。自Lucas(1988)的开创性论文以来，人力资本作为经济增长的引擎已在文献中得到广泛讨论，特别是20世纪90年代以来，人力资本模型中纳入了家庭的生育选择行为，从而将传统模型中关于孩子的数量与质量互替(Becker，1960；Becker & Lewis，1973)的分析范式引入内生经济增长模型中(Becker & Barro，1988；Barro & Becker，1989；Becker et al.，1990)。关于父母重视孩子质量的原因，现有的文献通常从单一的利己或利他动机来分析。Zhang et al.(2001)、汪伟(2010)认为父母对子女的培养具有利他性，家庭的人力资本投资行为推动了经济增长。Ehrlich & Lui(1991)、刘永平和陆铭(2008a、2008b)将父母对子女的教育投资看作家庭内部和代际的交易行为与保险机制，认为父母出于养儿防老的自利动机而重视子代的教育。然而，以上文献中关于父代对子代培养的单一动机假设可能并不完全符合中国的现实。一方面，中国家庭具有利他性儒家文化传统，父母对子女的培养常常不计回报，父母对子女的培养常常具有“消费”性质（汪伟，2010）。另一方面，在社会保障制度尚未全面建立的情况下，子女的未来人力资本收益作为父母养老资源的重要性上升，父母对子女的培养也可能是基于自利动机。

家庭培养子女的动机对理解中国生育政策的变化如何影响经济增长无疑是非常重要的。在过去强制“一胎化”的制度约束下，家庭失去了孩子数量的选择权，在无法进行子女数量决策和依赖子女数量养老的传统家庭的作用逐渐丧失时，无论是基于自利动机还是利他动机，父母都会更加看重孩子的质量，这会促使父母加大对孩子的教育投资。许多调查研究都证实了这一点。例如，中国社会科学院2005年一项关于家庭储蓄动机的调查显示，为子女教育而储蓄排在各种储蓄动机的第一位（刘永平和陆铭，2008b），而零点调查与指标数据网2006年发布的家庭教育投资数据①、2007年北京师范大学教育学院教育调查与数据中心“全国义务教育阶段家庭教育支出调查”课题组的研究②也得到了类似的结论。当生育政策放松后，依赖子女数量养老的作用会上升，家庭对子女的人力资本投资计划可能发生改变，父母会在依赖子女质量养老与依赖子女数量养老上进行权衡，从而做出最优的选择，这会影响经济增长，然而在这方面还鲜有建模性讨论。

关于人口老龄化对人力资本投资的影响，目前尚未达成共识。一些学者认为，人口老龄化会对人力资本投资产生不利影响。一方面，随着人口老龄化的深化，家庭的养老负担会加重，将导致向年轻一代投入的教育资源下降，从而形成老龄化对教育资源的挤占效应；另一方面，预期寿命的提高意味着退休后的生活将更长，理性行为人预留给自己老年期消费的工作阶段的储蓄会增加，从而减少对子女的人力资本投资，这会对经济增长产生不利影响（Pecchenino & Pollard，2002）。也有一些学者认为，人口老龄化将诱发人力资本投资对物质资本投资的替代从而有利于经济增长（蔡昉，2004）。在理论与实证研究方面，Fougère & Mérette(1999)建立了纳入物质资本和人力资本积累的内生增长模型并运用

① 以上数据引自 http://edu.people.com.cn/GB/4728917.html。

② 数据来源：http://www.jyb.cn/Theory/jyjf/200811/t20081118_209636.html。

OECD国家1954—2050年的数据进行研究后发现，物质资本的收益下降使未来工资收入的现值得到提高，促使家庭对人力资本的投资上升，人口老龄化会提高人力资本的投资水平。Barro & Sala-i-Martin(1995)、Sala-i-Martin et al.(2004)的实证研究发现，寿命延长(死亡率下降)对人力资本投资与经济增长率有正的影响，而Lorentzen et al.(2006)则分析了寿命(死亡率)可能影响经济增长的渠道。他们发现，成人死亡率降低会增加投资并促进人力资本的积累从而对经济增长有利。还有一类观点认为，人口老龄化对人力资本投资的影响取决于老龄化的表现形式及社会所处的老龄化阶段。如Miyazawa(2003)研究了人口老龄化对人力资本的积累效应后认为，由生育率下降所导致的人口老龄化对人力资本投资不利，而死亡率的下降(或寿命延长)却有利于人力资本投资。Zhang et al.(2003)提出死亡率与教育投资存在倒U型曲线关系，并通过研究发现，在死亡率下降的初期，通过增加人力资本投资来增加退休的收益超过了老龄人口为消费而减少的人力资本投资，而在死亡率下降的后期，这两种机制力量换转，因此人口老龄化对人力资本和经济增长的影响与老龄化的阶段有关。

关于人口老龄化对储蓄的影响，也存在不同的观点。生命周期理论认为，人们在老年期处于负储蓄状态，老年人口比重的相对提高将增加社会的养老负担，人口老龄化会导致国民储蓄率的降低从而对经济增长不利(Modigliani & Brumberg，1954)。但另一种观点认为，人们在咄咄逼人的老龄化面前并不是被动的，生命周期理论忽略了理性行为人会重新分配经济资源、协调生命周期行为。当人们体察到人口结构的变化时，其在工作阶段就会为自己将来的养老谋划，从而主动增加积累，理性行为人这种“未雨绸缪”的储蓄动机实际上就是诱发“第二人口红利”[①]的源泉(Mason & Tomoko，2005；Mason & Lee，2006)。一些研究得到了与Mason & Tomoko(2005)、Mason & Lee(2006)相类似的结论，如Zhang et al.(2001)、Bloom et al.(2003)、Li et al.(2007)。但后续的理论和实证研究认为，寿命延长对储蓄的正向影响需要一些现实条件。如Bloom & Canning

---

① “第二人口红利”是指在人口年龄结构趋于老化的情况下，个人和家庭预计到这一情况可以产生一个新的储蓄动机，通过重新分配资源、协调生命周期行为和合理安排生活，从而形成一个新的储蓄来源。

(2005)认为，在社会保障不存在和资本市场完美的情况下，人们对寿命延长的最优反应是延长工作期的长度，人口老龄化对储蓄率没有影响甚至是负影响。然而，在实际经济中，上述情形可能不会被观察到，特别是如果政策阻止或不鼓励延迟退休时，理性行为人会为了更长的退休期而融资，从而更多地储蓄(Bloom et al.，2007)。Bloom et al.(2003)认为，寿命延长意味着一个稳定的、具有高比例老年人口的年龄结构，以至于从长期来看，各年龄段的较高储蓄率会被处于负储蓄状态的老年人口数量的增加而抵消，Li et al.(2007)则通过跨国面板数据证实上述结论。

讨论寿命延长、人口老龄化如何影响储蓄与经济增长的另一类文献是在代际模型中加入死亡遗赠机制(Abel，1985；Fuster，1999；Cipriani，2000；Zhang et al.，2003；van Groezen et al.，2005；Miyazawa，2006、2009)。这一类文献认为，由于预期寿命延长，老年人遗产由下一代继承的时间被推迟了，即该遗产的现值缩水，同时老年期延长需要更多的消费，这两个原因导致其遗赠动机削弱，遗赠储蓄减少，从而降低了物质资本的积累，因此寿命延长(死亡率下降)对经济增长的效应将会变得模糊。这对 Kelley & Schmidt(1995b)关于发展中国家的预期寿命延长对经济增长具有显著的正效应，而发达国家预期寿命的延长对经济增长的影响消失甚至出现负效应的经验发现提供了理论解释。

以上人口老龄化通过储蓄影响经济增长的理论与经验研究文献显然对理解中国储蓄与经济增长的未来走向具有启发意义。高储蓄率一直被认为是维持过去中国经济增长的一大优势，但储蓄率过高也饱受诟病。随着老龄化进程的加速，中国的储蓄率将如何演化？生育政策的调整如何影响家庭的养老储蓄决策与经济增长？这些问题在现有文献中尚未得到很好的回答。

关于放松生育政策对中国经济增长的影响，目前学界的看法也并不一致。邹至庄(2005)认为，放开生育政策不会使经济增长率大幅下滑，相反对人力资本投资有利。陈友华(2005)、王丰(2010)、左学金(2010)、沈可等(2012)、蔡昉(2013)等认为，放松计划生育政策有助于缓解人口老龄化，增加劳动供给和延长人口红利并提高潜在经济增长率。Li & Zhang(2007)的实证研究发现，生育率上升会损害经济增长。刘永平和陆铭(2008b)通过建立一个纳入家庭教育决策的微观模型并进行研究后发现，放松计划生育政策会降低家庭的人力资本投资，从而不利于经济增长。黄少安和孙涛（2013）则认为，放松计划生育政策会使中国陷入“人口红利”依赖症，无法实现从人口结构优势向产业、人力资本与技术升级优势转化，从而不利于长期的经济增长。

以上这些研究虽然提出了放松计划生育政策如何影响经济增长的种种看法，但在一个严格的理论与实证框架下考察生育政策调整如何通过家庭的微观决策影响经济增长的研究文献尚不多。Li et al.（2007）的理论与实证模型虽然论证了生育率上升会提高家庭储蓄率与经济增长率，但他们并没有考虑家庭的教育决策对增长的影响。与本书的研究较为接近的是刘永平和陆铭（2008b）。刘永平和陆铭（2008b）的模型纳入了生育政策对家庭的储蓄与教育决策的影响，但他们得出的家庭储蓄率与生育率变化无关的结论却与中国的现实不相符，因为生育政策对家庭储蓄的影响一直是中国经济增长的一个重要事实（Modigliani & Cao，2004）。由于缺失了储蓄对经济增长的影响，因此生育政策对经济增长的影响只与人力资本投资有关，这显然与已有的理论与经验事实不符，也无法预测生育政策调整对中国储蓄率未来变化的影响。究其原因，主要是他们没有考虑到子代的培养既能给父母带来效用，也能影响家庭的养老储蓄决策并提高经济的生产效率。此外，针对生育政策调整的力度如何影响经济增长这一问题，在他们的模型中也未能得到很好的考察，而这些正好留给了本书改进的空间。

第三节　人口老龄化、生育政策、家庭决策与经济增长理论模型

一、基本假设

本书考虑一个简单的三期世代交替模型来刻画本书所界定的经济环境。假设经济中只生产单一产品，它既可以用来消费也可以用来投资。代表性行为人的一生经历少年期、成年期和老年期。经济中的总人口包括 N_{1t} 个成年人、N_{2t} 个老年人和 N_{0t} 个未成年人。代表性行为人在成年期不能选择生育的数量，生

育孩子的数量由政府计划生育政策来调节。假设每个成年人生育 n_t 个子女[①]，并且都能存活到成年期。因此，未成年人口和成年人口有如下关系：$N_{0t}=n_tN_{1t}$。假设成年人以 $p_t(p_t<1)$ 的概率存活到老年期，则老年人口与成年人口之间有如下关系：$N_{2t}=p_{t-1}N_{1t-1}$。当成年人在进入老年之前死亡时，本书简单地假定其所积累的储蓄作为遗产由其子女继承。如果将 t 期的总人口数量标准化为 1，并且不考虑生命周期各阶段的长度差异。在上面的假设下，时期 t 的人口结构分布为：$N_{0t}=\frac{n_tn_{t-1}}{p_{t-1}+n_{t-1}+n_tn_{t-1}}$、$N_{1t}=\frac{n_{t-1}}{p_{t-1}+n_{t-1}+n_tn_{t-1}}$、$N_{2t}=\frac{p_{t-1}}{p_{t-1}+n_{t-1}+n_tn_{t-1}}$。

生育率 n 和老年存活率 p（寿命）是影响人口转变和人口分布的两个重要变量，随着生育率 n 的下降和老年存活率 p（寿命）的上升，少儿在总人口中的比重不断下降，老年人在总人口中的比重不断上升。

二、代表性行为人的决策

假设经济中只有成年人工作，且成年人拥有一单位的劳动时间，并将其在抚养子代和劳动力市场上进行分配。每一个未成年人成长为健康的成年人需要父母花费 v 单位的照顾时间，在中国老年父母通常需要成年子女共同照顾，照顾老人需要花费的时间为 p_{t-1}/n_{t-1}，因此每个代表性成年人能用来工作的时间 $l_t=1-vn_t-p_{t-1}/n_{t-1}$，获得的工资收入为 l_tw_t。本书同时考虑子代与父代之间的相互代际转移，成年子女将其收入的一个固定比例 τ 用于赡养年迈的父母[②]，当代表性行为人的父代进入老年期之前就死亡的情况下，其父代工作时期用于维持老年生活的储蓄将成为遗产由其子女继承。父母对子女的培养既有利他又有利己的成分：一方面，父母关心子女，将其收入中的一部分用于培养子女的教育支出，并且父母从子女的培养上获得效用；另一方面，子代的培养质量是父代年

---

① 本书的世代交替模型中的成年人是指代表性成年人（一个代表性成年人可以看作一对夫妇），老人为上一期的代表性成年人，子女长大成年后即成为下一期的代表性成年人，n_1 实际上为后文数值模拟中的总和生育率的一半。

② 如果将本书的模型看作家庭养老经济，成年子代向老年父代的代际转移比例可以看作子女对父母的孝顺程度，这类似于刘永平和陆铭（2008b）所讨论的意义。当然，本书的模型中成年子代用于赡养老年父母的收入比例 τ 也可以看作一种现收现付（pay-as-you-go）形式的社会保障税，因此本书的模型并不必看作一个养儿防老经济，因此它不仅仅只适合于中国的农村，也适合于中国的城镇。

老时的养老资源，即父代获得子代成年期收入的一部分用于老年期的生活支出。代表性行为人在时期 t 的生命周期预算约束为：

$$c_{1t}+n_tq_t+p_{t-1}\tau l_tw_t+s_t=l_tw_t+(1-p_{t-1})R_ts_{t-1}/n_{t-1} \quad (9-1)$$

$$c_{2t+1}=R_{t+1}s_t+\tau n_tl_{t+1}w_{t+1} \quad (9-2)$$

式中，c_{1t}、c_{2t+1} 分别是个体在成年期和老年期的消费，q_t 是其培养子女的教育支出，R_{t+1} 是将资产从 t 期持有到 $t+1$ 期的利率因子。代表性行为人的个人效用函数为：

$$U=\log c_{1t}+p_t\beta\log c_{2t+1}+n_t^{1-\varepsilon}\phi\log q_t \quad (9-3)$$

式中，β 表示时间贴现因子；参数 ϕ 表示父母对子女教育支出效用的贴现率；$1-\varepsilon$ 表示子代数量权重指数因子，且假定参数 $\varepsilon>0$，它表示随着子女数量的增加，子女在父母效用函数中的权重是下降的。

假设年轻一代的人力资本 h_{t+1} 取决于父母的教育投入 q_t 和父母自身的人力资本存量状况 h_t。人力资本的积累具有如下形式：

$$h_{t+1}=Aq_t^{\alpha}h_t^{1-\alpha},0<\alpha<1 \quad (9-4)$$

式中，A 是一个表示人力资本生产技术的参数。

三、企业

本书假设经济是完全竞争的，企业的生产函数形式为：$Y_t=DK_t^{\theta}(h_tl_tN_t)^{1-\theta}$，$D>0$、$0<\theta<1$。式中的 Y_t 为总产出、K_t 为资本存量、l_tN_t 为劳动投入、D 是一个表示生产技术的参数。为简化起见，假设资本在一期内全部折旧，所有生产要素均获得其边际产品，则有：

$$w_t=(1-\theta)De_t^{\theta}h_t,\ R_t=\theta De_t^{\theta-1} \quad (9-5)$$

式中，$e_t=k_t/h_t$，$k_t=K_t/l_tN_t$。

四、市场出清

产出等于劳动收入和资本收入的总和，即 $Y_t=l_tN_tw_t+R_tK_t$。活着的老年人及死去老年人的子女获得资本收入，因此 t 期老年人获得的资本收入为 $N_{t-1}p_{t-1}R_ts_{t-1}$，死去老年人子女继承的总遗产为 $N_{t-1}(1-p_{t-1})R_ts_{t-1}$，资本的总收入为$R_tK_t$，注意到$N_t/N_{t-1}=n_{t-1}$，从而可得：

$$R_ts_{t-1}=R_tK_t/N_{t-1}=R_tl_tk_tn_{t-1} \tag{9—6}$$

与此同时，劳动力市场上有：$l_t=1-vn_t-p_{t-1}/n_{t-1}$。

第四节　模型的讨论

一、生育、寿命、代际转移与储蓄

代表性行为人在预算约束式(9－1)与式(9－2)下极大化一生的效用(9—3)，求解代表性行为人的最大化问题可得各年龄期的最优消费与对子女的最优教育投入为：

$$q_t=n_t^{-\varepsilon}\phi c_{1t},c_{2t+1}=p_t\beta R_{t+1}c_{1t} \tag{9—7}$$

$$\begin{aligned}c_{1t}=\Gamma_{c,t}[&w_tl_t(1-p_{t-1}\tau)+(1-p_{t-1})R_ts_{t-1}/n_{t-1}\\&+\tau n_tl_{t+1}w_{t+1}/R_{t+1}]\end{aligned} \tag{9—8}$$

$$\begin{aligned}s_t=\Gamma_{s,t}[&w_tl_t(1-p_{t-1}\tau)+(1-p_{t-1})R_ts_{t-1}/n_{t-1}\\&-\frac{1+n^{1-\varepsilon}}{p_t\beta}\tau n_tl_{t+1}w_{t+1}/R_{t+1}]\end{aligned} \tag{9—9}$$

式中，$\Gamma_{c,t}=1/(1+p_t\beta+n_t^{1-\varepsilon}\phi)$、$\Gamma_{s,t}=p_t\beta/(1+p_t\beta+n_t^{1-\varepsilon}\phi)$。$\Gamma_{c,t}$是终生资源中投入成年期的消费，$\Gamma_{s,t}$是终生资源中用于老年期储蓄的比例。当孩子的数量$n_t$增加时，相对于父母消费水平的每个孩子教育培养支出将下降，但年轻一代的教育培养总支出相对父母的消费水平将上升。

将式(9—6)代入式(9—9)中，并注意到$l_t=1-vn_t-p_{t-1}/n_{t-1}$，可得：

$$\begin{aligned}s_t=\Gamma_{s,t}\Big[&w_tl_t(1-p_{t-1}\tau)+(1-p_{t-1})R_tl_tk_t\\&-\frac{1+n_t^{1-\varepsilon}\phi}{p_t\beta}\tau n_tl_{t+1}w_{t+1}/R_{t+1}\Big]\end{aligned} \tag{9—10}$$

由式(9—5)中的$w_t=(1-\theta)De_t^\theta h_t$、$R_t=\theta De_t^{\theta-1}$可得$R_tk_t=\theta w_t/(1-\theta)$，因此上式可进一步写成：

$$s_t=\Gamma_{s,t}\Big[w_tl_t(1-p_{t-1}\tau)+w_tl_t(1-p_{t-1})\theta/(1-\theta)$$

$$-\frac{1+n_t^{1-\varepsilon}\phi}{p_t\beta}\frac{(1-\theta)}{\theta}\tau n_tl_{t+1}k_{t+1}\Big] \tag{9-11}$$

由式(9—6)可得 $s_t=k_{t+1}l_{t+1}n_t$，将其代入式(9—11)可得：

$$s_t=\Gamma_{s,t}\Big[w_tl_t(1-p_{t-1}\tau)+w_tl_t(1-p_{t-1})\theta/(1-\theta)$$

$$-\frac{1+n_t^{1-\varepsilon}\phi}{p_t\beta}\frac{(1-\theta)}{\theta}\tau s_t\Big] \tag{9-12}$$

若定义资本与劳动的产出弹性比 $\theta/(1-\theta)=\delta$，则求解上式可得：

$$s_t=\frac{\Gamma_{s,t}[(1-p_{t-1}\tau)+(1-p_{t-1})\delta]}{1+\tau(1-\Gamma_{s,t})/\delta}l_tw_t \tag{9-13}$$

式中，$\Gamma_{s,t}=p_t\beta/(1+p_t\beta+n_t^{1-\varepsilon}\phi)$。若定义家庭储蓄率 $sr_t=s_t/l_tw_t=s_t/(1-vn_t-p_t/n_{t-1})w_t$，则稳态时家庭的储蓄率为：

$$sr=\frac{\Gamma_s[(1-p\tau)+(1-p)\delta]}{1+\tau(1-\Gamma_s)/\delta} \tag{9-14}$$

依托上面的论述得到本章命题 1。

命题 1 生育政策的放松将导致储蓄率下降，即$\partial(sr)/\partial n<0$；人口老龄化对家庭储蓄率的影响是模糊的，即$\partial(sr)/\partial p$ 的符号不确定，具体取决于模型中的参数与生育率；成年子代向老年父代的代际转移比例（或社会保障税）越高，储蓄率越低，即$\partial(sr)/\partial\tau<0$。

在本书的模型中，生育政策的调整对家庭储蓄率的影响主要体现在以下四个方面：首先，生育政策放松后，孩子数量的增加会使家庭将收入中的更大比例用于教育投资（后文将证明），这会增加代表性成年父母的支出负担，从而降低储蓄的能力，本书将这种储蓄效应称为生育政策调整的负担效应；其次，生育孩子的数量增加后，每个子女的培养支出下降（后文将证明），这意味着子女的质量下降，而子女成年后的工资收入中的一部分是父母将来的养老资源，因此成年父母倾向于增加储蓄来应对这一养老资源的下降，本书将这种储蓄效应称为生育政策调整的子女质量养老储蓄效应；再次，生育政策放松后，父母将来赖以养老的子女数量将增加，预期到这一点，因此成年父母倾向于降低储蓄，本书将这种储蓄效应称为生育政策调整的子女数量养老储蓄效应；最后，生育率的上升，使得分享意外遗赠的人数增加，这将降低代表性成年人的遗产收入，从而使储蓄资源下降，本书将这种储蓄效应称为生育政策调整的遗赠效应。① 在本书的模型中，生育政策的放松将会使家庭储蓄下降，说明在这四种效应的共同作用下，负担效应、数量养老效应与遗赠效应可能起了主导作用。

人口老龄化对家庭储蓄率的影响主要体现在三个方面：首先，代表性行为人的老年父母处于负储蓄状态，寿命越长会加大成年子女的养老负担，从而导致家庭的储蓄率降低，本书将这种储蓄效应称为老龄化的负担效应；其次，寿命越长会减少老年父母向成年子女的意外遗赠，这会降低成年子女的遗产收入，从而使得成年子女储蓄资源减少，本书将这种储蓄效应称为老龄化的遗赠效应；最后，预期寿命的提高意味着退休后的生活将更长，成年人预期活得更长需要增加储蓄，因此老龄化程度越高，储蓄率也就越高，本书将这种储蓄效应称为老龄化的寿命效应。总的来看，老龄化对储蓄率的影响取决于相关效应的相对强弱。

成年子代向老年父代的代际转移比例对家庭储蓄率的影响主要体现在以下两个方面：一方面，成年子代向老年父代的代际转移比例越高，即成年子女收入中用于赡养老人的比例越高，会降低收入中用于储蓄的资源；另一方面，成年子女收入中用于赡养老人的比例越高，父母的养老资源越多，预期到这一点，代表性成年人倾向于降低储蓄。因此，成年子代向老年父代的代际转移比例越高，储蓄率就越低，这也非常符合经济学直觉。本书将上述两种储蓄效应统称为代际转移的养老保障效应。

二、生育、寿命、代际转移与教育

t 期代表性家庭的教育总投资 E_t 为：

$$E_t = n_t q_t = n_t^{1-\epsilon} \phi \Gamma_{c,t} [(1-p_{t-1}\tau) l_t w_t + (1-p_{t-1}) \delta l_t w_t + \tau s_t / \delta] \quad (9-15)$$

---

① 虽然生育政策的放松会使代表性成年人照顾幼年子女的时间增加、相应的工作时间减少，但也会使照顾老人的子女数量增加，从而有更多的时间投入工作，这二者都会影响家庭的工作收入，但理性行为人会调节用于子女教育、自己消费和赡养老年父母的支出，从而既不影响家庭储蓄率，也不影响教育投资率。

将式(9—13)代入上式并化简可得：

$$E_t=n_t q_t=\Gamma_{q,t}\frac{(1+\tau/\delta)[(1-p_{t-1}\tau)+(1-p_{t-1})\delta]}{1+\tau(1-\Gamma_{s,t})/\delta}l_t w_t \quad (9-16)$$

式中，$\Gamma_{q,t}=n_t^{1-\epsilon}\phi\Gamma_{c,t}=n_t^{1-\epsilon}\phi/(1+p_t\beta+n_t^{1-\epsilon}\phi)$。由此可得代表性家庭的教育投资率和每个孩子的教育投资率分别为：

$$\frac{E_t}{l_t w_t}=\Gamma_{q,t}\frac{(1+\tau/\delta)[(1-p_{t-1}\tau)+(1-p_{t-1})\delta]}{1+\tau(1-\Gamma_{s,t})/\delta} \quad (9-17)$$

$$\frac{q_t}{l_t w_t}=n_t^{-\epsilon}\phi/(1+p_t\beta+n_t^{1-\epsilon}\phi)\frac{(1+\tau/\delta)[(1-p_{t-1}\tau)+(1-p_{t-1})\delta]}{1+\tau(1-\Gamma_{s,t})/\delta} \quad (9-18)$$

稳态时经济中的总教育投资率和每个孩子的教育投资率分别为：

$$\frac{E}{l_t w}=\Gamma_q\frac{(1+\tau/\delta)[(1-p\tau)+(1-p)\delta]}{1+\tau(1-\Gamma_s)/\delta} \quad (9-19)$$

$$\frac{q}{l_t w}=n^{-\epsilon}\phi/(1+p\beta+n^{1-\epsilon}\phi)\frac{(1+\tau/\delta)[(1-p\tau)+(1-p)\delta]}{1+\tau(1-\Gamma_s)/\delta} \quad (9-20)$$

依托上面的论述得到本章命题 2。

命题 2 生育政策的放松将导致家庭总教育投资占家庭收入的比重上升，即 $\partial(E/lw)/\partial n>0$，但会导致家庭每个孩子的教育投资占家庭收入的比重下降，即 $\partial(q/lw)/\partial n<0$；人口老龄化会确定性地降低家庭和每个孩子的教育投资占家庭收入的比重，即 $\partial(E/lw)/\partial p<0$、$\partial(q/lw)/\partial p<0$；成年子代向老年父代的代际转移比例(或社会保障税)对家庭与每个孩子的教育投资率的影响都是模糊的，即 $\partial(E/lw)/\partial\tau$、$\partial(q/lw)/\partial\tau$ 的符号不确定，具体取决于模型中的参数与生育率。

在本书的模型中，生育政策的放松对家庭教育投资率的影响主要通过以下四个渠道：首先，由于子女具有投资品的功能，生育政策放松后，父母将来赖以养老的子女数量增加，预期到这一点，会促使代表性成年人在依赖子女数量养老与依赖子女质量养老上做出权衡，子女数量的增加将减少父母对每个孩子未成年期的教育投入；其次，生育政策放松后，子女数量养老资源增加会促使成年父母降低自我养老储蓄积累，将家庭更多的收入投入子女们的教育，从而使得家庭总的教育开支占家庭收入的比重超过生育政策调整以前；再次，由于孩子具有“消费品”的性质，当生育政策放松后，父母对孩子的消费数量将上升，消费的边际递减效应会导致父母减少对子女的教育支出，以上几种效应均体现了生育政策调整带来的教育投入的数量与质量互替效应；最后，由于生育政策的放松，分享老年父代意外遗赠的人数上升，这将减少代表性成年人的遗赠收入，从而使家庭的教育资源下降，本书将这种教育投入效应称为生育政策调整的遗赠效应。在本书的模型中，在这四种效应的共同作用下，生育政策的放松将会使家庭对每个孩子的教育投资率下降，而总的教育投资率上升。

人口老龄化对家庭教育投资的影响主要体现在三个方面：首先，代表性行为人的老年父母处于负储蓄状态，因此，寿命越长会加大成年子女的养老负担，导致家庭以及每个子女的教育资源下降，本书将这种教育投资效应称为老龄化的负担效应；其次，寿命越长会减少老年父母向代表性成年子女的意外遗赠，这会降低成年子女的遗产收入，从而使得代表性成年人对其未成年子女的教育支出减少，本书将这种教育投资效应称为老龄化的遗赠效应；最后，预期寿命的延长意味着退休后的生活将更长，成年人预期活得更长需要更多的储蓄，从而减少对子女的教育投资，我们将这种教育投资效应称为老龄化的寿命效应。总的来看，在以上三种效应的共同作用下，老龄化程度越高，家庭总的教育投资率与对每个孩子的教育投资率越低。

成年子代向老年父代的代际转移比例对家庭和每个孩子教育投资的影响主要体现在以下两个方面：一方面，成年子代向老年父代的代际转移比例越高，意味着成年子女收入中用于赡养老人的比例越高，从而降低了收入中用于教育投资的资源比率，本书将这种效应称为养老对教育投资的挤出效应；另一方面，由于孩子的教育具有投资品的性质，子女的未来成年后的工资收入中的一部分是父母将来的养老资源，子代对父母的转移比率越高，父母越倾向于增加对孩子的教育投入，本书将这种效应称为教育投资的养老回报效应。因此，成年子代向老年父代的代际转移比例对家庭每个子女的教育投资率的影响的净效应是模糊的，具体取决于模型中的参数。

三、生育、寿命、代际转移与增长

t 期经济中的总财富 W_t 就等于所有成年人的储蓄，即 $W_t = N_t s_t = N_t \frac{\Gamma_{s,t}[(1-p_{t-1}\tau)+(1-p_{t-1})\delta]}{1+\tau(1-\Gamma_{s,t})/\delta} l_t w_t$。如果经济处于封闭状态，资本市场的均衡条件为 $K_{t+1}=W_t$，即 $K_{t+1}=W_t=N_t s_t=N_t \frac{\Gamma_{s,t}[(1-p_{t-1}\tau)+(1-p_{t-1})\delta]}{1+\tau(1-\Gamma_{s,t})/\delta} l_t w_t$，因此劳均物质资本的动态方程为：

$$
\begin{aligned}
k_{t+1} l_{t+1} n_t &= D(1-\theta)\frac{\Gamma_{s,t}[(1-p_{t-1}\tau)+(1-p_{t-1})\delta]}{1+\tau(1-\Gamma_{s,t})/\delta} e_t^{\theta} h_t l_t \\
&= D(1-\theta)\frac{\Gamma_{s,t}[(1-p_{t-1}\tau)+(1-p_{t-1})\delta]}{1+\tau(1-\Gamma_{s,t})/\delta} k_t^{\theta} h_t^{1-\theta} l_t \qquad (9-21)
\end{aligned}
$$

本书用 $g_{k,t}$ 表示劳均物质资本的增长率，则劳均物质资本的增长率有下面的关系：

$$
\begin{aligned}
k_{t+1}/k_t &= 1+g_{k,t} \\
&= D(1-\theta)\frac{\Gamma_{s,t}[(1-p_{t-1}\tau)+(1-p_{t-1})\delta]}{1+\tau(1-\Gamma_{s,t})/\delta} e_t^{\theta-1} l_t/(l_{t+1} n_t) \qquad (9-22)
\end{aligned}
$$

本书用 $g_{h,t}$ 表示人力资本的增长率，由式(9—4)和式(9—16)可得：

$$
\begin{aligned}
h_{t+1}/h_t &= 1+g_{h,t} = A(q_t/h_t)^{\alpha} \\
&= A\Big[(n_t^{-\epsilon}\phi/(1+p_t\beta+n_t^{1-\epsilon}\phi)\frac{(1+\tau/\delta)[(1-p_{t-1}\tau)+(1-p_{t-1})\delta]}{1+\tau(1-\Gamma_{s,t})/\delta} \\
&\quad l_t w_t/h_t)\Big]^{\alpha} \\
&= A\Gamma_{q,t}^{\alpha}\left\{\frac{(1+\tau/\delta)[(1-p_{t-1}\tau)+(1-p_{t-1})\delta]}{1+\tau(1-\Gamma_{s,t})/\delta}\right\}^{\alpha} D^{\alpha}(1-\theta)^{\alpha} e_t^{\alpha\theta} l_t^{\alpha}/n_t^{\alpha}
\end{aligned}
$$

(9—23)

这里，由式(9—22)、式(9—23)我们得到物质资本和人力资本之比 e_t 的演化方程为：

$$
e_{t+1} = \frac{D^{1-\alpha}(1-\theta)^{1-\alpha}\Gamma_{s,t}[(1-p_{t-1}\tau)+(1-p_{t-1})\delta]^{1-\alpha}}{A\Gamma_{q,t}^{\alpha} n_t^{1-\alpha}(1+\tau/\delta)^{\alpha}[1+\tau(1-\Gamma_{s,t})/\delta]^{1-\alpha} l_{t+1}} l_t^{1-\alpha} e_t^{\theta(1-\alpha)}
$$

(9—24)

在稳态时，$e_{t+1}=e_t=e^*$，从而可得稳态的物质资本和人力资本之比为：

$$e^*=\left\{\frac{D^{1-\alpha}(1-\theta)^{1-\alpha}\Gamma_{s,t}[(1-p_{t-1}\tau)+(1-p_{t-1})\delta]^{1-\alpha}}{A\Gamma_{q,t}^{\alpha}n_t^{1-\alpha}(1+\tau/\delta)^{\alpha}[1+\tau(1-\Gamma_{s,t})/\delta]^{1-\alpha}(1-vn-p/n)^{\alpha}}\right\}^{1/[1-\theta(1-\alpha)]} \tag{9—25}$$

从而稳态的增长率为：

$$\begin{aligned}1+g=&A^{(1-\theta)/[1-\theta(1-\alpha)]}D^{\alpha/[1-\theta(1-\alpha)]}(1-\theta)^{\alpha/[1-\theta(1-\alpha)]}\Gamma_s^{\alpha\theta/[1-\theta(1-\alpha)]}\\&\Gamma_q^{\alpha(1-\theta)/[1-\theta(1-\alpha)]}(1+\tau/\delta)^{\alpha(1-\theta)/[1-\theta(1-\alpha)]}[(1-p\tau)+(1-p)\\&\delta]^{\alpha/[1-\theta(1-\alpha)]}[1+\tau(1-\Gamma_s)/\delta]^{-\alpha/[1-\theta(1-\alpha)]}n^{-\alpha/[1-\theta(1-\alpha)]}\\&(1-vn-p/n)^{\alpha(1-\alpha\theta)}\end{aligned} \tag{9—26}$$

依托上面的论述得到本章命题 3。

命题 3 生育政策的变化、人口老龄化与成年子代向老年父代的代际转移比例(或社会保障税)对经济增长的影响是模糊的，即$\partial g/\partial n$、$\partial g/\partial p$、$\partial g/\partial \tau$ 的符号不确定，具体取决于模型中的参数。

在本书的模型中，生育政策的放松对经济增长影响主要通过以下四个方面起作用；首先，生育政策调整会影响物质资本的积累(通过储蓄)，根据命题 1，生育政策的放松在四个方面影响储蓄率，并且效应是负的，即放松生育政策会降低储蓄率，从而降低物质资本的积累和经济增长率；其次，生育政策调整会影响人力资本的投资与积累(通过教育)，命题 2 的分析告诉我们，放松生育政策通过四个渠道影响家庭和每个孩子的教育投资率，生育率上升带来的净效应会增加家庭总教育投资率但也会降低每个孩子的教育投资率，这意味着人力资本的总量上升但人力资本的质量会有所下降，而人均收入的增长率取决于人力资本的质量，因此放松生育政策会降低经济增长率；再次，生育率的上升会使人口数量趋于增加，从而降低人均收入及人均收入水平的增长率；最后，放松生育政策会增加幼年子女的照顾时间，减少劳动供给，从而降低收入水平和经济增长率，但放松生育政策会减少照顾老人的时间，增加劳动供给，从而对经济增长有利。因此，在不考虑其他因素的情况下，生育政策的放松对经济增长的影响是模糊的。

在本书的模型中，人口老龄化对经济增长的影响是模糊的。人口老龄化对经济增长影响主要通过以下两个方面起作用。首先，人口老龄化会影响物质资本的积累(通过储蓄),根据命题1,人口老龄化在三个方面影响储蓄率,并且净效应是模糊的,因此人口老龄化对经济增长的影响不确定;其次,人口老龄化会影响人力资本的投资与积累(通过教育),命题2的分析告诉我们,人口老龄化通过三个渠道影响家庭和每个孩子的教育投资率,人口老龄化带来的净效应会降低家庭和每个孩子的教育投资率,这意味着人力资本的总量和质量都会因人口老龄化而下降,从而对经济增长产生负面影响。最终,人口老龄化对经济增长的净效应取决于模型中的参数设定。

在本书的模型中,成年子代向老年父代的代际转移比例(以下简称转移率)对经济增长的影响也是模糊的。转移率对经济增长的影响主要通过以下两个方面起作用:首先,转移率会影响物质资本的积累(通过储蓄),根据命题1,转移率在两个方面影响储蓄率,并且净效应是负的,因此过高的转移率会降低经济增长率;其次,转移率会影响人力资本的投资与积累(通过教育),命题2的分析告诉我们,转移率也通过两个渠道影响家庭和每个孩子的教育投资率,其带来的净效应是模糊的,因而对经济增长的影响不确定。总之,转移率对经济增长的净效应取决于模型中的参数设定。

第五节　参数校准与数值模拟

一、参数校准

为了能够解释和预测人口老龄化和生育政策调整给中国家庭储蓄、教育投资与经济增长带来的影响,本节将校准中国经济的相关参数,并对上一节的理论分析结果进行数值模拟。本书根据已有文献研究结论来确定模型中的参数,这样可以避免参数设置的随意性并使参数的取值接近现实,从而使模拟的结果更可靠。王小鲁和樊纲(2000)对劳动和资本的产出弹性的估计值分别为0.4与0.6,张军和施少华(2003)估计的劳动和资本的产出弹性分别为0.39与0.61,张军(2002)的资本劳动产出弹性分别为0.5与0.5,中国的资本产出弹性不可能长期维持在高水平上，因此文中设定资本产出弹性 θ 取值为 0.4，这也是文献中通常对发展中国家的资本产出弹性的取值（Mankiw et al.，1992）。v 的取值沿用 Zhang et al.（2003）的设定方法，将照顾子女的时间按照 30 年平均，取 $v=0.03$。类似于刘永平和陆铭（2008b）的做法，本书将代表性成年人的老年期消费的时间偏好因子取值为 0.78（相当于每年的折现率取 0.01）。国家统计局公布的第六次人口普查的总和生育率数据为 1.18，但考虑到生育统计中可能存在一些漏报，实际的总和生育率可能要高于国家统计局公布的数据，综合国内外的一些学者与机构的研究，本书将总和生育率设定为学界普遍接受的水平 1.5。对于代表性行为人进入老年期的存活概率 p，瞿德华（2003）推算的 60 岁以上老人的存活概率为 76%，根据最新的人口普查数据，当今中国人的平均预期寿命已经超过 78 岁，本书将 p 设为 0.84。以往研究发现，中国成年子女向老年父母的物质回馈率大致在 0.3～0.4 之间（郭志刚和陈功，1998；Zimmer & Kwong，2003），并且受传统养儿防老文化的影响，成年子代向老年父母的转移比例具有相当的稳定性（刘永平和陆铭，2008b），因此本书设定 $\tau=0.3$。与刘永平和陆铭（2008b）相同，物质资本对于人力资本的产出弹性 α 取值为 0.628。目前，关于子代效用贴现因子 ϕ、代表性成年人的子代数量权重指数 $1-\varepsilon$ 的参数设定的参考文献非常有限，并且在有限的几个文献中的参数设定也不一致。如在 Becker et al.（1990）采用的王朝效用函数的数值试验中，ε 取值为 0.25，ϕ 取值为 0.3（在他们的论文中对应的参数为 α）；Pecchenino & Pollard（2002）选用父母只关心自己子女利他效用函数形式，但他们并没有考虑子代数量在父母效用函数中的权重变化，这相当于 ε 取值为 0，ϕ 所设定的基准值为 0.98（在他们论文中对应的参数为 δ）。考虑到中国传统文化中可能具有更多的利他性元素，本书假定父母将子女教育支出与自己成年期的消费同等看重，故教育贴现因子 ϕ 取值为 1，高于以上文献中的取值。同时，由于中国家庭的生育受到计划生育政策的约束，生育孩子的数量很可能没有达到合意水平，故将 ε 取为 0.1，小于 Becker et al.（1990）的取值。最后，本书设定 $A=D=6.8$，以得到一个与中国现实相符的过去 30 年实际的经济增长率（$0.096\times30=2.88$，即经济增长率以每年 9.6%的速度增长）。各参数的基准取值列示在表 9－1 中。

表 9—1　参数校准

参数	表示意义	取值
θ	产品生产函数中物质资本的产出弹性	0.4
α	人力资本生产函数中物质资本的产出弹性	0.628
τ	成年子代向老年父代的代际转移比例	0.3
v	每个孩子的照顾时间	0.03
n	生育率	1.50/2=0.75
p	寿命	0.84
β	时期贴现因子	0.78
ϕ	子代教育贴现因子	1
$1-\varepsilon$	子代数量权重因子	0.9
A	人力资本生产技术参数	6.8
D	物质资本生产技术参数	6.8

二、模拟结果

图 9—1 的数值模拟显示储蓄率与生育率单调负相关，这与理论和实际相吻合。从中国家庭储蓄率的变化来看，改革开放和计划生育政策执行以前，家庭储蓄率不到 5%，但改革开放和计划生育政策执行以后，家庭储蓄率迅速上升（Modigliani & Cao，2004）。之前的文献中关于中国家庭储蓄率为什么上升的分析颇多，人口政策无疑是一个有力的解释（汪伟，2010）。近年来家庭储蓄率已经大大超过了正常水平，无论是政府还是学界，都在寻找降低家庭储蓄、启动消费需求的有效政策，本书的理论与模拟发现，当前的生育政策放松有利于避免过度储蓄和扩大消费需求。图 9—2 与图 9—3 的模拟结果也与当前家庭的高人均教育投资率相吻合。这说明在生育受到约束时，具有利他文化传统的父母会更加重视孩子的质量，这会促使父母增加对子女的教育投资，在社会保障制度尚未全面建立的情况下，孩子的未来人力资本收益也是将来的养老资源，因此基于自利动机也会加大孩子的教育投资，这正好能够解释当前家庭对每个孩子高人均教育投资与家庭高储蓄率并存的现象（刘永平和陆铭，2008a、2008b）。同时，本书

的模拟发现，当生育政策放松、生育孩子的数量上升时，虽然家庭总教育投资会增长，但每个孩子的教育投资水平会下降，但由于当前的生育率已经非常低，因此生育率的适度反弹不会使人均教育投资水平下降太多，故放松生育政策不会对人力资本投资形成太大的负面影响。图 9—4 的模拟显示，生育率与经济增长呈现倒 U 型曲线关系，使经济增长率达到峰值的对应生育率约为 1.70，这一模拟结果与我们的理论预测相一致，也与当前中国的现实相吻合。中华人民共和国成立初期的人口政策导致中国的生育率大幅上升，20 世纪 70 年代初的总和生育率达到 5.81（邬沧萍等，2003），意味着一个家庭要养活约 6 个孩子，家庭收入的绝大部分需要用在子女抚养上，多张嘴要“吃饭”也降低了家庭的储蓄能力，也意味着每个孩子能够获得的教育投资有限，父母主要依赖于子女数量而非子女质量养老。过高的生育率常常使经济增长掉入“马尔萨斯均衡陷阱”，图 9—4 的数值模拟结果清楚地显示，低经济增长率与低储蓄率、低人均教育投资率相伴而生，这正好是我国计划生育政策实施前的图景。而改革开放以后，政府严格执行计划生育政策，生育率迅速下降，人均收入水平也开始快速上升，中国开始逐步进入由高储蓄、高人均教育投资率主导的经济增长黄金期（汪伟，2010）。但近年来，生育率过度下降，生育控制政策对经济增长的负面影响逐步显现，经济增长呈现出下滑的趋势，因此当前放松生育政策恰逢其时。本书的模型与数值模拟结果为中国过去 40 多年生育政策的变化与调整提供了解释逻辑。

为了与实际数据相匹配，本书主要模拟了寿命参数（老年存活概率）处于[0.6,1]的区间时对家庭储蓄、教育投资与经济增长的影响。图 9—5 的模拟显示，预期寿命和家庭储蓄率之间呈现倒 U 型曲线关系。当死亡率下降（寿命上升）时，储蓄率随之上升，并且上升的速度很快，当预期寿命达到临界值 0.78 时，家庭的储蓄率达到最高，当死亡率进一步下降时，储蓄率开始下降。当人们越来越长寿时，理性行为人不得不在成年期就要开始增加积累并谋划未来养老的资源，这会导致老龄化初期的储蓄率上升；但随着生育率的下降和人口老龄化的加深，家庭的养老负担加重，并且遗赠储蓄也会趋于减少，从而减少了家庭的储蓄资源，并导致家庭储蓄率降低，这符合本书模型的预测。在当前的参数下，中国人在 60 岁以后的存活概率约为 0.84，超过临界存活率，因此目前中国的家庭储

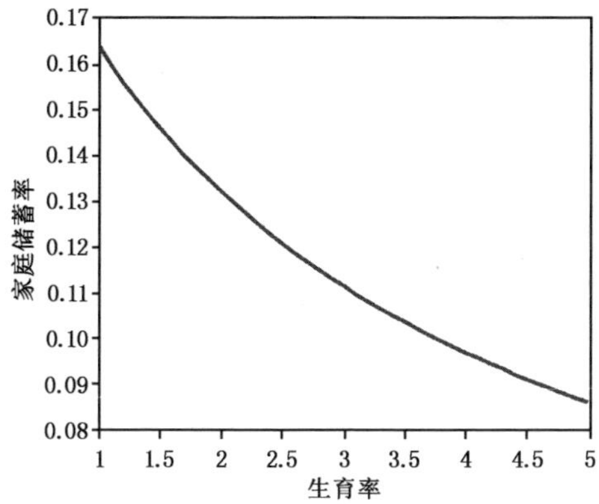

图 9—1　生育率与家庭储蓄率

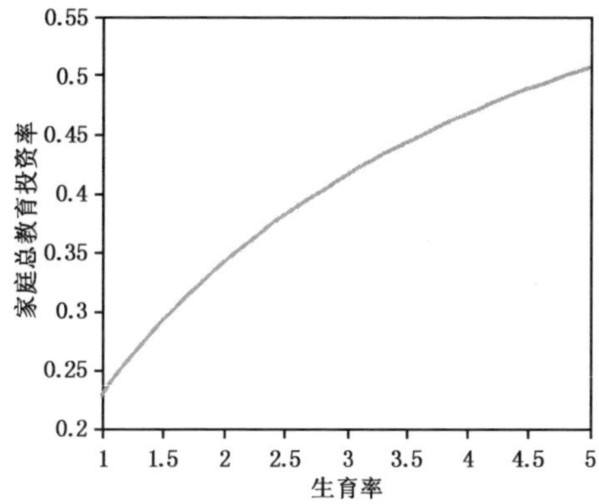

图 9—2　生育率与家庭总教育投资率

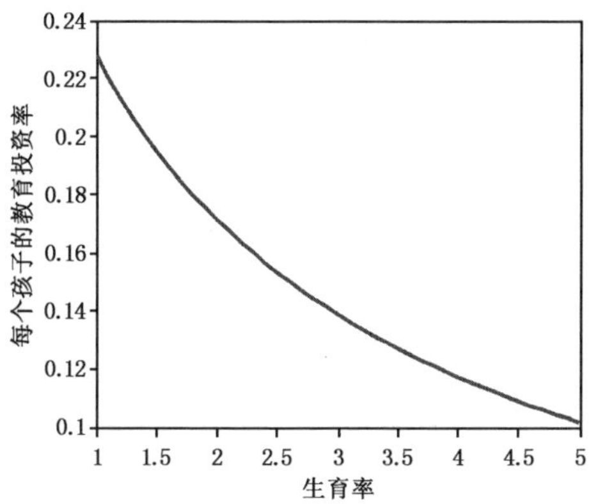

图 9—3　生育率与每个孩子的教育投资率

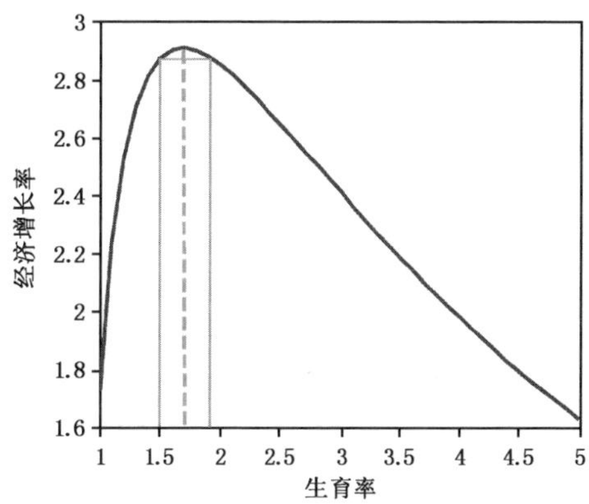

图 9—4　生育率与经济增长率

蓄率可能正在进入下降轨道。图 9—6 与图 9—7 的模拟显示，人口老龄化对人力资本投资不利，这与模型的理论预测相一致，本书对预期寿命与人力资本投资率关系的模拟同样符合经验事实。例如，基于美国的经验数据，Cutler et al.(1993)发现老年人口比例增加将显著减少每个学生平均享受的公共教育支出，而 Poterba(1996)利用美国各州 1960—1990 年的面板数据进行研究后也发现，老年人的比重与少儿的人均教育支出负相关。

图 9—8 的模拟结果发现，在当前的存活概率($p=0.84$)之前，经济增长率就

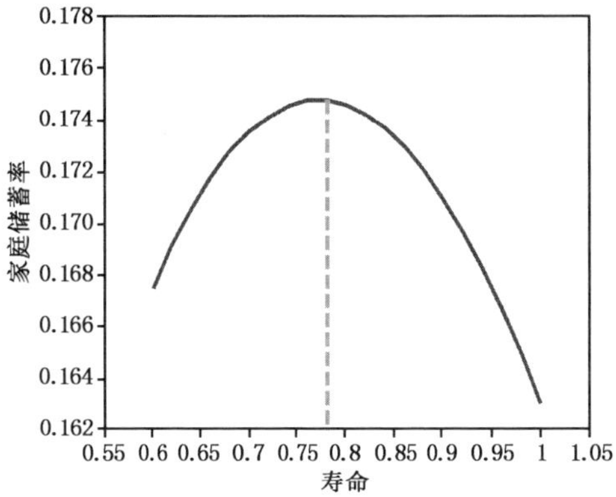

图 9—5　寿命与家庭储蓄率

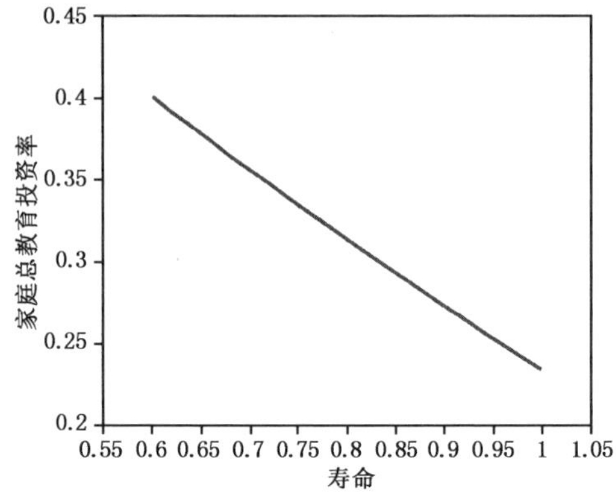

图 9—6　寿命与家庭总教育投资率

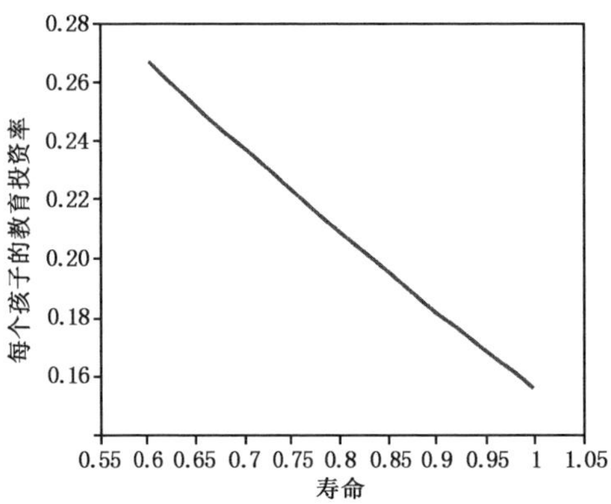

图 9—7　寿命与每个孩子的教育投资率

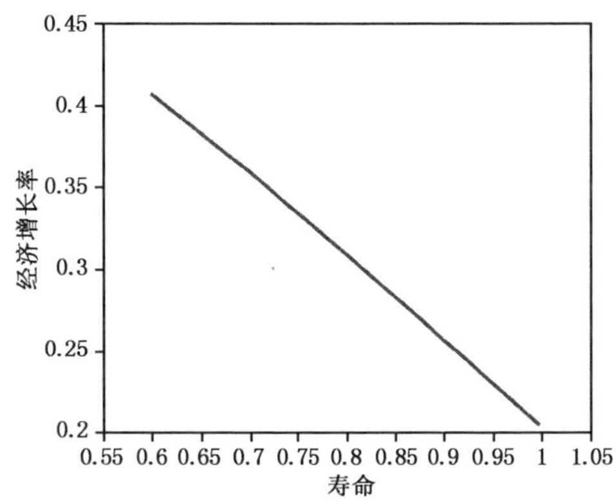

图 9—8　寿命与经济增长率

已经随着寿命的增长而下降，而且在未来随着老龄化的进一步加深，经济增长的下降速度将加快，这意味着中国在享受短期的人口红利后，日益严重的人口老龄化将成为中国经济增长的“绊脚石”。在本书的模型中，前文的理论分析表明，人口老龄化主要通过储蓄、人力资本投资及劳动力的供给（或工作时间）影响经济增长。通过模拟结果不难发现，当前人口老龄化对经济增长的威胁主要来自人力资本投资的减少。在当前的参数下，图 9—9 至图 9—12 的数值模拟显示，成年子代向老年父代的代际转移比例越高，经济增长率、家庭储蓄率、家庭和每个孩子的教育投资率就越低，这其中的主要原因是由于过多的资源需要向老年一代转移，降低了物质资本和人力资本的积累，从而对经济增长不利。在本书的模型中，成年子代向老年父代的代际转移比例 τ 实际上可以看作一种现收现付(pay-as-you-go)形式的社会保障税。因此，随着人口老龄化的深化，政府通过提高社会保障税率来融资社会养老资源将会降低家庭的储蓄率和教育投资，从而对经济增长不利。特别是在生育受到约束的情况下，生育率维持在低位，现收现付(pay-as-you-go)形式的社会统筹养老模式可能会受到挑战。目前，中国城镇实行的是现收现付(pay-as-you-go)的社会统筹形式及基金制(fully-funded)的个人账户形式相混合的养老模式，这种养老模式可能需要迅速向完全基金制的形式转变，才能适应人口老龄化对社会保障提出的要求。而目前中国农村社会养老保险覆盖率较低，养儿防老仍然是最主要的养老模式，随着人口老龄化的深化，家庭的养老压力会越来越大，因此需要高度重视改变农村过度依赖家庭养老功能的问题。

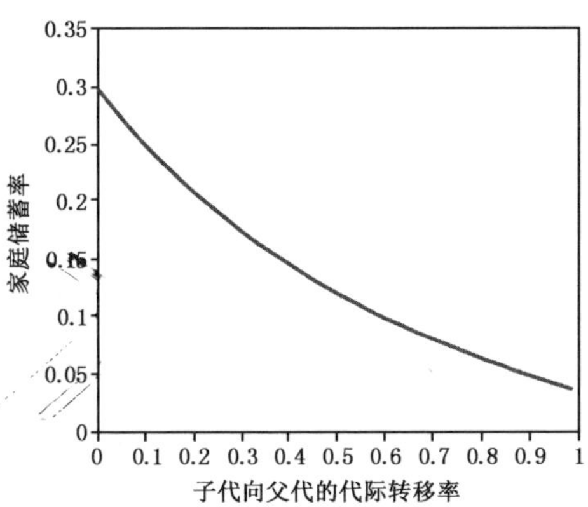

图 9—9　代际转移率与家庭储蓄率

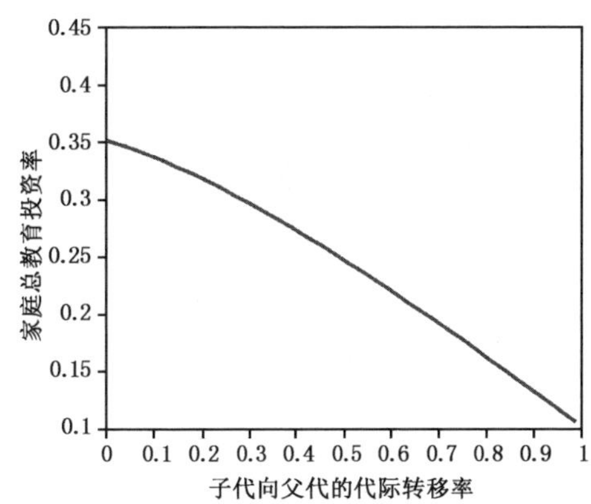

图 9—10　代际转移率与家庭总教育投资率

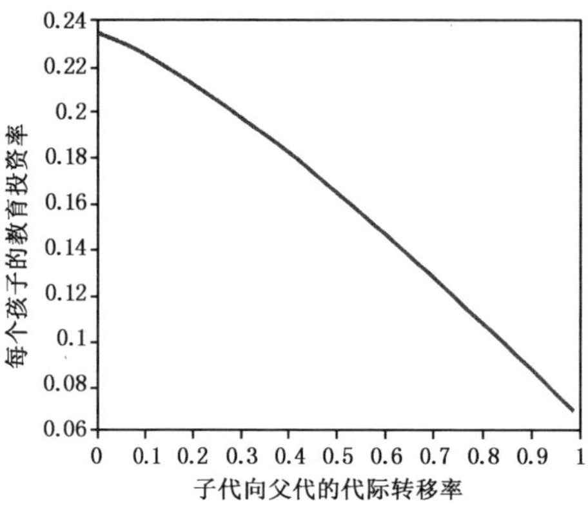

图 9—11 代际转移率与每个孩子的教育投资率

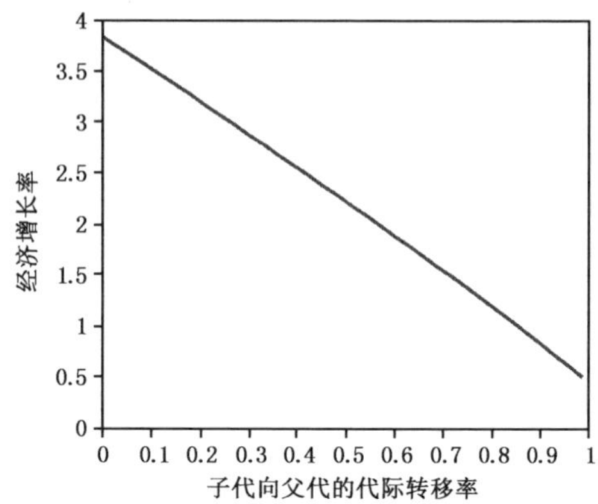

图 9—12 代际转移率与经济增长率

三、生育政策调整的参数测试

表 9—2 给出了在不同参数取值下的数值模拟结果。第 1 行给出的是按照总和生育率 1.5 和其他基准参数模拟得到的结果。第 2 行给出的是生育率达到 1.7 而其他基准参数不变的模拟结果，这时候经济增长率达到最大值 2.91(见图 9—4)。在其他基准参数不变的情况下，模拟发现，当生育率达到 1.9 左右时的经济增长率与不改变独生子女政策时(基准情形)的经济增长率大致一样(第 3 行)，说明通过放松计划生育政策，如果生育率能够回升到[1.5，1.9]的区间内，将有利于经济增长；如果生育率进一步上升到 1.9 以上，经济增长率会回落到基准情形以下(第 4 行)，说明生育政策调整后，如果生育率过度反弹将不利于经济增长。从当前计划生育政策调整的政策实践来看，2014 年 1—6 月，全国各地陆续实施了"单独"生育"二孩"政策。此前国家卫生主管部门和一些学者曾预测，"单独"生育"二孩"政策可能使年出生人口增加 200 万左右，总和生育率会上升到 1.6～1.7。[①] 根据国家统计局公布的数据，2014 年全年出生人口数量为 1 687 万人，比 2013 年只增加了 47 万人，这个数据低于此前的估算。更加令人意外的

① 数据来源：http://www.banyuetan.org/chcontent/sz/szgc/20131118/85094.html。

是,2015 年全年出生人口总数为 1 655 万人,比 2014 年减少 32 万人[①],2015 年的出生人口数据不升反降。这些都说明“单独”生育“二孩”政策并没有使生育率上升到预期的生育率,这也是政府在“单独”生育“二孩”政策实行不到两年,就迅速实行了全面“二孩”政策的重要原因。考虑到即使放松生育政策,人口老龄化仍有可能进一步加剧的趋势。第 5～7 行给出了预期寿命延长 $p=0.87$ 的模拟结果,在基准的总和生育率 1.5 与其他基准参数下,对应的经济增长率为 2.72,如果生育率上升到 1.7,此时经济增长率处于最大值 2.78,此后如果生育率进一步上升,经济增长逐渐回落,到生育率达到 2.1 的更替率水平时,经济增长率会低于基准生育率 1.5 对应的 2.72 的水平。因此,虽然在老龄化程度较高的情形下,放松生育政策允许生育率有较大的反弹空间,但未来的经济增长率仍然低于老龄化程度较低且不调整生育政策的基准情形,因此生育政策调整对缓解老龄化对经济增长不利影响的作用有限。第 8 行的模拟发现,如果寿命延长到 0.87,成年子代向老年父代的代际转移也随之上升到 $\tau=0.35$,即使生育率调整到最优的 1.7 的水平,经济增长率仍会下降到 2.61,低于不调整前的水平。如果老龄化程度更高一些($p=0.90$),成年子代需要转移给老年父代的比率更高些,即 $\tau=0.4$,那么经济增长率会大幅下降到 2.23 的水平(第 9 行)。通过全面“二孩”政策的调整,如果生育率能够上升到理想化的水平 1.7,第 10～11 行的参数试验表明,当老龄化水平达到 $p=0.90$,成年子代向老年父代的代际转移率 $\tau=0.4$ 时,需要将人力资本生产函数中的物质资本产出弹性系数 α 从 0.628 下降到 0.458,或将产品生产函数中的物质资本产出弹性系数 θ 从 0.4 下降到 0.33,才能维持目前的经济增长率。如果生育率上升到更替率水平 2.1,则需要 α 从 0.628 下降到 0.448,或 θ 从 0.4 下降到 0.322,才能维持目前的经济增长率。因此,在当前寿命延长、养老压力增大的态势下,生育政策调整虽然能够在一定程度上减缓经济增长的下滑,但无法根本扭转人口老龄化的不利冲击,要应对人口老龄化的挑战,行之有效的办法是提高人力资本的积累速度和人力资本在生产中的效率。

---

① 数据来源:http://finance.sina.com.cn/roll/2016-01-23/doc-ifxnuvxc1654608.shtml。

表 9—2　　不同参数取值下的模拟比较

参数取值	经济增长率	家庭储蓄率	家庭教育投资率	每个孩子教育投资率
θ=0.4,α=0.628,τ=0.3,n=1.5/2,p=0.84	2.88	0.146	0.292	0.195
θ=0.4,α=0.628,τ=0.3,n=1.7/2,p=0.84	2.91	0.140	0.314	0.185
θ=0.4,α=0.628,τ=0.3,n=1.9/2,p=0.84	2.88	0.135	0.333	0.175
θ=0.4,α=0.628,τ=0.3,n=2.1/2,p=0.84	2.82	0.130	0.351	0.167
θ=0.4,α=0.628,τ=0.3,n=1.5/2,p=0.87	2.72	0.146	0.283	0.188
θ=0.4,α=0.628,τ=0.3,n=1.7/2,p=0.87	2.78	0.142	0.303	0.179
θ=0.4,α=0.628,τ=0.3,n=2.1/2,p=0.87	2.71	0.130	0.340	0.162
θ=0.4,α=0.628,τ=0.35,n=1.7/2,p=0.87	2.61	0.125	0.290	0.171
θ=0.4,α=0.628,τ=0.4,n=1.5/2,p=0.90	2.23	0.116	0.245	0.165
θ=0.4,α=0.628,τ=0.4,n=1.7/2,p=0.90	2.30	0.111	0.265	0.156
θ=0.4,α=0.458,τ=0.4,n=1.7/2,p=0.90	2.88	0.111	0.265	0.156
θ=0.33,α=0.628,τ=0.4,n=1.7/2,p=0.90	2.88	0.118	0.265	0.156
θ=0.4,α=0.448,τ=0.4,n=2.1/2,p=0.90	2.88	0.103	0.296	0.141
θ=0.322,α=0.628,τ=0.4,n=2.1/2,p=0.90	2.88	0.108	0.296	0.141

第六节　结论与启示

在中国持续低生育率和人口日益老龄化的背景下，本书基于父母的自利与利他双重动机假设，通过构建一个考虑双向代际转移的三期世代交替模型讨论了人口老龄化与生育政策调整如何影响中国家庭的储蓄、人力资本投资决策与经济增长，并对当前放松计划生育政策的经济影响进行了模拟分析与政策评价。本书的研究发现：(1)虽然在理论上人口老龄化对储蓄率和经济增长率的净效应是模糊的，但在当今中国的现实参数下，人口老龄化已经对经济增长产生了负面影响，无论是理论预测还是实际模拟，老龄化都确定性地降低了家庭总的教育投资率和人均教育投资率；(2)成年子代向老年父代的代际转移比例(或社会保障税)越高,家庭储蓄率、家庭总的教育投资率和人均教育投资率及经济增长率越低,提高向老年一代的代际转移比率无法应对人口老龄化;(3)生育政策调整后,如果生育率能够上升到[1.5,1.9]的区间内,将有利于经济增长,如果生育率过度反弹,则不利于经济增长。

近年来,独生子女政策的负面效应逐渐显现。随着未来中国老龄化进程的加速和人口年龄结构比较优势的衰减,人口红利将迅速消退,而中国当前的人均收入水平依然较低,正面临"未富先老"的困境,中国需要运用包括生育政策的渐进放松等一系列组合政策来应对未来日益严峻的人口老龄化的挑战。关于未来的政策取向,本书的数值模拟显示,在寿命延长、养老压力增大的态势下,为了应对人口老龄化的挑战,提高社会保障税率虽然是一个容易想到的政策工具,但可能带来经济增长率的大幅下滑,进一步放松人口政策虽然也能够起到一定的效果,但同时存在潜在的经济增长下滑风险。但从全面放开"二孩"政策实践来看,生育率上升并不明显,由于"三孩"政策刚刚实施,其政策效果仍有待评估,未来中国应当更进一步放开生育限制,这样有利于提高经济增长速度。未来,要使生育政策与社会保障税的调整有更大的空间,关键在于提高人力资本的积累速度和人力资本在生产中的效率。本书的研究结论为中国过去 40 多年的生育政策的变化及当今的生育政策的调整提供了解释逻辑,同时也阐明了未来应对人口老龄化的政策选择方向。

应当看到,本书只是对人口老龄化与生育政策调整如何影响家庭微观决策与宏观经济增长的一个粗略分析,文章还存在诸多拓展的空间,如中国在城乡之间实行差异化的生育政策,户籍制度与城市化进程的推进势必会对城乡不同家庭的生育、储蓄与人力投资行为产生影响。此外,本书在模型中也没有考察政府在公共教育投资中的作用。这些都会影响中国未来的经济增长,以上现实因素还没有很好地刻画在模型中,可以作为进一步的研究方向。

第十章 人口老龄化与未来中国经济增长源泉开拓

人口问题是影响经济社会中长期发展的重大问题。在过去的三四十年间，得益于计划生育政策的成功实施和快速人口转变所带来的“人口红利”，我国成就了世界经济增长的奇迹并成功跻身于中高收入国家行列。近年来，我国人口红利逐渐消失，人口老龄化进入了快速发展阶段。国家统计局数据显示，2022 年底，中国 60 岁以上人口超过 2.8 亿，占总人口的 19.8%，65 岁以上人口 2.1 亿，占总人口的 14.9%，相比 2010 年第六次全国人口普查的数据分别上升了 6.5 个和 6.0 个百分点，我国已进入深度老龄化阶段。中国 15～64 岁劳动年龄人口比重于 2010 年达到最高点（74.5%），劳动年龄人口总量于 2012 年达到最高点（约 10.07 亿），此后每年以近 500 万的速度减少，2021 年下降到 96 526 万，累计下降了近 4 200 万。

中国的总和生育率（TFR）从 20 世纪 70 年代初的 5.81 下降到 2020 年的 1.3。Lutz & Shirbekk（2005）认为，总和生育率降至 1.5 以下后，社会就会陷入“低生育率陷阱”，较长时期难以回升到正常世代更替水平。世界其他国家和地区，尤其是中国的东亚邻国日本、韩国，东南亚的新加坡，以及中国台湾、中国香港的经验表明，即使采取鼓励生育的政策，生育率下降的趋势依然难以逆转。过去十年间，中国的人口增长率平均是 3.79‰，2013 年和 2015 年连续实施“单独二孩”和“全面二孩”政策后，新生人口只在 2016 年（2015 年政策放开后的第一年）略有上升，后续年份继续呈现下降的趋势。2020 年，中国的出生率与人口自然增长率分别为 8.52‰和 1.45‰，这是自 1952 年以来的最低值。2021 年 5 月，中国全面放开了生育“三孩”，但 2022 年人口出生率和自然增长率继续分别降至 6.77‰和 −0.6‰，人口首次出现负增长，这说明政策的效果非常有限，低生育率的趋势可能还将持续。如此发展下去，我国很可能在2030年前后迎来老龄化高峰，到2050年，60岁及以上的老年人口将达到4.8亿，比重将超过35%(UN，2019)。

人口老龄化对我国未来经济、社会政策的制订提出了新的要求。面对咄咄逼人的人口老龄化态势，中国应把人口问题摆到重要位置，在经济和社会发展政策上做好顶层设计和各项应对人口老龄化的准备工作。本章从挑战和机遇等角度提出中国应对人口老龄化、保持未来经济持续增长的模式与策略。

第一节　人口老龄化对中国经济增长的挑战与机遇

人口老龄化是经济社会发展的结果，然而老龄化问题之所以受到如此关注，很大程度上是由于人们担忧日益严重的人口老龄化会显著降低中国经济增长的速度。其理由主要有如下几点：(1)人口老龄化将会增加社会养老负担并降低家庭储蓄，从而对物质资本的积累不利；(2)过多的资源向老年一代转移，很可能导致教育投资率大幅下降，从而导致人力资本积累受到影响，而这些都会影响到经济增长；(3)随着老龄化的加深，总人口中劳动力数量的绝对或相对减少，将可能影响经济中劳动投入的水平与质量，由此影响到经济增长的潜力；(4)人口老龄化将会使社会负担加重，从而导致劳动力成本提高和产品竞争力下降，从而很可能降低经济发展的速度；(5)人口老龄化将会导致社会创新能力降低，从而可能导致经济增长率大幅下降；(6)劳动力短缺会使中国经济丧失资源重新配置效应。在计划经济时期，中国的劳动力长期不能流动，大量剩余劳动力没有从边际生产力低的农业部门转移到边际生产力高的非农业产业，从而造成资源配置效率上的损失。改革开放之后，我国数以亿计的农村劳动力实现了部门间的转移和地区间的转移，从而调整了缺乏效率的劳动力配置结构，产生了一个资源重新配置效应。据估算，这个效应对改革开放后我国经济增长的贡献率为16%～21%。由于农村剩余劳动力被逐渐吸纳而使农村劳动力存量减少，虽然产生“二元经济”结构反差缩小的效果，使经济发展阶段趋向于“刘易斯转折点”，但随着农村向城市劳动力转移规模的缩小,也意味着改革开放初期的一个重要增长源泉的式微乃至丧失(蔡昉和王德文,1999)。

然而,这些悲观的论点却忽略了人们重新分配经济资源、协调生命周期行为的能力。事实上,理性行为人如果体察到人口结构的这一变化,其在工作阶段的储蓄和消费行为就会随之改变,有可能增加储蓄,从而促进经济增长。当人们越来越长寿时,人们“未雨绸缪”的储蓄动机会形成新的储蓄来源,并通过参与国内、国际金融市场上的资源配置获取投资收益。

人口老龄化虽然不可避免地带来劳动力的短缺,但劳动力供给短缺将激励改进要素利用的技术创新,从而加速技术进步。在知识经济不断发展的今天,物质资本投资的折旧率高,投资回报呈现不断下降的趋势;相反,人力资本投资的报酬率却能持续维持在高水平上。人口老龄化将诱发重视物质资本投资向重视人力资本投资的转变,“倒逼”企业通过更多的研发投入和技术创新来提升竞争力,促使中国的产业结构从劳动密集型向资本密集型与技术密集型升级,从而潜在地促进生产率的提高。同时,健康老年人口的经验、技能等人力资本,也可以扩大人力资源的供给,从而使经济中的生产力提高。由此可知,人口老龄化并不必然损害中国的经济增长。

第二节　妥善应对人口老龄化挑战的策略

人口老龄化的阶段不同,其对经济增长的影响可能呈现的特点就不同。目前,人口老龄化已经成为中国经济新常态的重要特征之一。从整体上来看,中国处于深度老龄化向超级老龄化快速发展的阶段。中国出生率和人口增长率目前已经下降到了非常低的水平,生育率下降对经济增长的“分母效应”已渐渐弱化,而随着人口老龄化的加深,社会养老负担不断加重,中国家庭储蓄率和教育投资率也会随之显著降低,劳动力供给和劳动生产率均趋于下降,“人口红利”趋于消失,而老龄化也会减弱社会的创新能力,从而可能导致经济增长率大幅下降。未来几十年间,人口老龄化进程将加速推进,我国经济增长将面临前所未有的负面冲击。但与此同时，目前也恰恰是我国通过制订各项宏观政策来提振消费、优化产业结构、加快技术创新、转变经济增长方式的最有利时机。关于中国应对人口老龄化的政策取向，本书认为可从以下几个方面着手：

一、完善生育政策及配套政策，提升经济增长潜力

如果说过去中国实施计划生育政策的逻辑主要是担心生育率过高带来的人口增长过快，经济社会发展容易掉入“马尔萨斯陷阱”的话，那么现在我们更应当担心生育率过低和人口负增长对经济社会发展的负面冲击，如劳动力数量急剧减少，经济增长率、劳动生产率与国际竞争力下降，养老负担日益沉重，公共财政压力上升等问题。日本、韩国、新加坡和欧洲一些国家或地区就曾因超低生育率和人口老龄化等问题而遭遇过上述困境。因此，如果我国的人口政策及其相关政策不发生重大转变，那么我国也会遭遇上述困境。

在一个低生育率的社会中，多生孩子至少有以下几个方面的好处：其一，更多的孩子出生对修正失衡的人口年龄结构、增加未来劳动力数量与减缓老龄化的速度都具有一定的积极作用，同时也有利于降低家庭和社会的养老负担与养老压力。其二，新出生的人口能直接扩大家庭养育消费支出，以及与政策相关的行业（例如婴幼儿用品、家政等行业）的消费需求，同时也有助于降低预防性养老储蓄。在像中国这样的传统上“重男轻女”思想比较严重的国家，生育更多的孩子也有助于恢复人口性别平衡，降低由于性别失衡造成的中国家庭竞争性储蓄动机（Wei & Zhang，2011），从而提升消费市场潜力，为扩大中国的消费需求带来新的契机（汪伟，2017）。其三，从人力资本积累角度看，家庭对新生子女进行教育投资，有利于人力资本积累和扩大人力资本规模，以及提升人口结构的生产性和潜在经济增长率。

关于计划生育是否仍然具有存在的必要性，众多的研究表明，近年来计划生育政策对经济社会发展的负面作用越来越明显（王丰，2010；左学金，2010；沈可等，2012；汪伟，2017；蔡昉，2020）。从家庭的生育意愿与实际生育行为来看，2017年的中国综合社会调查（CGSS）显示，受访家庭意愿生育子女数的均值为1.88个，实际生育的数量只有1.42，因此当前的生育政策在平均意义上对家庭

并不构成一个实质性的约束，生育控制政策更多的是约束具有少数高生育意愿的家庭。因此，面对咄咄逼人的“老龄化、少子化”趋势，着眼于人口数量控制的传统计划生育政策思维需要进行根本性转变，中国应尽早从过去的生育控制政策转向全面放开并鼓励生育的政策。

在新的生育政策的制定和实施过程中，中国应通过构建与生育相关的政策支持体系，充分发挥传统“家本位”文化鼓励生育的功能，利用多元化的福利配套政策，降低年轻一代的生育成本与养老负担，这样才有可能提高家庭的内在生育意愿。此外，中国还应通过经济、社会、文化、教育等宏观层面政策去提高人口的质量。从单纯放开生育政策转向制定和完善相关宏观层面的社会公共政策应成为鼓励生育政策的重心。

二、加快城市化进程，充分利用人口转移所产生的增长动力

中国应当继续加快推进城市化发展。2022 年中国的城市化率为 65.22%，而且具有非农户籍的人口只占 47%，与世界上发达国家平均 80%以上的水平相比，仍然存在较大差距，但同时也意味着巨大的提升空间，城市化是未来新一轮我国经济增长的重要引擎。中国城市化进程的加快，使得农村剩余劳动力不断从低生产率的农业部门向城市中高生产率的工业部门和服务业部门转移和配置，从而提高中国的劳动生产率。与此同时，城市化也会带来城市移民的消费需求与城市基础设施建设需求，从而拉动经济增长。在城市化进程中，由于中国具有大国经济特征，因此中国的劳动密集型产业从东部地区向中西部地区进行转移，可以充分利用现有的区域间人口年龄结构的梯度差异，实现劳动力资源在区域间的合理配置，从而延长现有的人口红利。此外，由于城镇居民的教育投资水平要高于农村居民，因此从整个宏观层面上看，随着城市化进程的推进，总的教育投资率会随着城镇居民比重的上升而上升，经济增长率也会随着城市化进程的加快而上升（刘永平和陆铭，2008b）。由此可见，政府应该改革导致城乡二元分割并加大迁移成本的户籍制度，逐步削去附着在户籍上的歧视性政策，通过加快城市化进程缓解老龄化可能引发的经济衰退。在“十四五”期间及今后相当长一段时间内，中国应当以加快城市化发展为契机，充分利用人口转移所产生的增

长动力。值得注意的是，政府应当避免盲目追求城市化的速度而忽视城市化的质量，规避“城市病”对经济增长的负面影响，防止掉入“城市化陷阱”。

三、深化劳动力市场改革，扩大劳动力资源的供给

从退休制度来看，中国一直沿用20世纪50年代和70年代所制定的老的退休办法，男性的退休年龄一般不得早于60岁、女性一般不得早于50岁。与OECD国家和欧盟国家相比，中国的退休年龄和老年人劳动参与率都明显偏低。过早的退休年龄和过低的老年人劳动参与率导致富有生产率的人口过早退出劳动力市场，造成中国劳动力资源严重浪费（汪伟和王文鹏，2021）。同时，退休年龄过早，也导致中国养老保险收支状况恶化，养老金体系财务风险随着老龄化的加剧而上升。未来，中国可以通过劳动力市场的制度变革（如延迟退休年龄、实行弹性退休）提高老年人的劳动参与率，充分利用老年人的经验和技能来扩大劳动力资源，创造“动态人口红利”和“长寿红利”。此外，我国还可以利用大数据和互联网技术及“时间银行”等实现老年劳动力资源的合理配置。

受传统文化与性别分工的影响，中国的女性劳动参与率明显低于男性。与欧美国家相比，中国女性承担了更多的家务劳动，从而制约了女性劳动参与率的提高。中国应完善托育、教育、医疗、社保、税收、就业等相关支持措施，通过鼓励女性的劳动参与来扩大劳动力资源的供给。

四、释放老年人的消费潜力，发展“银发经济”

人口老龄化不仅会引导最终消费的规模和产品构成发生变化，使之反映老年人的消费习惯、消费偏好和消费能力，还将直接导致国内市场需求的转型（汪伟等，2015）。西方发达国家进入老龄社会的时间较早，在应对老龄化的过程中建立了非常完备的养老服务体系，其老龄产业发展迅速，已经成为其经济增长的重要组成部分。例如，早在1986年，美国老年人消费额就已达到8 000亿美元，占当年美国GDP的18%。老龄产业已经成为日本的支柱产业，预计到2025年日本老龄产业产值将达到7 000亿美元。日本经济产业省发布的《21世纪经济政策的课题与展望》认为，老龄产业将带动日本经济走出低谷并在21世纪前25

年实现年均2%的经济增长率。对中国来说,老龄产业也是为数不多的“朝阳产业”之一,未来发展前景广阔。据《中国健康养老产业发展报告(2019)》公布的数据与预测显示,我国2018年养老产业的规模达6.57万亿元,而到2050年有望增加到106万亿元,占GDP的比例有望从2018年的9.78%上升到2050年的33%。由此可见,中国老年人口多、老龄市场大,未来必将是国内外企业竞相争夺的市场之一。

未来二三十年,中国将进入老龄化的深度发展期,老龄人口数量将急剧上升,未来庞大的老年群体将形成日益增长的潜在消费市场,会为老龄产业的发展与创新提供广阔的市场空间和发展机遇。准确把握人口老龄化带来的市场需求变化,既是政府和企业面临的现实问题,又是中国拉动内需、经济转型中不可回避的课题。老年产业的发展与“银发经济”的兴起有助于扩大消费需求,中国应当在宏观经济政策方面做好准备,充分释放老年人的消费潜力,将发展“银发经济”作为新的经济增长点。

五、顺应人口转变趋势,推动产业升级

人口老龄化将对中国产业发展产生深刻影响。一方面,由于人口老龄化负担效应的显现,中国国民储蓄率的下降将导致国内资金供给趋紧,使得部分产业、部分企业的资金链出现断裂。这就要求各级金融机构贯彻实施有保有压、区别对待的产业引导政策,保证有限的国民储蓄能进入优势产业,退出过剩的产能和落后淘汰的产业,推动产业升级转型。另一方面,人口老龄化会导致低劳动力成本消失,一些传统产业的退出和一些新兴产业的萌芽是顺应人口转变的趋势。从这一角度看,中国正在进行产业转型升级,提倡经济增长速度与质量的统一,既是在几十年粗放型增长后的自我反思,也是顺应未来人口结构转变带来的经济转变之举。其次,在未来三四十年间,我国东部、中部、西部地区之间的人口老龄化程度差异将缩小,这一转变可能带来区域间经济增长速度的趋同,使区域差距相对收敛。当然,要真正实现区域间经济发展水平的趋同,还必须根据东部、中部、西部地区之间的特点,实施有差别的区域发展规划。例如,东部地区应以第三产业、高新技术产业逐步替代劳动密集型产业;而西部地区由于人均收入水

平、工业化比重都还比较低，因此应抓住产业转移的机会，以新型工业化进程带动经济起飞（汪伟和艾春荣，2015）。

六、完善养老保障体系，发挥养老保障制度的激励功能

随着人口老龄化的深化，政府通过提高社会保障税率来融资社会养老资源将会降低家庭的储蓄率和教育投资，从而对经济增长不利。随着我国人口老龄化高峰的到来，未来工作人口将急剧减少，现收现付形式的社会统筹养老模式可能会受到挑战。目前，我国城镇实行的是现收现付的社会统筹形式及基金制的个人账户形式相混合的养老模式。过去的实践表明，这种养老保险制度兼具公平、积累和激励功能，但也存在统筹层次较低、广大农民工还没有被有效覆盖等问题。因此，我国应全面实施全民参保计划，实现养老保险全国统筹，构建更加公平和有效的养老保障体系。而目前中国农村虽然建立了社会养老保险制度，但养老待遇偏低，养儿防老仍然是最主要的养老模式，在人口老龄化深化和生育率没有明显提升的情况下，家庭的养老压力会越来越大，因此需要高度重视改变农村过度依赖家庭养老状况的工作。

人口老龄化的加速发展将加重地方财政的负担，导致用于医疗体系和养老保障体系的财政支出直线上升。如果地方政府无法为这笔支出融资，就将导致严重的社会问题。因此，养老保险体系运行过程中存在的财务风险等问题，需要引起足够的重视。为应对人口老龄化带来的养老保障体系的财务困境，一方面应以中央政府为主导，增强中央调剂力度，完善地区间养老保险支出的转移支付制度，加快实现养老保险全国统筹；另一方面需要进一步完善制度设计，提高国有资本划转比例，努力提高社保基金的投资效益。未来养老保险制度的改革要增强养老保障体系的自我积累功能并解决养老保障体系未来的偿付风险，同时要增强养老保障激励功能，这样才能适应人口老龄化对社会保障提出的要求。养老保险制度调节机制的建立，会使老年人退休后的生活更有保障，也使老年人能够分享到对未来一代的人力资本投资的收益，从而促使他们更加关心年轻一代的教育，这会使得人力资本的积累速度加快，并保证了每一代人对人力资本投资的持续性，从而促进未来一代劳动生产率的提高，这又有利于经济增长，使得

经济处于一个良性循环之中。

国家卫健委发布的数据显示，由于近九成家庭的老人有不同程度的照料需求，因此中国应完善长期照护服务体系。家庭养老与社会化照料体系相结合以提供充足的老年照料是绝大多数国家的选择，中国在加强对家庭照料行为支持的同时，应加快推进社会化照料体系建设。

七、加快人力资本积累，为经济增长注入内生动力

当前，中国正在从人口红利转向人口负债。随着人口老龄化的深化，工作人口的数量将减少，富有生产性的人力资本数量会趋于下降，但如果能够提高人力资本的质量，就能够提高社会劳动生产率，促进经济增长，所以人力资本投资应把重点放在提高人力资本的“质”上。而教育投资本质上就是一种提高人力资本“质”的投资，因为通过接受教育和培训，劳动者或潜在劳动者的综合素质、经验与技能会得以提高，劳动生产率也会随之上升。预期寿命的延长是人口老龄化的一个重要特征，但这也为劳动者接受更长年限的教育和培训提供了现实的可能（汪伟和咸金坤，2020）。

“十四五”期间，我国应当将 9 年制义务教育延长到 12 年。为实现人口数量与结构红利向人口质量红利的转变，中国需要深化教育改革，发展高等教育和职业教育，扩大接受教育的时间并建立终身学习型社会，通过市场化改革消除人力资本投资回报的扭曲并形成有效的人力资本投资激励机制，为人力资本红利的释放扫除制度性障碍。中国还可以通过户籍制度、就业、医疗和社会保障等宏观政策的改革与教育领域的改革相互配合及协调，将经济引入人力资本积累的动态调整路径上去，并收获改革带来的制度红利。此外，在老龄化加速发展的未来，当人力资本投资的社会资源受到约束时，充分利用老年人的经验和技能也不失扩大人力资本存量的有效途径。

八、激发创新动力，提高全要素生产率

我国应通过激活创新动力来应对人口老龄化和提高全要素生产率。创新活力的激发应当充分发挥市场的决定性作用，将市场竞争作为创新的动力源泉。

当人口老龄化来袭、可供企业选择的廉价劳动力优势不复存在时，市场优胜劣汰的竞争压力促使企业将资源投入到研发与创新上，这恰好是企业真正成为创新主体的最佳时期。某个产业或行业的创新竞争会促使人才、资本从低生产率的企业向高生产率的企业流动，竞争中胜出的企业将获得短期的生产率优势并形成“效率垄断”，而生产率优势与“效率垄断”的争夺又会引发新一轮创新竞争和资源优化与再配置，这种竞争的资源配置效应将成为全要素生产率不断提高的重要源泉。[①] 因此，政府没有必要代替企业去寻找研发与创新的领域，也无须花费大量的信息与成本去寻找帮扶的对象，政府所要做的是为企业营造公平的创新环境、完善市场竞争机制、加强知识产权保护，让市场在优胜劣汰的竞争中挑选创新的赢家。

第三节　结论与启示

得益于快速人口转变所带来的“人口红利”，中国实现了世界经济增长奇迹并成功跻身于中等收入国家行列。但经济发展的一般规律告诉我们，“人口红利”期只是经济发展过程中一个相对短暂的有利于经济增长的阶段，世界上还没有一个国家是仅仅依赖“人口红利”而成为高收入国家的。随着人口老龄化进程的加速，中国的劳动力资源逐渐从丰裕走向短缺。虽然中国已经全面放开了生育“三孩”，从而在一定程度上会减缓老龄化的速度，但是人口老龄化是一个不可逆转的过程，中国将在 2030 年前后迎来老龄化的高峰期。当前，中国进入了转型发展的关键时期，经济增长的动力机制正在悄然发生变化。当劳动力资源变得日益稀缺时，人口老龄化会诱发人力资本对物质资本的替代，“倒逼”企业通过更多的研发投入和技术创新来提升竞争力，促使中国的产业结构从劳动密集型向资本密集型与技术密集型升级。因此，人口老龄化既是对传统模式的挑战，又

① 这种市场竞争带来的微观生产效率的提高被称为熊彼特的“创造性毁灭机制”，对美国全要素生产率的贡献高达 30%～50%。参见蔡昉.中国经济增长如何转向全要素生产率驱动型[J].中国社会科学，2013，(1).

是经济增长方式转变的机遇。

“十四五”时期是“两个一百年”奋斗目标的历史交汇期，也是全面开启社会主义现代化建设新征程的重要战略机遇期。中国已经从浅度老龄化进入深度老龄化阶段(65 岁老年人口比重超过 14%)，人口老龄化对中国未来经济政策和社会政策的制定提出了新的要求。十九届五中全会公报指出，中国要实施积极应对人口老龄化的国家战略。“十四五”时期和今后一段时间，中国应把人口老龄化问题摆到重要位置，在经济和社会发展政策上做好顶层设计，积极应对人口老龄化的挑战。

关于如何应对未来的劳动力短缺，国内外的经验研究表明，中国可以通过生育政策的调整和劳动力市场的制度变革延长现有的人口红利。但是，这些政策都只能短期“治标”而不能长期“治本”。经济增长理论告诉我们，一个国家长期经济增长的动力主要来自人力资本水平、劳动生产率、全要素生产率与技术创新能力的提升。中国应当通过经济转型升级来应对人口老龄化的挑战并保持经济的持续增长。在转型目标上，老龄化加速发展的中国应把经济转型的过程变成人力资本与技术创新拉动经济增长的能力不断提高的过程；在产业结构调整上，中国应把产业升级的过程变成有利于提高劳动生产率和提升产业发展的人力资本与技术含量的过程；在要素投入上，中国应把要素投入效率提升过程变成人力资本的贡献持续扩大和经济增长质量不断提高的过程；在经济增长的驱动方式上，中国应把传统的要素驱动变成效率驱动并最终向创新驱动转变。上述四个转型升级目标的实现，将使中国经济摆脱对人口红利的依赖，转向通过依赖提高人力资本投资、劳动生产率、全要素生产率与技术创新驱动经济增长，从而真正进入到可持续增长的轨道。

第十一章　全书总结与未来研究展望

第一节　全书总结

本书通过系统研究中国人口老龄化在时间和空间上的现状、发展趋势及基本特征来揭示中国人口老龄化进程的特点，同时全面分析人口老龄化通过国民储蓄率、劳动人口年龄结构老化与劳动生产率的变化、科技进步、养老保险制度、人力资本投资等方面影响经济增长的机制，评估了计划生育政策调整的可能的政策效果与进一步放松生育政策的前提条件与可行性，并在上述研究的基础上提出开拓中国未来人口红利、保持经济增长的对策建议。本书运用宏观经济学中的代际模型、参数校准与数值模拟、计量经济学中面板数据模型、时间序列分析等方法与技术进行研究，并在理论研究与实证结果的基础上结合中国的特征化事实展开了有力度的分析，得到许多有意义的结论与启示。

第一章介绍了课题的研究背景与研究意义，评述了国内外关于人口老龄化对经济增长的影响的相关研究进展，并提出了本书的研究目标。

第二章通过历史数据分析了中国人口老龄化在时间和空间上的现状、发展趋势、基本特征及形成原因。研究发现，从 20 世纪 50 年代以来，中国的人口年龄结构先后经历了年轻型、成年型和老年型三个阶段，目前正处于老龄化快速发展的阶段。中国的人口老龄化是严格的人口政策和经济社会发展的双重作用的结果。中国的人口老龄化具有人口老龄化进程较快、时间较短、老年人口数量多、区域发展不平衡呈现东高西低的梯度差异以及人口老龄化超前于经济发展水平而“未富先老”等特征。中国将在2050年成为世界上老年人口最多、人口老龄化速度最快的国家之一，人口老龄化问题将给中国的经济、社会发展带来严峻的挑战。

自2000年进入老龄化社会以来，中国的国民储蓄率不降反升，而且过去30多年间区域储蓄率的变化与其人口老龄化进程呈现出高度一致的东高西低的梯度差异，这些都与经典的生命周期假说提出的老年人口负担理论不符。本书第三章构建了一个同时考虑人口老龄化的寿命效应与负担效应的三期世代交替模型，对上述现象进行了理论分析并运用分省份面板数据进行了实证研究。研究发现，由寿命延长带来的“未雨绸缪”的储蓄动机既能解释我国储蓄率在时间上的上升趋势，也能解释区域间的梯度差异，而老龄人口负担上升并没有对储蓄率产生明显的负效应，对储蓄率在时间和区域间的变化也没有解释力。本章还运用实证模型的结果对2010—2050年我国区域储蓄率的走势进行了预测，并发现随着人口老龄化进程的加速，寿命延长带来的正效应会相对减弱，而老年负担效应会增强，这种此消彼长的变化导致人口老龄化的净效应发生正负转换。在人口因素和经济因素的共同推动下，东部地区和中部地区储蓄率从2015年开始快速下降，西部地区储蓄率到2030年左右也会迎来进入下降通道的转折点，最终各区域间储蓄率的梯度差异会缩小并发生反转。

消费结构升级是经济发展过程中的一般规律，人口老龄化对消费结构升级会产生怎样的影响是一个重要的理论与实证问题。本书第四章考察了人口老龄化与消费结构转变之间的关系，探讨了人口老龄化影响消费结构升级的原因与机制，并运用中国家庭追踪调查(CFPS2012)数据进行了实证检验。本章的研究主要得到以下结论：人口老龄化可以促进消费结构升级，但是这一促进作用主要是通过提升居民家庭的医疗保健消费支出占比来实现的，人口老龄化对居民家庭交通通信消费支出占比及文教娱乐消费支出占比的影响均为负；相比于城镇地区而言，人口老龄化的消费结构升级效应在农村地区表现得更为强烈，这与我国大量的青壮年人口从农村迁移到城市，使得农村的人口老龄化程度相比于城镇地区更为严峻有关；对于健康状况更好或者受教育程度更高的家庭而言，人口老龄化的消费结构升级效应反而更弱，健康状况越佳，人口老龄化对医疗保健的消费支出更低，相应地对消费结构升级的作用效果越小，这意味着人口老龄化的消费结构升级效应还是浅层次的，这与我国社会保障制度不健全有关；分位数估计结果表明，人口老龄化越严峻的家庭对消费结构转变的影响越大，这主要是由于老龄化越严峻的家庭对医疗保健的消费需求越大，这也印证了本书结论是稳健的。此外，本书还发现，人力资本水平越高的家庭，对发展型和享受型消费需求越高，家庭少儿人口占比对消费结构升级存在负面影响，家庭人均收入水平及家庭金融资产与发展型消费占比也呈负相关关系，家庭总的消费支出及家庭人口规模对消费结构升级有正向促进作用。

近年来，中国经济从高速增长转向中高速增长，步入了“新常态”与高质量发展阶段，产业结构升级、经济转型与人口老龄化加剧是中国当前面临的重大挑战。本书第五章从五个方面总结了人口老龄化引起产业结构转变的理论机制，通过构建多维产业升级指标并运用中国分省份面板数据进行了实证研究。本章的研究主要得到了以下结论：人口老龄化不仅促进了中国第一产业、第二产业和第三产业之间结构的优化，还推动了制造业与服务业内部技术结构的优化；人口老龄化对产业之间和不同产业内部的升级效应存在差异，具体而言，对促进三次产业间的结构优化作用最为明显，对推动制造业内部技术结构升级的影响为其次，而对服务业内部结构优化的效应相对较小；人口老龄化主要通过增加消费需求、加快人力资本积累及“倒逼”企业用资本和技术替代劳动来应对劳动力成本上升等渠道，促进了产业结构升级，同时也通过降低劳动生产率对产业结构升级造成负面影响，总体而言，人口老龄化对产业结构升级的净效应为正。本书还发现，人口老龄化的产业结构升级效应在区域之间存在较大的差异，中西部地区的表现强于东部地区。本章的研究表明，人口老龄化与产业结构升级两大挑战并不是对立的，人口老龄化可以诱发和“倒逼“产业结构升级，关键是要充分利用人口老龄化给产业结构升级带来的机遇。

人口老龄化的趋势已经被广泛关注，但是劳动人口年龄结构老化与劳动生产率的关系还没有引起学界的足够重视。本书第六章利用历次人口普查数据对我国劳动人口年龄结构做了细致分析。研究发现，我国第二次和第三次人口出生高峰及 20 世纪 80 年代开始实施的“计划生育”政策是造成我国劳动人口老龄化的重要原因。利用基础的人口增长变化模型，本书预测了我国未来十年将面临的严峻的劳动人口老龄化问题。本章还对比了各地区劳动人口年龄结构的差异，研究发现，东部地区在业人口老龄化程度较轻，西部地区其次，中部地区劳动人口老龄化程度最高。然而，这一规律的聚类特征并不明显，东部地区和西部地区各省份间的内部差异也较大，庞大的流动人口规模是造成我国各省份间劳动人口老龄化程度差异的主要因素。在上述研究基础上，本章将劳动人口的年龄结构引入生产函数，利用嵌套了劳动人口 CES 函数的柯布—道格拉斯生产函数，估计了符合我国国情的“年龄—劳动生产率”曲线，结果显示，从全国来看，中年劳动者的边际劳动生产率最高、青年劳动者其次，而老年劳动者的劳动生产率最低，出现劳动力过剩的现象。从东部、中部和西部地区的分区域结果来看，东部地区的青年劳动者劳动生产率高，而中年和老年劳动者的生产率接近零，中部地区和西部地区都表现出中年劳动生产率最高而老年劳动生产率很低的特征，但西部地区各年龄段的劳动生产率差异小于东部地区。第六章的研究补充了我国这一方面的研究不足，同时也进一步完善了人口老龄化的理论。

第七章从个人、企业及国家与地区层面梳理了人口老龄化影响技术进步的途径，发现人口老龄化对技术创新的影响是多维度的，可能通过劳动效率效应、人力资本效应、老龄负担效应三条路径对技术创新产生影响。同时，人口老龄化对技术进步既有积极的促进作用，也有消极的阻碍作用，最终的净效应取决于这两种作用的大小。本章首次借助动态因子分析方法，从创新投入、创新产出、创新绩效、协同创新能力、创新环境五个方面入手，利用多重数据指标，构建了中国 29 个省份的技术创新综合能力指数，以此来衡量各个地区技术创新能力的大小。实证研究发现，人口老龄化会通过降低技术创新领域的人力资本水平及加重老龄负担、挤占创新资源从而对技术创新产生消极影响，但同时通过提高劳动者的劳动效率进而对技术创新产生积极影响。

“统账结合”养老保险制度是具有中国特色的制度安排。随着人口老龄化程度的加深，政府的养老金账户缺口日益加大，统筹账户入不敷出，个人账户处于“空账”运行状态。本书第八章讨论了我国养老保障制度转轨的人口老龄化背景，通过构造一个考虑双向代际转移的三期世代交替模型来讨论具有个人账户挪用特征的混合养老保障体制对物质资本和人力资本形成的作用机制及其对中国经济增长的影响。研究发现,从现收现付制向基金与统筹混合的模式转变,使得高统筹税率下降而个人账户税率上升,有助于增加物质资本和人力资本的积累并促进经济增长。这一结论从经济增长的视角为我国养老保险体制改革方向的确立提供了解释逻辑。

第九章通过构建一个考虑双向代际转移的三期世代交替模型讨论了人口老龄化如何影响中国家庭的储蓄、人力资本投资决策与经济增长,并对当前的生育政策调整的经济影响进行了模拟与政策评价。本章的研究发现,在当今中国的现实参数下,人口老龄化已经对家庭人力资本投资与经济增长产生负面影响;提高向老年一代的代际转移比率不但无法应对人口老龄化,反而会使家庭储蓄率、教育投资率及经济增长率大幅下降;放松计划生育政策后,如果生育率不出现大幅度反弹,将有利于经济增长,从现实情况,当前的生育政策调整既能获得一个更高的经济增长率,又不会导致生育率过度反弹,从而可以避免掉入经济增长下滑的陷阱。数值模拟还显示,在当前寿命延长、养老压力增大的态势下,要使生育政策有更大的放松空间,需要提高人力资本的积累速度和人力资本在生产中的效率。这一研究结论为当前的生育政策调整提供了解释的逻辑,并阐明了进一步放松生育控制政策的前提条件。

面对咄咄逼人的人口老龄化态势,本书第十章从挑战、机遇等角度提出了中国应对人口老龄化、保持经济增长的模式策略。本书认为,未来几十年间人口老龄化将对中国经济增长率的变化、区域经济收敛和经济结构调整产生巨大的影响。一方面,由于人口老龄化负担效应的显现,中国高储蓄率的优势将逐渐丧失,预计中国的国民储蓄率将在缓慢上升到拐点后开始下降;另一方面,未来几十年,由于人口老龄化速度的加快,中国的人力资本投资、劳动生产率和劳动参与率均会受到巨大的冲击,预计经济增长速度将逐渐减缓。但随着经济总量的扩大,经济增长速度放缓本身就是客观经济规律,同时又是倒逼经济结构调整与经济增长方式转变的机遇。从这一角度看,中国正在进行经济结构转型,提倡经济增长速度与质量的统一,既是在几十年粗放型增长后的自我反思,也是为了顺应未来人口结构转变带来的经济转型。

关于应对人口老龄化的政策取向，从短期来看，中国可以通过生育政策的调整和劳动力市场的制度变革，如延迟退休年龄、实行弹性退休、鼓励妇女的劳动参与等政策来扩大劳动力资源的供给，通过加快城市化进程和充分利用中国的大国经济的不平衡性促使劳动力资源在区域间的合理配置，从而延长现有的人口红利。但是，上述政策都只能“治标”而不能“治本”，而且容易陷入“人口红利依赖症”。从长期来看，中国需要从依靠人口数量与结构优势向依靠人口质量优势转变，通过不断加大人力资本投资和提高劳动生产率与技术创新能力为经济提供持久增长的动力。

第二节　未来研究展望

未来中国老龄化程度将加速深化，人口老龄化在给社会带来负担的同时也带来了新的经济增长点。日益增多的老年人群体会形成一个庞大的需求市场，由此也会催生“银发产业”的蓬勃发展，因此中国的产业结构调整需要与人口年龄结构的转变相适应。中国的区域经济发展程度与人口老龄化进程也不尽相同，这会对区域劳动力的配置及产业结构在区域间的转移产生影响。近年来，我国老龄产业迅速发展，这从理论和现实意义上将人口老龄化与产业结构的关系研究提上了“议事日程”。当前，这方面的研究还非常欠缺，因此，研究人口老龄化对产业结构调整与产业转移的影响是未来一个重要的研究方向。

本书强调了人力资本投资对应对人口老龄化的重要性，而教育投资就是一种提高人力资本质量的投资。通过接受教育和培训，劳动者或潜在劳动者的综合素质、经验与技能都会得到提高，因此教育投资在经济社会发展中发挥越来越重要的作用。当前，关于人口老龄化对教育投资影响的研究还有待深入。例如，寿命延长意味着人们接受教育年限可以延长从而享受未来的人力资本投资高收益，但同时也要付出更多的投资成本，这会如何改变人们的投资行为？得益于经济和财政收入的快速增长，近年来政府不断加大教育投入，在日益严峻的老龄化面前，政府在社会保障方面的支出也日益膨胀，这势必会对教育资源形成挤出效应，因此未来的教育投入会发生怎样的变化？由于城镇家庭的教育投资水平通常高于农村家庭，未来随着我国城镇化进程的加快和政府大力推进城镇化的发展战略的实施，老龄化会如何影响城乡家庭的教育投资？为了应对日益严峻的人口老龄化可能对教育投资的负面影响，我们应当采取什么样的教育投资激励政策？这些构成了未来的重要研究方向。

中国养老制度的安排与人口老龄化息息相关，如何通过合理的制度设计，既能解决政府的偿付困境又能促进经济增长，是一个需要深入思考的问题。政府计划推出延迟退休方案，但对于延迟退休能否解决未来的劳动力短缺、减轻养老负担、维持养老金收支平衡与保持经济增长持续性的问题还需要深入研究。而对此问题进行研判，将直接影响未来政策的走向。当前针对我国的大国经济特征和地区差异来深入分析我国养老保险制度设计及其关联改革的经济增长效应的研究仍然比较欠缺。关于我国养老保险改革转轨成本如何消化、降费改革、缴费基数调整、国有资本的划拨比例、三支柱结构优化、社保基金全国统筹改革等问题尚待系统、全面的解读，需要给出清晰的解决方案或结论。例如，不同制度与参数选择作用于经济运行机制或渠道有哪些？如何规避或者减缓这些成本的冲击？在延迟退休年龄以应对人口老龄化上，到底我国退休年龄应提高到多少才算合理？退休年龄是采取分类提高还是普遍提高，它们又会对长寿风险管理产生什么样的影响？为此，本书认为既需要建立就业、消费、储蓄、人力资本、收入与人口老龄化应对策略之间的互动机制，也需要构建新的理论和实证分析的工具来获得科学的结论。

参考文献

[1]柏杰.养老保险制度安排对经济增长和帕累托有效性的影响[J].经济科学,2000,(1).

[2]白俊红,蒋伏心.协同创新、空间关联与区域创新绩效[J].经济研究,2015,(7).

[3]蔡昉.人口与计划生育管理机制改革的理论思考[J].中国人口科学,2001,(6).

[4]蔡昉.人口转变、人口红利与经济增长可持续性——兼论充分就业如何促进经济增长[J].人口研究,2004,(2).

[5]蔡昉.未来的人口红利——中国经济增长源泉的开拓[J].中国人口科学,2009,(1).

[6]蔡昉.人口转变、人口红利与刘易斯转折点[J].经济研究,2010,(4).

[7]蔡昉.未富先老与中国经济增长的可持续性[J].国际经济评论,2012,(1).

[8]蔡昉.中国经济增长如何转向全要素生产率驱动型[J].中国社会科学,2013,(1).

[9]蔡昉.如何开启第二次人口红利?[J].国际经济评论,2020,(2).

[10]蔡昉,王德文.中国经济增长可持续性与劳动贡献[J].经济研究,1999,(10).

[11]蔡昉,王德文,曲玥.中国产业升级的大国雁阵模型分析[J].经济研究,2009,(9).

[12]蔡昉,王美艳.中国人力资本现状管窥——人口红利消失后如何开发增长新源泉[J].人民论坛,2012,(4).

[13]陈斌开,陆铭,钟宁桦.户籍制约下的居民消费[J].经济研究(消费金融专辑),2010,(S1).

[14]陈卫.中国未来人口发展趋势:2005—2050年[J].人口研究,2006,(4).

[15]陈卫民,施美程.发达国家人口老龄化过程中的产业结构转变[J].南开学报(哲学社会科学版),2013,(6).

[16]陈彦斌.人口老龄化对中国宏观经济的影响[M].北京:科学出版社,2014.

[17]陈彦斌,程冬,戴轶群.中国人口老龄化对经济结构调整的影响[R].中国宏观经济分析与预测报告分报告八,2012.

[18]陈友华.人口红利与人口负债:数量界定、经验观察与理论思考[J].人口研究,2005,(6).

[19]陈钊,陆铭,金煜.中国人力资本和教育发展的区域差异:对于面板数据的估算[J].世界经济,2004,(12).

[20]褚敏,靳涛.为什么中国产业结构升级步履迟缓——基于地方政府行为与国有企业垄断双重影响的探究[J].财贸经济,2013,(3).

[21]崔红艳,徐岚,李睿.对2010年人口普查数据准确性的估计[J].人口研究,2013,(1).

[22]崔敏,魏修建.服务业各行业生产率变迁与内部结构异质性[J].数量经济技术经济研究,2015,(4).

[23]代谦,别朝霞.人力资本、动态比较优势与发展中国家产业结构升级[J].世界经济,2006,(11).

[24]都阳.人口转变的经济效应及其对中国经济增长持续性的影响[J].中国人口科学,2004,(5).

[25]都阳.中国低生育水平的形成及其对长期经济增长的影响[R].北京:中国社会科学院人口研究所,2005.

[26]杜鹏,王武林.论人口老龄化程度城乡差异的转变[J].人口研究,2010,(2).

[27]封进.中国养老保险体系改革的福利经济学分析[J].经济研究,2004,(2).

[28]冯英浚,吴江琴.测算技术进步增长速度的一种新方法[J].数量经济技术经济研究,1991,(11).

[29]付雷鸣,万迪昉,张雅慧.VC是更积极的投资者吗?——来自创业板上市公司创新投入的证据[J].金融研究,2012,(10).

[30]傅勇,张晏.中国式分权与财政支出结构偏向:为增长而竞争的代价[J].管理世界,2007,(3).

[31]干春晖,郑若谷,余典范.中国产业结构变迁对经济增长和波动的影响[J].经济研究,2010,(5).

[32]郭凯明,龚六堂.社会保障、家庭养老与经济增长[J].金融研究,2012,(1).

[33]郭凯明,余靖雯,龚六堂.人口转变、企业家精神与经济增长[J].经济学(季刊),2016,(3).

[34]郭克莎.外商直接投资对我国产业结构的影响研究[J].管理世界,2000,(2).

[35]郭志刚.近年生育率显著"回升"的由来——对2006年人口和计划生育调查的评价研究[J].中国人口科学,2009,(2).

[36]郭志刚,陈功.老年人与子女之间的代际经济流量的分析[J].人口研究,1998,(1).

[37]贺京同,李峰.影响自主创新的因素——基于BACE方法对中国省际数据的分析[J].南开经济研究,2007,(3).

[38]胡鞍钢,刘生龙,马振国.人口老龄化、人口增长与经济增长——来自中国省际面板数据的实证证据[J].人口研究,2012,(3).

[39]胡翠,许召元.人口老龄化对储蓄率影响的实证研究——来自中国家庭的数据[J].经济学(季刊),2014,13(4).

[40]胡伟略.关于人口老龄化与技术进步的关系问题[J].数量经济技术经济研究,1991,(11).

[41]黄茂兴,李军军.技术选择、产业结构升级与经济增长[J].经济研究,2009,(7).

[42]黄少安,孙涛.人口负担与人口红利的权衡——论中国现阶段不能放松计划生育政策[J].学术月刊,2013,(7).

[43]黄莹,林金忠.现收现付制养老保险与经济增长关系的实证研究[J].人口与经济,2009,(6).

[44]贾智莲,卢洪友.财政分权与教育及民生类公共品供给的有效性——基于中国省级面板数据的实证分析[J].数量经济技术经济研究,2010,(6).

[45]靳宗振,刘海波.创新驱动发展的关键议题:知财运营研究[J].中国软科学,2015,(5).

[46]瞿德华.中国第五次人口普查全国人口死亡水平间接估计[J].人口与经济,2003,(5).

[47]康传坤.人口老龄化会阻碍城市化进程吗?——基于中国省级面板数据的实证研究[J].世界经济文汇,2012,(1).

[48]康建英.我国人口年龄结构变化对综合要素生产率和技术进步的影响[J].科技管理研究,2010,(3).

[49]李国璋,周彩云,江金荣.区域全要素生产率的估算及其对地区差距的贡献[J].数量经济技术经济研究,2010,(5).

[50]李军.人口老龄化条件下的经济平衡增长路径[J].数量经济技术经济研究,2006,(8).

[51]李三希,姚东旻.人口老龄化会影响创新吗:中国创造力报告(2012—2013)——创新驱动中国梦[M].北京:社会科学文献出版社,2013.

[52]李文星,徐长生,艾春荣.中国人口年龄结构和居民消费:1989—2004[J].经济研究,2008,(7).

[53]李筱光,韩立岩.北京市居民消费结构研究[M].北京:北京大学出版社,2012.

[54]李晓钟,张小蒂.江浙基于FDI提高区域技术创新能力的比较[J].中国工业经济,2007,(12).

[55]刘秉镰,武鹏,刘玉海.交通基础设施与中国全要素生产率增长——基于省域数据的空间面板计量分析[J].中国工业经济,2010,(3).

[56]刘穷志,何奇.人口老龄化、经济增长与财政政策[J].经济学(季刊),2012,12(1).

[57]刘生龙,胡鞍钢,郎晓娟.预期寿命与中国家庭储蓄[J].经济研究,2012,(8).

[58]刘永平,陆铭.从家庭养老角度看老龄化的中国经济能否持续增长[J].世界经济,2008a,(1).

[59]刘永平,陆铭.放松计划生育政策将如何影响经济增长——基于家庭养老视角的理论分析[J].经济学(季刊),2008b,7(4).

[60]刘志彪.以城市化推动产业转型升级——兼论“土地财政”在转型时期的历史作用[J].学术月刊,2010,(10).

[61]茅锐,徐建炜.人口转型、消费结构差异和产业发展[J].人口研究,2014,(3).

[62]毛中根,孙武福,洪涛.中国人口年龄结构与居民消费关系的比较分析[J].人口研究,2013,(3).

[63]牛泽东,张倩肖.中国装备制造业的技术创新效率[J].数量经济技术经济研究,2012,(11).

[64]彭浩然,申曙光.现收现付制养老保险与经济增长:理论模型与中国经验[J].世界经济,2007,(10).

[65]彭希哲,胡湛.公共政策视角下的中国人口老龄化[J].中国社会科学,2011,(3).

[66]彭秀健.中国人口老龄化的宏观经济后果——应用一般均衡分析[J].人口研究,2006,(4).

[67]沈可,王丰,蔡泳.国际人口政策转向对中国的启示[J].国际经济评论,2012,(1).

[68]盛丹,王永进.市场化、技术复杂度与中国省区的产业增长[J].世界经济,2011,(6).

[69]孙皓,胡鞍钢.城乡居民消费结构升级的消费增长效应分析[J].财政研究,2013,(7).

[70]孙祁祥.“空账”与转轨成本——中国养老保险体制改革的效应分析[J].经济研究,2001,(5).

[71]田雪原,胡伟略,杨永超.日本人口老龄化与经济技术进步——赴日考察及学术交流报告[J].中国人口科学,1990,(6).

[72]王德文.人口低生育率阶段的劳动力供求变化与中国经济增长[J].中国人口科学,

2007,(1).

[73]王德文,蔡昉,张学辉.人口转变的储蓄效应和增长效应——论中国增长可持续性的人口因素[J].人口研究,2004,(5).

[74]王丰.全球化环境中的世界人口与中国的选择[J].国际经济评论,2010,(6).

[75]汪伟.经济增长、人口结构变化与中国高储蓄[J].经济学(季刊),2009,9(1).

[76]汪伟.计划生育政策的储蓄与增长效应:理论与中国的经验分析[J].经济研究,2010,(10).

[77]汪伟.人口老龄化、养老保障制度变革与中国经济增长——理论分析与数值模拟[J].金融研究,2012,(10).

[78]汪伟.如何构建扩大消费需求的长效机制[J].学术月刊,2017,(9).

[79]汪伟,艾春荣.人口老龄化与中国储蓄率的动态演化[J].管理世界,2015,(6).

[80]汪伟,郭新强.收入不平等与中国高储蓄率:基于目标性消费视角的理论与实证研究[J].管理世界,2011,(9).

[81]汪伟,姜振茂.人口老龄化对技术进步的影响研究综述[J].中国人口科学,2016,(3).

[82]汪伟,刘玉飞,彭冬冬.人口老龄化的产业结构升级效应研究[J].中国工业经济,2015,(11).

[83]汪伟,刘玉飞,王文鹏.长寿的宏观经济效应研究进展[J].经济学动态,2018,(9).

[84]汪伟,钱文然.人口老龄化的储蓄效应[J].经济学动态,2011,(3).

[85]汪伟,王文鹏.预期寿命、养老保险降费与老年劳动供给:兼论中国退休政策改革[J].管理世界,2021,(9).

[86]汪伟,咸金坤.人口老龄化、教育融资模式与中国经济增长[J].经济研究,2020,(12).

[87]王小鲁,樊纲.中国经济增长的可持续性——跨世纪的回顾与展望[M].北京:经济科学出版社,2000.

[88]王小鲁,樊纲.中国收入差距的走势和影响因素分析[J].经济研究,2005,(10).

[89]王学义,张冲.中国人口年龄结构与居民医疗保健消费[J].统计研究,2013,(3).

[90]王跃生.中国城乡家庭结构变动分析——基于2010年人口普查数据[J].中国社会科学,2013,(12).

[91]魏福成,邹薇,马文涛,刘勇.税收、价格操控与产业升级的障碍——兼论中国式财政分权的代价[J].经济学(季刊),2013,(4).

[92]温忠麟,张雷,侯杰泰,刘红云.中介效应检验程序及其应用[J].心理学报,2004,(5).

[93]邬沧萍，王琳，苗瑞凤. 从全球人口百年(1950—2050)审视我国人口国策的抉择[J]. 人口研究，2003，(4).

[94]吴福象，沈浩平. 新型城镇化、基础设施空间溢出与地区产业结构升级——基于长三角城市群16个核心城市的实证分析[J]. 财经科学，2013，(7).

[95]吴延兵. R&D存量、知识函数与生产效率[J]. 经济学(季刊)，2006，(4).

[96]吴延兵. 不同所有制企业技术创新能力考察[J]. 产业经济研究，2014，(2).

[97]吴玉鸣. 空间计量经济模型在省域研发与创新中的应用研究[J]. 数量经济技术经济研究，2006，(5).

[98]向志强. 人力资本生命周期与教育需求[J]. 经济评论，2003，(2).

[99]肖文，林高榜. 政府支持、研发管理与技术创新效率——基于中国工业行业的实证分析[J]. 管理世界，2014，(4).

[100]徐敏，姜勇. 中国产业结构升级能缩小城乡消费差距吗? [J]. 数量经济技术经济研究，2015，(3).

[101]徐升艳，周密. 东中西地区城市不同年龄组劳动生产率的比较研究[J]. 上海经济研究，2013，(3).

[102]徐瑛，陈秀山，刘凤良. 中国技术进步贡献率的度量与分解[J]. 经济研究，2006，(8).

[103]严成樑. 延迟退休、内生出生率与经济增长[J]. 经济研究，2016，(11).

[104]杨道兵，陆杰华. 我国劳动力老化及其对社会经济发展影响的分析[J]. 人口学刊，2006，(1).

[105]杨晔. 我国各省市企业自主创新能力的综合评价——基于投入产出绩效视角的实证研究[J]. 财经研究，2008，(6).

[106]杨中新. 中国人口老龄化与区域产业结构调整研究[M]. 北京. 社会科学文献出版社，2005.

[107]姚东旻，宁静，韦诗言. 老龄化如何影响科技创新[J]. 世界经济，2017，(4).

[108]尹志宏. 消费经济学[M]. 北京. 中国人民大学出版社，2012.

[109]袁蓓. 人口老龄化对中国经济增长的影响[D]. 武汉:武汉大学，2010.

[110]袁传攀，湛文倩. 人口老龄化对企业发展的影响[J]. 经营与管理，2011，(6).

[111]袁志刚. 中国养老保险体系选择的经济学分析[J]. 经济研究，2001，(5).

[112]袁志刚，宋铮. 城镇居民消费行为变异与我国经济增长[J]. 经济研究，1999，(11).

[113]袁志刚，宋铮. 人口年龄结构、养老保险制度与最优储蓄率[J]. 经济研究，2000，

(11).

[114]曾毅,王正联.我国21世纪东、中、西部人口家庭老化预测和对策分析[J].人口与经济,2010,(2).

[115]张斌,李军.人口老龄化对产业结构影响效应的数理分析[J].老龄科学研究,2013,(11).

[116]张桂文,孙亚南.人力资本与产业结构演进耦合关系的实证研究[J].中国人口科学,2014,(6).

[117]张海峰,姚先国,张俊森.教育质量对地区劳动生产率的影响[J].经济研究,2010,(7).

[118]张江雪,朱磊.基于绿色增长的我国各地区工业企业技术创新效率研究[J].数量经济技术经济研究,2012,(2).

[119]张军.资本形成、工业化与经济增长:中国的转轨特征[J].经济研究,2002,(6).

[120]张军,施少华.中国经济全要素生产率变动:1952—1998[J].世界经济文汇,2003,(2).

[121]张军,吴桂英,张吉鹏.中国省际物质资本存量估算:1952—2000[J].经济研究,2004,(10).

[122]张璐琴,景勤娟.养老保险制度与经济增长的关系——基于新增长理论模型的思考[J].人口与经济,2007,(4).

[123]章铮.劳动生产率的年龄差异与刘易斯转折点[J].中国农村经济,2011,(8).

[124]张宗和,彭昌奇.区域技术创新能力影响因素的实证分析——基于全国30个省市区的面板数据[J].中国工业经济,2009,(11).

[125]中国人民银行课题组.中国国民储蓄和居民储蓄的影响因素[J].经济研究,1999,(5).

[126]中国生产力学会课题组.实施创新驱动发展战略和建设创新型国家的提出及现状分析[J].经济研究参考,2015,(14).

[127]周方.广义技术进步与产出增长因素分解——对"Solow余值法"的反思[J].数量经济技术经济研究,1994,(8).

[128]周立,吴玉鸣.中国区域创新能力:因素分析与聚类研究——兼论区域创新能力综合评价的因素分析替代方法[J].中国软科学,2006,(8).

[129]周祝平,刘海斌.人口老龄化对劳动力参与率的影响[J].人口研究,2016,(3).

[130]朱平芳，徐伟民. 政府的科技激励政策对大中型工业企业R&D投入及其专利产出的影响——上海市的实证研究[J]. 经济研究，2003，(6).

[131]朱勤，魏涛远. 中国城乡居民年龄别消费模式量化与分析[J]. 人口研究，2015，(3).

[132]邹至庄. 中国经济转型[M]. 北京：中国人民大学出版社，2005.

[133]左学金. 人口增长对经济发展的影响[J]. 国际经济评论，2010，(6).

[134]Abel，A.. Precautionary Savings and Accidental Bequests[J]. *American Economic Review*，1985，75(4)：777－791.

[135]Adams，C. W.. The Age at Which Scientists Do Their Best Work[J]. *Isis*，1946，36：166－169.

[136]An，C. B.，and Jeon，S. H.. Demographic Change and Economic Growth：An Inverted-U Shape Relationship[J]. *Economic Letter*，2006，92(3)：447－454.

[137]Andersson，B.. Scandinavian Evidence on Growth and Age Structure[J]. *Regional Studies*，2001，35(5)：377－390.

[138]Ando，A.，Moro，A.，Cordoba，J. P.，and Garland，G.. Dynamics of Demographic Development and Its Impact on Personal Saving：Case of Japan[J]. *Ricerche Economiche*，1995，49(3)：179－205.

[139]Andres，J.，Marchante，B. and Ortega，F. T.. Regional Differences in Personal Saving Rates in Spain[J]. *Regional Science*，2001，80(4)：465－482.

[140]Ashworth，M. J.. Preserving Knowledge Legacies：Workforce Aging，Turnover and Human Resource Issues in the US Electric Power Industry[J]. *International Journal of Human Resource Management*，2006，17(9)：1659－1688.

[141]Asplund，R.. The Provision and Effects of Company Training：A Brief Review of the Literature[J]. *The Nordic Journal of Political Economy*，2005，31(1)：47－73.

[142]Banister，J.，Bloom，D. E.，and Rosenberg，L.. Population Aging and Economic Growth in China[M]//Aoki，M.，Wu，J.（eds）. *The Chinese Economy：International Economic Association Series*. London：Palgrave Macmillan，2012：114－149.

[143]Barro，R.. Are Government Bonds Net Wealth? [J]. *Journal of Political Economy*，1974，82：1095－1117.

[144]Barro，R. J.. Economic Growth in a Cross Section of Countries[J]. *Quarterly Journal of Economics*，1991，106(2)：407－443.

[145]Barro,R. J. and Becker,G. S.. Fertility Choice in a Model of Economic Growth[J]. *Econometrica*,1989,57(2):481—501.

[146]Barro,R. J.,and Sala-i-Martin,X.. *Economic Growth*[M]. New York:McGraw-Hill,1995.

[147]Bayer,A. E.,and Dutton,J. E.. Career Age and Research-Professional Activities of Academic Scientists:Tests of Alternative Non-Linear Models and Some Implications for Higher Education Faculty Policies[J]. *Journal of Higher Education*,1977,48:259—282.

[148]Becker,G. S.. An Economic Analysis of Fertility[M]. //*Demographic and Economic Change in Developed Countries*. Princeton:Princeton University Press,1960,209—240.

[149]Becker,G. S.,and Barro R. J.. A Reformulation of the Economic Theory of Fertility[J]. *Quarterly Journal of Economics*,1988,103(1):1—25.

[150]Becker,G. S.,and Lewis,H. G.. On the Interaction between the Quantity and Quality of Children[J]. *Journal of Political Economy*,1973,81(2):S279—288.

[151]Becker,G. S.,and Murphy,K. M.. The Family and the State[J]. *Journal of Law and Economics*,1988,(31):1—18.

[152]Becker,G. S.,Murphy,K. M.,and Tamura,R.. Human Capital,Fertility,and Economic Growth[J]. *Journal of Political Economy*,1990,98(5):S12—37.

[153]Behaghel,L. and Greenan,N.. Training and Age-Biased Technical Change[J]. *Annals of Economics and Statistics*,2010,99/100:317—342.

[154]Bloom,D. E.,and Canning,D.. The Effect of Improvements in Health and Longevity on Optimal Retirement and Saving[R]. *NBER Working Paper* 10919,2005.

[155]Bloom,D. E.,Canning,D.,and Fink,G.. Population Aging and Economic Growth[R]. *PGDA Working Paper*,2008a(32).

[156]Bloom,D. E.,Canning,D. and Fink,G.. Implications of Population Ageing for Economic Growth[J]. *Oxford Review of Economic Policy*,2010a,26(4):583—612.

[157]Bloom,D. E.,Canning,D.,and Graham,B.. Longevity and Life-cycle Savings[J]. *Scandinavian Journal of Economics*,2003,5(3):319—338.

[158]Bloom,D. E.,Canning,D.,and Jocelyn,F.. Population Aging and Economic Growth in Asia[M]. //Takatoshi Ito,Andrew K. Rose. *The Economic Consequences of Demographic Change in East Asia*. Chicago:University of Chicago Press,2010b:61—89.

[159]Bloom, D. E. , Canning, D. , Mansfield, R. and Moore, M. . Demographic Change, Social Security Systems, and Savings[J]. *Journal of Monetary Economics*, 2007, 54(1): 92—114.

[160]Bloom, D. E. , and Williamson, J. G. . Demographic Transitions and Economic Miracles in Emerging Asia[J]. *World Bank Economic Review*, 1998, 12(3): 419—455.

[161]Blum, J. E. , Jarvik, L. F. , and Clark, E. T. . Rate of Change on Selective Tests of Intelligence: A Twenty-Year Longitudinal Study of Aging[J]. *Journal of Gerontology*, 1970, 25: 171—176.

[162]Boldrin, M. , and Montes, A. . The Intergenerational State Education and Pensions [J]. *Review of Economic Studies*, 2005, (72): 651—664.

[163]Börsch-Supan, A. . Labor Market Effects of Population Aging[J]. *Labour*, 2003 (17): 5—44.

[164]Bosek, M. , Grzegorzewski, B. , Kowalczyk, A. , and Lubinski, I. . Degradation of Postural Control System as a Consequence of Parkinson's Disease and Ageing[J]. *Neuroscience Letters*, 2005, 376(3): 215—220.

[165]Bosworth, B. P. , and Chodorow-Reich, G. . Saving and Demographic Change: The Global Dimension[R]. *Population Aging Working Paper*, 2006.

[166]Bryant, W. , Craik, C. , and McKay, E. A. . Living in a Glass House: Exploring Occupational Alienation[J]. *Canadian Journal of Occupational Therapy*, 2004, 7(15): 282—289.

[167]Bryant, J. , Teasdale, A. , Tobias, M. , Cheung, J. , and McHugh, M. . Population Ageing and Government Health Expenditures in New Zealand, 1951—2051[R]. *New Zealand Treasury Working Paper* 04/14, 2004.

[168]Cai, Y. . Social Forces behind China's below Replacement Fertility: Government Policy or Socioeconomic Development[J]. *Population and Development Review*, 2010, 36(3): 419—440.

[169]Campbell, D. W. . Future Predictions in Japan's and US's Personal Saving Rates [R]. Mimeo, Boston, MA, 2008.

[170]Canto, E. J. E, Groot, H. L. E, and Nahuis, R. . Vested Interests, Population Aging and Technology Adoption[J]. *European Journal of Political Economy*, 2002, (18): 631—652.

[171]Caves, D. W. , Christensen, L. R. , and Diewert, W. E. . Multilateral Comparisons of Output, Input and Productivity: Using Superlative Index Numbers[J]. *Economic Journal*,

1982,(92):73—86.

[172]Chamon,M. D. ,and Prasad,E. S.. Why Are Saving Rates of Urban Households in China Rising? [J]. *American Economic Journal:Macroeconomics*,2010,2(1):93—130.

[173]Cipriani,G. P.. Growth and Unintended Bequests[J]. *Economics Letters*,2000,(68):51—53.

[174]Coppi,R. and Zannella,F.. *L'Analisi Fattoriale Di Una Serie Temporale Multipla Relativa Allo Stesso Insieme Di UnitÀ Statistiche*[M]. Bologna:Atti della XXIX Riunione Scientifica della SIS,1978.

[175]Cutler,D. M. ,Elmendorf,D. W. ,and Zeckhauser,R. J.. Demographic Characteristics and the Public Bundle[J]. *Public Finance*,1993,(48).

[176]Cutler,D. M. ,and Sheiner,L.. Demographics and Medical Care Spending:Standard and Non-standard Effects[R]. *NBER Working Paper*,1998,(6866).

[177]Czaja,S. J. ,and Lee,C. C.. The Impact of Aging on Access to Technology[J]. *Universal Access in the Information Society*,2007,5(4):341—349.

[178]Dalton,G. W. ,and Thompson,P. H.. Accelerating Obsolescence of Older Engineers [J]. *Harvard Business Review*,1971,(49):57—67.

[179]Denison,E. F.. Accounting for United States Economic Growth:1929—1969[M]. *Brookings Institution*,1974.

[180]DeZwart,B. ,Frings-Dresen,M. and VanDijk,F.. Physical Workload and the Ageing Worker:A Review of the Literature[J]. *International Archives of Occupational and Environmental Health*,1995,(68):1—12.

[181]Diamond,P.. National Debt in a Neoclassical Growth Model[J]. *American Economic Review*,1965,(55):1125—1150.

[182]Docquier,F. ,and Paddison,O.. Social Security Benefit Rules,Growth and Inequality [J]. *Journal of Macroeconomics*,2003,(25):47—71.

[183]Eagly,R. V.. Contemporary Profile of Conventional Economists[J]. *History of Political Economy*,1974,(6):76—91.

[184]Ehrlich,I. ,and Lui,F. T.. Intergenerational Trade,Longevity and Economic Growth [J]. *Journal of Political Economy*,1991,(5):1029—1059.

[185]Federici,A. ,and Mazzitelli,A.. Dynamic Factor Analysis with STATA[G]. 2nd I-

talian Stata Users Group meeting,Milano,2005.

[186]Feldstein,M.. Social Security,Induced Retirement and Aggregate Capital Accumulation[J]. *Journal of Political Economy*,1974,(82):905—926.

[187]Feyrer,J.. Demographics and Productivity[J]. *The Review of Economics and Statistics*,2007,89(1):100—109.

[188]Forni,M.,Hallin,M.,Lippi,M.,and Reichlin,L.. The Generalized Dynamic Factor Model Consistency and Rates[J]. *Journal of Econometrics*,2004,119(2):231—255.

[189]Fougère,M.,and Mérette,M.. Population Ageing and Economic Growth in Seven OECD Countries[J]. *Economic Modeling*,1999,16(3):411—427.

[190]Fougère M.,Harvey S.,Mercenier,J.,and Mérette,M.. Population Ageing,Time Allocation and Human Capital:A General Equilibrium Analysis for Canada[J]. *Economic Modeling*,2009,26(1):30—39.

[191]Froscb,K.,and Tivig,T.. Age,Human Capital and the Geography of Innovation [M]. //Kuhn M., and Ochsen, C. (eds). *Labour Markets and Demographic Change.* VSVerlagfür Sozialwissenschaften,2009:137—146.

[192]Fuster,L.. Effects of Uncertain Lifetime and Annuity Insurance on Capital Accumulation and Growth[J]. *Economic Theory*,1999,13:429—445.

[193]Futagami,K.,and Nakajima,T.. Population Aging and Economic Growth[J]. *Journal of Macroeconomics*,2001,23(1):31—44.

[194]Gibbons,R.,and Murphy K. J.. Optimal Incentive Contracts in the Presence of Career Concerns:Theory and Evidence[J]. *The Journal of Political Economy*, 1992, 100(3): 468—505.

[195]Glomm,G. and Kaganovich,M.. Social Security,Public Education and the Growth-Inequality Relationship[J]. *European Economic Review*,2008,(52):1009—1034.

[196]Goldberger,A.. Dependency Rates and Savings Rates:Further Comment[J]. *American Economic Review*,1973,(63):232—233.

[197]Gonzales-Eiras,M.,and Niepelt,D.. Aging,Government Budgets,Retirement,and Growth[J]. *European Economic Review*,2012,56(1):97—115.

[198]Graff,M.,Tang,K. K.,and Zhang,J.. Demography,Financial Openness,National Savings and External Balance[R]. *MRG@UQ Discussion Paper*,2008,(20).

[199]Griliches, Z. , and Mairesse J. . Production Functions: The Search for Identification [R]. *NBER Working Paper*, 1998, (5067).

[200]Griliches, Z. . Patent Statistics as Economic Indicators: A Survey[R]. *NBER Working Paper*, 1991, (3301).

[201]Guan, J. , and Chen, K. . Modeling Macro-R&D Production Frontier Performance: An Application to Chinese Province-Level R&D[J]. *Scientometrics*, 2010, 82(1): 165—173.

[202]Guest, R. . Population Ageing, Capital Intensity and Labor Productivity[J]. *Pacific Economic Review*, 2011, 16(3): 371—388.

[203]Gupta, K. L. . Dependency Rates and Saving Rates: Comment[J]. *American Economic Review*, 1971, (61): 469—471.

[204]Habakkuk, H. J. . *American and British Technology in the Nineteenth Century: The Search for Labor Saving Inventions*[M]. Cambridge: Cambridge University Press, 1962.

[205]Hamermesh, D. S. . Aging and Productivity, Rationality and Matching: Evidence from Economists[R]. *NBER Working Papers*, 1994, (4906).

[206]Hayashi, F. . Why Is Japan's Saving Rate So Apparently High? [J]. *NBER Macroeconomics Annual*, 1986, (1): 147—234.

[207]Hayashi, F. . Japan's Saving Rate: New Data and Reflections[R]. *NBER Working Paper*, 1989, (3205).

[208]Hayes, A. F. , Baron, B. , and Kenny, D. A. . Statistical Mediation Analysis in the New Millennium[J]. *Communication Monographs*, 2009, 76(4): 408—420.

[209]Henderson, D. J. , and Russell, R. R. . Human Capital and Convergence: A Production Frontier Approach[J]. *International Economic Review*, 2005, 46(4): 1167—1205.

[210]Henseke, G. , and Tivig T. . Demographic Change and Industry-Specific Innovation Patterns[M]. //Germany. in Kuhn M. and Ochsen C. (eds). *Labour Markets and Demographic Change*. Wiesbaden: VSVerlagfür Sozialwissenschaften, 2009, 122—136.

[211]Higgins, M. , and Williamson, J. G. . Age Structure Dynamics in Asia and Dependence on Foreign Capital[J]. *Population and Development Review*, 1997, 23(2): 261—293.

[212]Horioka, C. Y. . Why Is Japan's Private Saving Rate So High? [M]. //R. Sato and T. Negishi(eds). *Developments in Japanese Economics*. Academic Press/Harcourt Brace Jovanovich Publishers, 1989.

[213]Horioka, C. Y.. The Dissaving of the Aged Revisited: The Case of Japan[R]. *NBER Working Paper*, 2006, (12351).

[214]Horioka, C. Y.. Aging and Saving in Asia[J]. *Pacific Economic Review*, 2010, 15(1): 46—55.

[215]Horioka, C. Y., and Wan, J. M.. The Determinants of Household Saving in China: A Dynamic Panel Analysis of Provincial Data[J]. *Journal of Money, Credit and Banking*, 2007, 39(8): 2077—2096.

[216]Hsu, P. H., Tian, X., and Xu, Y.. Financial Development and Innovation: Cross-Country Evidence[J]. *Journal of Financial Economics*, 2014, 112(1): 116—135.

[217]Hurd, M.. Research on the Elderly: Economic Status, Retirement, and Consumption and Saving[J]. *Journal of Economic Literature*, 1990, (28): 565—637.

[218]Hurd, M., McFadden, D., and Gan, L.. Subjective Survival Curves and Life-cycle Behavior[M]. //David Wise (ed). *Inquiries in the Economics of Aging*. Chicago: University of Chicago Press, 1998.

[219]Ilmakunnas, P. and Maliranta, M.. Aging, Labor Turnover and Firm Performance[R]. *ETLA Discussion Papers*, 2007, (1092).

[220]Ilmakunnas, P., Maliranta, M., and Vainiomaki J.. The Roles of Employer and Employee Characteristics for Plant Productivity[J]. *Journal of Productivity Analysis*, 2004, (21): 249—276.

[221]Izmirlioglu, Y.. The Impact of Population Ageing on Technological Progress and TFP Growth, with Application to United States: 1950—2050[R]. *MPRA Paper*, 2008, (24687).

[222]Jones, B. F.. Age and Great Invention[J]. *The Review of Economics and Statistics*, 2010, 92(1): 1—14.

[223]Kaganovich, M., and Meier, V,. Social Security Systems, Human Capital, and Growth in a Small Open Economy[R]. *CESIFO Working Paper*, 2008, (2488).

[224]Kaganovich, M. and Zilcha, I.. Education, Social Security and Growth[J]. *Journal of Public Economics*, 1999, (71): 289—309.

[225]Kaganovich, M. and Zilcha, I.. Alternative Pension Systems and Growth[R]. *CESIFO Working Paper*, 2008, (2353).

[226]Kanfer, R., and Ackerman, P.. Individual Differences in Work Motivation: Further Exploration of a Trait Framework[J]. *Applied Psychology*, 2000, 49(3): 470—482.

[227]Katayama, K.. Why Does Japan's Saving Rate Decline So Rapidly? [R]. *Policy Research Institute Working Paper*, 2006, (251).

[228]Kelley, A. C., and Schmidt, R. M.. Saving, Dependency and Development[J]. *Journal of Population Economics*, 1995a, 9(4): 365—386.

[229]Kelley, A. C., and Schmidt, R. M.. Aggregate Population and Economic Growth Correlations: The Role of the Components of Demographic Change[J]. *Demography*, 1995b, (32): 543—555.

[230]Kemnitz, A.. Social Security, Public Education, and Growth in a Representative Democracy[J]. *Journal of Population Economics*, 2000, (13): 443—462.

[231]Kinugasa, T., and Mason, A.. Why Countries Become Wealthy: The Effects of Adult Longevity on Saving[J]. *World Development*, 2007, 35(1): 1—23.

[232]Koga, M.. The Decline of Japan's Saving Rate and Demographic Effects[J]. *Japanese Economic Review*, 2006, 57(2): 312—321.

[233]Köthenbürger, M., and Poutvaara, P.. Social Security Reform and Investment in Education: Is There Scope for a Pareto Improvement? [J]. *Economica*, 2006, (73): 299—319.

[234]Kotlikoff, L. J., and Gokhale, J.. Estimating a Firm's Age-Productivity Profile Using the Present Value of Workers' Earnings[J]. *The Quarterly Journal of Economics*, 1992, 107(4): 1215—1242.

[235]Kraay, A.. Household Saving in China[J]. *World Bank Economic Review*, 2000, 14(3): 545—570.

[236]Kuhn, M., and Hetze, P.. Team Composition and Knowledge Transfer within an Ageing Workforce[R]. *Rostock Center Discussion Paper*, 2007.

[237]Kuijs, L.. How Will China's Saving—Investment Balance Evolve? [R]. *World Bank Research Working Paper*, 2006, (3958).

[238]Kurokawa, F., Minetaki, K., Nishimura, K. G. and Shirai, M.. Effects of Information Technology and Aging Work Force on Labor Demand and Technological Progress in Japanese Industries: 1980—1998[M]. //Onofri P. (eds). *The Economics of Aging Population: Macroeconomic Issues (ESRI Studies Series on Aging)*. Cheltenham: Edward Elgar Publishing

Limited,2004:75—156.

[239]Kuznets,S.. *Modern Economic Growth*[M]. New Haven:Yale University Press, 1966.

[240]Lam,D.. Population Growth,Age Structure,and Age-Specific Productivity:Does a Uniform Age Distribution Minimize Lifetime Wages? [J]. *Journal of Population Economics*, 1989,2(3):189—210.

[241]Lambrecht,S.,Michel,P.,and Vidal,J. P.. Public Pensions and Growth[J]. *European Economic Review*,2005,49:1261—1281.

[242]Lancia,F.,and Prarolo,G.. Life Expectancy,Human Capital Accumulation,Technological Adoption and the Process of Economic Growth[M]. //Kuhn M. and Ochsen C. (eds). *Labour Markets and Demographic Change*. VSVerlagfür Sozialwissenschaften,2009:169—188.

[243]Lee,R.,Mason,A.,and Miller,T.. Life Cycle Savings and the Demographic Transition:The Case of Taiwan[J]. *Population and Development Review*,2000,(26):194—219.

[244]Lee,R.,and Mason,A.. Fertility,Human Capital,and Economic Growth over the Demographic Transition[J]. *European Journal of Population*,2010,(26):159—182.

[245]Leff,N. H.. Dependency Rates and Savings Rates[J]. *American Economic Review*, 1969,(59):886—895.

[246]Lehman,H. C.. *Age and Achievement*[M]. New York:Princeton University Press, 1953.

[247]Levin,S. G.,and Stephan,P. E.. Research Productivity over the Life Cycle:Evidence for Academic Scientists[J]. *The American Economic Review*,1991,81(1):114—132.

[248]Lewis,W. A.. *The Theory of Economic Growth*[M]. London:Allen&Unwin,1995.

[249]Li,H. B.,and Zhang,J. S.. Do High Birth Rates Hamper Economic Growth? [J]. *Review of Economics and Statistics*,2007,89(1):110—117.

[250]Li,H. B.,Zhang,J.,and Zhang,J. S.. Effects of Longevity and Dependency Rates on Saving and Growth:Evidence from a Panel of Cross Countries[J]. *Journal of Development Economics*,2007,84(1):138—154.

[251]Lindh,T.,and Malmberg,B.. Age Structure Effects and Growth in the OECD, 1950—1990[J]. *Journal of Population Economics*,1999,12(3):431—449.

[252]Loayza, N. , Schmidt-Hebbel, K. , and Serven, L. . What Drives Saving across the World? [J]. *Review of Economics and Statistics*, 2000, 82(1): 165—181.

[253]Lorentzen, P. , McMillan, J. , and Wacziarg, R. . Death and Development[J]. *Journal of Economic Growth*, 2006, 13(2): 81—124.

[254]Lucas, R. . On the Mechanics of Economic Development[J]. *Journal of Monetary Economics*, 1988, (22): 3—42.

[255]Lutz, W. , and Skirbekk, V. . Policies Addressing the Tempo Effect in Low-fertility Countries[J]. *Population and Development Review*, 2005, 31(4): 699—720.

[256]Mahlberg, B. , Freund, I. , Cuaresma, J. C. and Prskawetz, A. . Ageing, Productivity and Wages in Austria[J]. *Labor Economics*, 2013, 22(9): 5—15.

[257]Mankiw, N. G. , Romer, D. , and Weil, D. N. . A Contribution to the Empirics of Economic Growth[J]. *Quarterly Journal of Economics*, 1992, (107): 407—437.

[258]Mason, A. and Lee, R. . Reform and Support Systems for the Elderly in Developing Countries: Capturing the Second Demographic Dividend[J]. *GENUS*, 2006, LXII (2): 11—35.

[259]Mason, A. , and Tomoko, K. . East Asian Economic Development: Two Demographic Dividends[R]. *East-West Centre Working Paper*, 2005, (83).

[260]Martins, J. O. , Gonand F. , Antolin P. , Maisonneuve, C. and Kwang-Yeol, Y. . The Impact of Ageing on Demand, Factor Markets and Growth[R]. *Economics Working Paper*, 2005, (420).

[261]Mazzeo, R. S. , and Tanaka, H. . Exercise Prescription for the Elderly: Current Recommendations[J]. *Sports Medicine*, 2001, 31(11): 809—818.

[262]Marquié J. C. , Jourdan-Boddaert, L. , and Huet N. . Do Older Adults Underestimate Their Actual Computer Knowledge? [J]. *Behavior and Information Technology*, 2002, 21(4): 273—280.

[263]McMahon, W. W. . Consumption and Other Benefits of Education[J]. *Economics of Education: Research and Studies*, 1987: 129—133.

[264]Mcmillan, H. M. and Baesel, J. B. . The Macroeconomic Impact of the Baby Boom Generation[J]. *Journal of Macroeconomics*, 1990, 12(2): 167—195.

[265]Meyer, J. . Older Worker and the Adoption of New Technologies in ICT-intensive [M]. //Kuhn M. and Ochsen C. (eds). *Labour Markets and Demographic Change*.

VSVerlagfür Sozialwissenschaften,2009:85—119.

[266] Miyazawa, K.. Private Versus Public Financing of Education and Endogenous Growth: A Comment on Bräuninger and Vidal[J]. *Journal of Population Economics*,2003,16(2):395—396.

[267]Miyazawa,K.. Growth and Inequality: A Demographic Explanation[J]. *Journal of Population Economics*,2006(19):559—578.

[268]Miyazawa,K.. Does Population Aging Promote Economic Growth? [R]. *Doshisha University Working Paper*,2009.

[269]Modigliani,F.. The Life-Cycle Hypothesis and Intercountry Differences in the Saving Ratio[M]. //W. A. Eltis,M. F. G. Scott and J. N. Wolfe (eds). *Induction,Growth,and Trade:Essays in Honour of Sir Roy Harrod*. Oxford:Oxford University Press,1970.

[270]Modigliani,F. ,and Brumberg,R.. Utility Analysis and the Consumption Function: An Interpretation of Cross-Section Data[M]. //K. Kurihara,Ed.. *Post-Keynesian Economics*. New Brunswick:Rutgers University Press,1954.

[271]Modigliani,F. and Cao,S.. The Chinese Saving Puzzle and the Life-Cycle Hypothesis[J]. *Journal of Economic Literature*,2004,42(1):145—170.

[272]Modigliani,F. ,and Sterling,A.. Determinants of Private Saving with Special Reference to the Role of Social Security-Cross Country Tests[M]. //F. Modigliani and R. Hemming (eds). *The Determinants of National Saving and Wealth:Proceedings of A Conference Held by the International Economic Association at Bergamo,Italy*. London:Macmillan Press,1983.

[273]Myerson,J. ,Hale,S. ,Wagstaff,D. ,Ponn,L. W. ,and Smith,G. A.. The Information Loss Model:A Mathematical Theory of Age-Related Slowing[J]. *Phychological Review*,1990,97(4):475—486.

[274]Noda,H.. Population Aging and Creative Destruction[J]. *Journal of Economic Research*,2011,(16):29—58.

[275]Oberg,W.. Age and Achievement and the Technical Man[J]. *Personnel Psychology*,1960,(12):245—259.

[276]Oster,S. ,and Hamermesh,D. S.. Aging and Productivity among Economists[J]. *The Review of Economics and Statistics*,1998,80(1):154—156.

[277]Pecchenino,R. A. and Pollard,P. S.. Dependent Children and Aged Parents:Funding

Education and Social Security in an Aging Economy[J]. *Journal of Macroeconomics*, 2002, 24(2): 145—169.

[278]Pecchenino, R. A., and Utendorf, K. R.. Social Security, Social Welfare and the Aging Population[J]. *Journal of Population Economics*, 1999, (12): 607—623.

[279]Peng, X. J.. Population Ageing, Human Capital Accumulation and Economic Growth in China: An Applied General Equilibrium Analysis[J]. *Asian Population Studies*, 2005, 1(2): 149—168.

[280]Pieroni, L., and D. Aristei. Regional Differences in Growth Rates: A Micro Data Approach[J]. *ERSA Conference Papers*, 2006, (6): 799.

[281]Pogue, T. F., and Sgontz, L. G.. Social Security and Investment in Human Capital[J]. *National Tax Journal*, 1977, (30): 157—169.

[282]Poterba, J. M.. Demographic Structure and the Political Economy of Public Education[R]. *NBER Working Paper*, 1996, (5677).

[283]Poutvaara, P.. On the Political Economy of Social Security and Public Education[J]. *Journal of Population Economics*, 2006, (19): 345—365.

[284]Prettner, K., Bloom, D. E. and Holger, S.. Declining Fertility and Economic Well-being: Do Education and Health Ride to the Rescue? [J]. *Labor Economics*, 2013, 22(6): 70—79.

[285]Prskawetz, A., Mahlberg, B., Skirbekk, V., Freund, I. and Winkler-Dworak, M.. The Impact of Population Ageing on Innovation and Productivity Growth in Europe[R]. *Österreichische Akademie der Wissenschaften, Institutfür Demographie, Research Report*, 2006, (28).

[286]Ram, R.. Dependency Rates and Aggregate Savings: A New International Cross-Section Study[J]. *American Economic Review*, 1982, 72(1): 537—544.

[287]Robinson, P., Coberly, S., and Paul, C. E.. Work and Retirement[M]. // Binstock, R. H. and Shanas, E.. *Handbook of Aging and the Social Sciences*. New York: Van Nostrand Reinhold, 1984: 503—527.

[288]Roger, M., and Wasmer, M.. Labor Productivity Differentiated by Age and Skills *Institut National de la Statistique et des Études Économiques Working Paper*, 2011.

[289]Romer, P.. Increasing Returns and Long-Run Growth[J]. *Journal of Political E-*

conomy, 1986, 94(5): 1002—1037.

[290]Romer, P.. Crazy Explanations for the Productivity Slowdown[J]. *NBER Macroeconomics Annual*, 1987, (2): 163—202.

[291]Rosset, E.. *Aging Process of Population*[M]. Oxford: Pergamon Press, 1964.

[292]Rouvinen, P.. Characteristics of Product and Process Innovators: Some Evidence from the Finnish Innovation Survey[J]. *Applied Economics Letters*, 2002, 9(9): 575—580.

[293]Rybash, J. M., Hoyer, W., and Roodin, P. A.. *Adult Cognition and Ageing: Developmental Changes in Processing, Knowing and Thinking*[M]. Oxford: Pergamon Press, 1986.

[294]Sala-I-Martin, X., Doppelhofer, G. and Miller, R.. Determinants of Long-Term Growth: A Bayesian Averaging of Classical Estimates (BACE) Approach[J]. *American Economic Review*, 2004, 94(4): 813—835.

[295]Scarth, W.. Population Aging, Productivity and Living Standards[J]. *The Review of Economic Performance and Social Progress*, 2002.

[296]Schneider, L.. Alterung und Technologisches Innovations Potential-Eine Linked Employer-Employee Analyse[R]. *IWH Discussion Paper*, 2007.

[297]Schrooten, M. and Stephan, S.. Private Savings and Transition: Dynamic Panel Data Evidence from Accession Countries[J]. *Economics of Transition*, 2005, (13): 287—309.

[298]Schultz, T. P.. Demographic Determinants of Savings: Estimating and Interpreting the Aggregate Association in Asia[R]. *IZA Discussion Papers*, 2005, (1479).

[299]Schwartzman, A. E., Gold, D., Andres, D., Arbuckle, T. Y., and Chaikelson, J.. Stability of Intelligence, A 40 Year Follow-Up[J]. *Canadian Journal of Psychology*, 1987, (41): 244—256.

[300]Sharping, T.. *Birth Control in China* 1949—2000: *Population Policy and Demographic Development*[M]. London: Routledge Curzon, 2003.

[301]Siliverstovs, B, KholodilinK, A, and Thiessen, U.. Does Aging Influence Structural Change? Evidence from Panel Data[J]. *Economic System*, 2011, (35): 244—260.

[302]Skans, O. N.. How does the Age Structure Affect Regional Productivity? [J]. *Applied Economics Letters*, 2008, 15(10): 787—790.

[303]Skirbekk, V.. Age and Individual Productivity: A Literature Survey[J]. *Vienna*

Yearbook of Populaiton Research,2004,(2):133—153.

[304]Smith,A. D.. Memory[M]. //Birren,J. E. and Schaie,K. W. (eds). *Handbook of the Psychology of Ageing*. Pittsburgh:Academic Press,1996:236—247.

[305]Soares,J.. A Dynamic General Equilibrium Analysis of the Political Economy of Public Education[J]. *Journal of Population Economics*,2006,(19):367—389.

[306]Solem,P.. Age and Context in Subjective Work Ability Changes[J]. *International Journal of Ageing and Later Life*,2006,3(2):43—70.

[307]Sturman,R.. Extending the Boundaries of Care:Medical Ethics and Caring Practices [J]. *American Ethnologist*,2001,28(2):487—489.

[308]Sundbärg,G.. Sur la repartition de la population pas âge et sur les de la mortalité [R]. *Bulletin de l'Institut International de Statistique*,1900.

[309]Tang,J.,and MacLeod,C.. Labour Force Ageing and Productivity Performance in Canada[J]. *Canadian Journal of Economics*,2006,39(2):582—603.

[310]United Nations. World Population Prospects 2019[R]. New York,2019.

[311]Van Groezen,B.,Meijdam,L.,and Verbon,H. A.. Serving the Old:Ageing and Economic Growth[J]. *Oxford Economic Papers*,2005,(57),647—663.

[312]Van Heeringen,A.,and Dijkwel,P. A.. The Relationships between Age,Mobility and Scientific Productivity:II[J]. *Scientometrics*,1987,(11):281—293.

[313]Vandenberghe,V.. Are Firms Willing to Employ a Greying and Feminizing Workforce? [J]. *Labor Economics*,2013,22(7):30—46.

[314]Verhaeghen,P.,and Salthouse,T. A.. Meta-analyses of Age-cognition Relations in Adulthood:Estimates of Linear and Nonlinear Age Effects and Structural Models[J]. *Psychological Bulletin*,1997,122(3):231—249.

[315]Wakabayashi,M.,and Hewings,G. J. D.. Life-cycle Changes in Consumption Behavior:Age-specific and Regional Variations[J]. *Journal of Regional Science*,2007,47(2):315—337.

[316]Wei,S.,and Zhang,X.. The Competitive Saving Motive,Evident from Rising Sex tio and Savings Rate in China[J]. *Journal of Political Economy*,2011,119(3):511—564.

[317]Werding,M.. Aging and Productivity Growth:Are There Macro-Level Cohort f Human Capital[R]. *CESIFO Working Paper*,2008,(2207).

[318]Yaari, M. E.. Uncertain Lifetime, Life Insurance, and the Theory of the Consumer [J]. *Review of Economics Studies*, 1965, 32(2): 137—150.

[319]Zhang, J.. Social Security and Endogenous Growth[J]. *Journal of Public Economics*, 1995, (58): 185—213.

[320]Zhang, J. and Zhang, J. S.. Social Security, Intergenerational Transfers, and Endogenous Growth[J]. *Canadian Journal of Economics*, 1998, (31): 1225—1241.

[321]Zhang, J. and Zhang, J. S.. How Does Social Security Affect Economic Growth? Evidence from Cross-Country Data[J]. *Journal of Population Economics*, 2004, (17): 473—500.

[322]Zhang, J., Zhang, J. S., and Lee, R.. Mortality Decline and Long-Run Economic Growth[J]. *Journal of Public Economics*, 2001, 80(3): 485—507.

[323]Zhang, J., Zhang, J. S., and Lee, R.. Rising Longevity, Education, Savings, and Growth[J]. *Journal of Public economics*, 2003, 70(1): 83—101.

[324]Zhang, G. Y., and Zhao, Z. W.. Reexamining China's Fertility Puzzle: Data Collection and Quality over the Last Two Decades[J]. *Population and Development Review*, 2006, 32(2): 291—321.

[325]Zimmer, Z., and Kwong, J.. Family Size and Support of Older Adults in Urban and Rural China: Current Effects and Future Implications[J]. *Demography*, 2003, 40(1): 23—44.

后记

大约在2006年攻读博士学位的时候，我就开始关注中国的人口老龄化问题。在研究过程中，我发现人口转变是理解中国宏观经济运行的一个非常重要的视角。近年来，我一直致力于运用现代经济学的理论与方法开展这一领域的研究并取得了一系列成果，本书就是其中之一。

本书是在我主持完成的国家自然科学基金面上项目“人口老龄化对中国经济增长的影响与应对策略”（项目号：71773071）、上海市曙光计划“人口老龄化的挑战与中国未来人口红利的开拓研究”（项目号：12SG33）、上海市教委科研创新重点项目“计划生育政策、人口老龄化如何影响中国经济增长：理论分析与实证研究”（项目号：12ZS074）等的研究成果基础上写成的，可以看作我多年来研究人口老龄化的经济增长效应成果的一个系统总结，代表了这方面研究的前沿和进展。期望这本书的研究结论能够为中国科学制定应对人口老龄化的挑战、促进经济增长的政策提供有益的借鉴和启示，也期望本著作的出版能够产生广泛的学术和社会影响力。

本书全文近30万字，从资料收集、研究框架设计、写作、成稿、修改到定稿，前后历时四年多时间。成书之际，我要感谢国家自然科学基金委员会、上海市教委提供的项目研究经费资助及上海财经大学提供的出版经费资助。我非常感谢艾春荣教授、刘玉飞博士、姜振茂博士和徐炎硕士，他们是我一系列研究的主要合作者；感谢娄丁玲硕士、吴春秀博士为本书的数据、文献和资料的收集与更新做了大量工作，本书的出版，离不开他们的共同努力。

在本书出版过程中，上海财经大学出版社的陈明编辑及其团队倾注了不少心血，对书稿进行了精心策划、细致编审和校对，使得书稿质量进一步提升，在此我要特别向他们以及上海财经大学出版社表示衷心的感谢。由于本书具有很强专业性，因此内容和文字可能存在的错误和不足完全由我本人承担。

本书的研究成果发表在《经济研究》《管理世界》《经济学季刊》《中国工业经

济》《金融研究》《中国人口科学》《学术月刊》《上海财经大学学报》《山东大学学报（哲社版）》等杂志上，一些观点性文章发表在《经济参考报》《中国社会科学报》《社会科学报》，在此要感谢这些媒体的编辑和审稿人。本书的系列研究工作还得到了国家社会科学基金重大项目“全面实施供给侧结构性改革研究”（项目号：22ZDA049）、上海市浦江人才计划“人口老龄化对我国教育投资的影响研究”（项目号：16PJC034）、上海市科技发展基金软科学研究重点项目“人口老龄化对上海科技进步的影响研究”（项目号：13692103100）、上海市东方学者特聘教授计划等的资助，在此一并表示感谢。

在本书出版之际，我还要深深感谢自己的家人。我所取得的每一点成绩，总是伴随着亲人的默默付出，他们的期望、鼓励、关怀和支持是我在学术道路上不断前行的动力。谨以此书献给我的家人。

最后需要说明的是，人口老龄化对中国经济增长的影响是一个需要持续研究的课题，其研究成果对于我国加快构建新发展格局和推动经济高质量发展都具有重要意义，因此希望能有更多的研究者参与到这一课题的研究中来。

汪 伟

2023 年 5 月于上海